CRIANÇA E EMOÇÃO

O Desenvolvimento da Compreensão Psicológica

Paul L. Harris

CRIANÇA E EMOÇÃO

O Desenvolvimento da Compreensão Psicológica

Tradução MARCELO BRANDÃO CIPOLLA

Martins Fontes
São Paulo 1996

1ª edição
agosto de 1996
Tradução
Marcelo Brandão Cipolla
Revisão técnica
Claudia Berliner
Revisão da tradução
Carlos Eduardo Silveira Matos
Revisão gráfica
Márcio Della Rosa
Andréa Stahel M. da Silva
Produção gráfica
Geraldo Alves
Paginação/Fotolitos
Studio 3 Desenvolvimento Editorial
Capa
Alexandre Martins Fontes

Dados Internacionais de Catalogação na Publicação (CIP)
(Câmara Brasileira do Livro, SP, Brasil)

Harris, Paul L.
Criança e emoção : o desenvolvimento da compreensão psicológica / Paul L. Harris ; [tradução Marcelo Brandão Cipolla]. – São Paulo : Martins Fontes, 1996. – (Psicologia e Pedagogia).

Título original: Children and emotion : the development of psychological understanding.
Bibliografia.
ISBN 85-336-0527-7

1. Emoções em crianças I. Título. II. Série.

96-2791 CDD-155.412

Índices para catálogo sistemático:
1. Emoções em crianças : Psicologia infantil 155.412

*Rua Conselheiro Ramalho, 330/340 01325-000
São Paulo SP Brasil Telefone 239-3677*

Agradecimentos

Minhas pesquisas sobre a compreensão que as crianças têm da emoção começaram em Amsterdam. Tive a felicidade de conviver lá com dois amigos e colegas, Mark Meerum Terwogt e Tjeert Olthof, cujo interesse e entusiasmo e cujas críticas me estimularam naquele período inicial e ao longo dos anos que se passaram. Agradeço calorosamente a ambos.

Na Grã-Bretanha, tenho me valido do auxílio e das idéias de muitos estudantes. Agradeço de modo especial a Deborah Taylor, Nadja Reissland, Gaby Guz, Dale Tiller, Mark Lipian, Rosemary Jordano e Maria Dias.

Judy Dunn foi uma editora magnífica. Na medida em que segui com êxito seus conselhos, este livro se afigura mais legível do que poderia ter sido. Gostaria de agradecer também a todos os que reviram separadamente os vários capítulos. Em especial, recebi sugestões e comentários valiosos de Simon Baron-Cohen, Mark Bennett, Philip Carpenter, Larry Fensom, Fabia Franco, Damian Gardner, Robert Gordon, Dana Gross, Charlotte Hardman, Debbie Hutton, Jenny Jenkins, Carl Johnson, Mark Meerum Terwogt, Arietta Slade, Ross Thompson, Pascale Torracinta, Arlene Walker-Andrews e Michael Westerman.

Sou também grato às crianças e ao pessoal de escolas e hospitais que se dispuseram a participar de nossas pesquisas e tornaram possível este livro.

Este livro é afetuosamente dedicado, aqui, a Viru, Sophie e Olivia; e lá a Nicholas, Walker e Phoebe.

P. L. H., Oxford

Índice

Introdução

Várias das idéias desenvolvidas neste livro tiveram início num projeto cooperativo de pesquisa que levei a efeito na Holanda ao lado de Tjeert Olthof e Mark Meerum Terwogt. Intrigava-nos a noção de que as crianças adquirissem gradualmente uma percepção maior de sua vida emocional e como resultado se tornassem mais capazes de lidar com o sofrimento e a ansiedade. Éramos orientados na época por trabalhos relativos ao desenvolvimento da memória, os quais demonstravam que as crianças mais velhas entendem melhor que as mais novas como funciona sua memória e assim controlam com mais eficácia sua capacidade de rememoração. Perguntávamo-nos se algo semelhante não ocorreria no desenvolvimento emocional; talvez as crianças se tornassem mais capazes de lidar com suas emoções na medida em que adquirissem uma percepção das causas de tais emoções (Harris, Olthof & Meerum Terwogt, 1981).

Os resultados dessa primeira investigação foram surpreendentemente regulares. Descobrimos que as crianças mais novas (tendo por volta de seis anos de idade) geralmente concebiam a emoção em termos de uma situação emocionalmente carregada que provoca uma reação emocional visível. As crianças dessa idade raramente aludiam aos processo mentais que poderiam redirecionar uma emoção ou suas manifestações. Com as crianças de dez anos, o padrão de respostas foi diferente. Um número maior de crianças fazia a referência aos processos mentais que têm lugar entre uma situação e a reação emocional que ela provoca. Afirmavam, por exemplo, que era possível animar-se caso se *pensasse* positivamente sobre uma situação – ou se *esquecesse* dela –, mesmo que a situação permanecesse inalterada. Do mesmo modo, era maior a probabilidade de que as crianças mais velhas se referissem espontaneamente ao hiato que pode existir entre a emoção expressa aos outros e a emoção ocultamente vivida. Concluímos que as crianças passam de um conceito comportamental da emoção para um conceito mais cognitivo ou mentalista (Harris & Olthof, 1982). Estudos subseqüentes relativos ao mesmo tema demonstraram que nossa descrição precisava ser modificada, embora não estivesse completamente errada. O que não chegou a surpreender.

Como acontece em muitas outras áreas da psicologia do desenvolvimento, descobrimos que nossa caracterização das crianças mais novas era demasiado severa. Se, em vez de perguntarmos se elas compreendem que uma reação emocional pode ser redirecionada por processos mentais, indagarmos se sua instigação inicial depende de processos mentais, revelar-se-nos-á imediatamente uma concepção complexa e inerentemente mentalista. Especificamente, as crianças pequenas entendem que as reações emocionais das pessoas variam segundo as crenças e os desejos que têm relativamente a certa situação. Mesmo quando duas pessoas confrontam-se com a mesma situação objetiva, podem avaliá-la de maneira diferente, dependendo daquilo que queiram ou creiam. Como resultado, a situação que indispõe uma pessoa pode agradar a outra, e as crianças pequenas percebem isto. Seu ponto de vista mentalista também se revela em questões mais penetrantes referentes à diferença entre a emoção oculta e a expressa. Com seis anos de idade, as crianças percebem que a emoção manifesta no rosto pode não corresponder à emoção realmente sentida, e que os observadores podem não ter consciência dessa discrepância.

Se tais sutilezas conceituais estão além do alcance de um behaviorista empedernido, deparamos imediatamente com novas questões. Em particular, qual o conceito de vida mental que a criança pequena possui, e de onde vem tal conceito? Propôs-se recentemente, como resposta à primeira questão, que as crianças possuem um conceito verdadeiramente teórico da mente. Postulam entidades inter-relacionadas e inobserváveis (em especial as crenças e os desejos) e reportam-se a tais entidades tanto para explicar como para prever o comportamento (Astington, Harris & Olson, 1988). Em resposta à segunda questão, alguns autores afirmaram que as crianças provavelmente já nascem dotadas de uma teoria da mente – não a teoria completa, por certo, mas ao menos a capacidade de imputar a outra(s) pessoa(s) crenças e desejos: "os rudimentos do Realismo Intencional de bom senso", nas palavras de Fodor (1987).

Defendo a idéia de que ambas as asserções são errôneas. As crianças não trazem de nascença, e tampouco adquirem, uma genuína teoria da mente. Em primeiro lugar, não precisam "postular" crenças e desejos, pois possuem crenças e desejos e são capazes de comunicar seu conteúdo a partir de cerca de dois anos de idade. Em segundo lugar, são capazes de prever as reações de outras pessoas não por meio de um conjunto de generalizações que interliga crenças, desejos, emoções e ações, mas em virtude de sua capacidade imaginativa. Especificamente, as crianças são capazes de imaginar as crenças e desejos que as outras pessoas podem ter, mesmo que elas mesmas não os compartilhem. São capazes, daí, de usar tais premissas de "faz-de-conta" para chegar a novas conclusões (Dias & Harris, 1988). Se, por exemplo, examinam uma situação à luz das crenças ou dos desejos de uma outra pessoa em relação à situação, podem então simular as intenções ou emoções dessa pessoa. Ademais, suas previsões acerca da outra pessoa tornam-se cada vez mais precisas à medida que seu poder de simulação aumenta. Este argumento é apresentado no capítulo 3 e elaborado em capítulos posteriores.

A linha de raciocínio adota idéias de Craik (1943), que afirmava que usamos modelos operacionais em nossa cabeça para fazer previsões acerca da realidade. Alimentando o modelo com vários dados e observando os resultados fornecidos, podemos extrapolar o modelo para prever o que acontecerá na realidade. Esta descrição pode ser aplicada a nossas previsões sobre outras pessoas da seguinte maneira. Em primeiro lugar, cada um de nós possui um modelo operacional da outra pessoa (a saber, o mecanismo psicológico que governa as relações entre crenças, desejos, ações e emoções em nossa própria mente); alimentamos o modelo com vários dados simulados ou de faz-de-conta; observamos os resultados fornecidos e baseamos nesses resultados nossas previsões sobre a outra pessoa.

Admitindo-se que as crianças pequenas possuam uma concepção – se não uma teoria – da vida mental, como essa concepção se modifica no curso do desenvolvimento? Nossas pesquisas continuaram a mostrar que as crianças mais velhas têm muito maior probabilidade de fazer menção a estratégias mentalistas ou cognitivas de tentar *mudar* suas reações emocionais. À diferença das crianças de cinco ou seis anos, as de oito anos ou mais referem-se freqüentemente à necessidade de parar de pensar sobre situações que causam sofrimento, ou de esquecê-las. Em sua formulação estão implícitas duas noções-chave: primeiro, que se pode tentar deliberadamente suprimir ou redirecionar os pensamentos desencadeados por uma situação emocionalmente carregada; segundo, que os conteúdos do pensamento são finitos – pensar sobre uma situação exclui o pensar sobre outra. Como resultado, os pensamentos inquietantes podem atrapalhar a concentração sobre outras tarefas, mas, felizmente, o inverso também pode ser verdadeiro: a distração acarretada por uma atividade absorvente pode bloquear os pensamentos tristes ou ansiosos. Estas estratégias de lidar com as saudades de casa e o sofrimento são descritas nos capítulos 7 e 8.

Finalmente, reflito sobre os modos pelos quais a concepção de emoção da criança pode ser dilacerada. No capítulo 8, descreve-se o impacto de uma ocorrência altamente carregada, qual seja, a hospitalização. No capítulo 9, revisita-se a síndrome do autismo, que é interpretada à luz da asserção de que as crianças autistas não são capazes de empreender a simulação imaginativa que permite às crianças normais entrar na vida emocional de outras pessoas.

1. A expressão facial na primeira infância

Como a criança vem a compreender que outra pessoa está se sentindo alegre ou triste, zangada ou amedrontada? A compreensão dos sentimentos de outras pessoas é algo que esperamos de todo ser humano normal, mas as origens dessa compreensão não são nada óbvias. Ela é uma das partes de uma capacidade mais geral de entender os pensamentos, desejos e crenças de outras pessoas. Na psicologia do desenvolvimento, foi há pouco tempo que começamos a nos perguntar acerca das origens dessa capacidade geral.

Pode-se defender a idéia de que a vida emocional de uma outra pessoa constitui um ponto de partida natural para as crianças que estão procurando compreender o estado mental dos outros. As crianças podem saber com facilidade o que as pessoas sentem porque os sentimentos são muitas vezes visíveis no rosto. Nesse sentido, os estados emocionais são transparentes, ao passo que as crenças e desejos não o são. Charles Darwin, um dos primeiros observadores cuidadosos do bebê humano, chegou a essa conclusão. Em seu livro clássico *The Expression of the Emotions in Man and Animals*, Darwin (1872) revelou surpresa diante da semelhança das expressões faciais em vários povos. A partir dessas semelhanças, propôs a existência de uma base inata e universal para nossas expressões emocionais, e esta hipótese simples e audaciosa continua a inspirar as pesquisas atuais sobre a emoção e o desenvolvimento emocional.

Darwin não se limitou a isso e fez uma outra asserção, menos bem embasada e muitas vezes esquecida por seus comentadores, mas diretamente relevante para qualquer discussão a respeito de como chegamos a identificar os sentimentos de outra pessoa. Ele acreditava que possuímos uma capacidade inata de reconhecer as expressões faciais das emoções. Com isso, ele não queria dizer simplesmente que o bebê é capaz de ver que uma expressão facial é diferente da outra, mas que o bebê conhece instintivamente o significado da expressão facial. Notou também que esse reconhecimento instintivo produz uma reação emocional no bebê que observa. Darwin nos dá o seguinte exemplo, referente a seu filho de pouco mais de seis meses de idade:

> Sua babá fingiu que estava chorando, e vi que seu rosto tomou no mesmo instante uma expressão melancólica, com os cantos da boca acentuadamente curvados para baixo; ora, esta criança poucas vezes teria visto outra criança chorar, e nunca um adulto, e duvido que numa idade tão tenra ele fosse capaz de raciocinar sobre o assunto. Assim, parece-me que um sentimento inato o teria alertado de que o suposto choro de sua babá expressava pesar; e isto, por meio do instinto de afinidade de sentimentos, excitou nele o pesar [1872, p. 368].

É importante notar que cada uma das asserções de Darwin está ligada à outra. Em específico, se não houvesse um repertório universal de expressões emocionais – se as expressões faciais fossem produzidas por mera convenção –, a natureza não teria a possibilidade de equipar o bebê com o pré-conhecimento de como interpretar uma expressão particular qualquer, assim como não há modo de equipar a criança com um pré-conhecimento do léxico inglês ou chinês. Além disso, se não houvesse a capacidade de reconhecimento inato, pequena seria a probabilidade imediata de ocorrência de qualquer transmissão emocional do adulto para o bebê, visto que a expressão seria opaca e sem significado aos olhos deste último. No decorrer deste capítulo, examinarei de modo mais detalhado as asserções de Darwin acerca da base inata da produção e do reconhecimento das expressões emocionais, começando por sua afirmação de que as expressões faciais são universais.

Semelhança transcultural

A fim de obter indícios que confirmassem a universalidade de determinadas expressões faciais, Darwin escreveu a vários informantes e pediu que lhe fornecessem uma descrição dos movimentos faciais associados a determinadas emoções. Esforçou-se por conseguir exemplos das mais diversas procedências, escrevendo a informantes residentes na Austrália, na Nova Zelândia, em Bornéu, na Malásia, na China, na Índia, na África e nas Américas do Sul e do Norte. Estava interessado especialmente em obter informações sobre povos que tivessem pouco contato com europeus, e conseguiu em certa medida. Obteve, por exemplo, descrições de aborígines australianos isolados e de malaios do interior de Málaca. Teve também o cuidado de tentar obter relatos precisos e imparciais de seus informantes, embora seus comentários introdutórios mostrem que ele tinha alguns desses em mais alta confiança do que outros. Destaca, por exemplo, J. Scott, um curador do Jardim Botânico de Calcutá: "Ninguém me mandou detalhes tão completos e valiosos [...] O hábito de observação minuciosa, formado em seus estudos botânicos, encontrou aplicação neste nosso assunto." Apesar disso, não podemos ter certeza de que mesmo as melhores descrições não foram afetadas, ao menos em algum grau, pelo contexto em que foram feitas. Talvez existam crenças universais a respeito de como certas emoções são transmitidas, mas não uma universalidade de fato.

Os estudos recentes da hipótese transcultural de Darwin têm sido muito influenciados pelo trabalho de Paul Ekman e seus colegas (Ekman, 1973; Ekman, no prelo). Um estudo, em particular, tem tido especial influência. Após uma desestimulante viagem de pesquisa a Bornéu e à Nova Guiné, que produzira resultados ambíguos (Ekman, Sorenson & Friesen, 1969), Ekman e Friesen (1971) voltaram à Nova Guiné para analisar adultos e crianças da tribo fore – um grupo lingüístico-cultural de South East Highlands. Muitos deles haviam tido contato com estrangeiros, mas alguns não. Ekman e Friesen concentraram-se neste último grupo. Estas pessoas nunca haviam assistido a filmes, não falavam nem compreendiam o inglês ou o pidgin, não haviam vivido em nenhuma das cidades do Assentamento Ocidental ou do Governo e nunca haviam trabalhado para nenhum caucasiano, ao menos de acordo com seu próprio testemunho. Ekman e Friesen concentraram-se nestes membros isolados do grupo porque o contato com estrangeiros, fosse direto ou por meio de filmes, os teria habilitado a aprender a interpretar um conjunto diferente, não-nativo, de expressões faciais.

Ekman e Friesen fizeram uso de um método simples mas informativo. Pediram aos fore que ouvissem vários contos que descreviam episódios emocionalmente carregados. Depois de cada relato, o ouvinte escolhia, de um conjunto de fotografias, aquela que retratasse a expressão emocional apropriada ao episódio. As fotografias mostravam adultos e crianças ocidentais manifestando várias expressões de emoção. Uma história, por exemplo, descrevia a chegada de amigos; esperava-se que o ouvinte selecionasse a expressão facial de alegria para indicar a emoção provocada pelo episódio. Outra história descrevia o encontro imprevisto com um porco-do-mato. Neste caso, esperava-se que o ouvinte selecionasse a expressão facial de medo. Ao todo, havia histórias concebidas para evocar seis emoções diferentes: alegria, tristeza, zanga, nojo, surpresa e medo.

Os resultados foram muito claros e convincentes. Os adultos que ouviram as histórias escolheram corretamente as imagens de rostos apropriadas ao episódio para quatro expressões: alegria (92%), zanga (84%), nojo (81%) e tristeza (79%). Foram menos exatos no tocante à surpresa (68%), mas conseguiram distinguir corretamente o medo das outras três emoções negativas (80%). Obtiveram-se resultados muito semelhantes com crianças. Em certa medida, as crianças se saíram ainda melhor que os adultos, mas os pesquisadores facilitaram sua tarefa, dando-lhes apenas duas expressões faciais para escolher.

Estes resultados demonstram que para algumas expressões faciais é difícil negar os argumentos em favor da universalidade. Dado o isolamento das pessoas testadas por Ekman e Friesen (1971), parece pouco provável que suas escolhas se baseassem num aprendizado de como os estrangeiros expressam suas emoções. Seria necessário que se baseassem em sua capacidade de identificar alguma semelhança, e além disso um significado comum, entre as expressões faciais que se pedia que escolhessem e as expressões faciais que os membros de sua cultura normalmente produziriam nas situações descritas nas histórias.

Pediu-se também aos adultos fore que representassem as expressões faciais que os episódios relatados provocariam – que reproduzissem por mímica, por exemplo, o largo sorriso que poderia ser provocado pela chegada de um amigo, ou a expressão de nojo que poderia ser induzida pela presença de uma carcaça em decomposição. Quando Ekman e Friesen voltaram aos EUA com filmes dessas expressões representadas, sujeitos norte-americanos foram capazes de interpretá-las corretamente (Ekman, 1973). Assim, quer examinemos a transmissão dos ocidentais para os aborígines isolados da Nova Guiné, quer a transmissão destes de volta para os ocidentais, há um consenso em torno das características e do significado de certas expressões faciais.

A interpretação destes resultados, porém, envolve um problema. Ekman e Friesen (1971) fizeram uso do fato de que um adulto pode com facilidade representar exatamente uma expressão facial embora a representação possa não corresponder à expressão espontânea. Muitas das fotografias que levaram à Nova Guiné eram imagens de poses deliberadas e não de expressões espontâneas, e, evidentemente, voltaram da Nova Guiné com um filme em que os nativos simulavam a expressão que fariam quando deparassem com um cheiro nauseabundo ou recebessem a visita de amigos. Os resultados, portanto, depõem inadvertidamente em favor da capacidade largamente disseminada de copiar certas expressões faciais. Isto é importante porque Darwin, e, em sua esteira, Ekman e Friesen, tomam a universalidade das expressões faciais como indício comprobatório de que são inatas. A rigor, uma coisa não implica a outra. É concebível, embora não seja provável, que os membros de diferentes culturas e nações aprendam a veicular determinadas emoções copiando os sinais que vêem emitidos por outros em certas situações. É verdade que, para que esses sinais tenham o significado universal cuja existência Ekman e Friesen confirmaram, seria necessário postular uma época, anterior a seu isolamento, em que culturas como a da tribo estudada na Nova Guiné teriam estado em contato com o resto do mundo; mas nisto não há nada que seja inerentemente implausível.

Para excluir de vez a hipótese da cópia e fornecer provas que corroborem a tese nativista, precisamos saber se, durante a infância, as expressões faciais produzem-se espontaneamente nas circunstâncias apropriadas ou são copiadas dos outros. Como veremos, algumas indicações dão a entender que Darwin estava correto ao supor que certas expressões faciais não só têm existência universal mas também uma base inata.

Indícios relativos ao desenvolvimento

Os estudos do desenvolvimento da expressão emocional em bebês têm-se beneficiado amplamente dos trabalhos analíticos realizados com adultos. Ekman e Friesen (1978) descrevem um sistema de codificação que permite aos observadores registrar e identificar todas as mudanças visíveis da musculatura facial. Estão arrolados, ao todo, cinquenta e oito feições ou movimentos diferentes, alguns dos quais estão caracteristicamente associados a uma emoção em particular, ao passo que outros não estão ligados a nenhuma emoção determinada. Desenvolveram-se também sistemas de codificação mais simples, que permitem ao observador comparar um conjunto de movimentos com gabaritos para cada uma das emoções básicas (Ekman & Friesen, 1975; Izard, 1979). Por exemplo: a presença de sobrancelhas arqueadas, olhos arregalados e boca aberta corresponde à configuração crítica de surpresa.

O que estes sistemas revelaram acerca do desenvolvimento da expressão de emoção durante a primeira infância? Um estudo realizado por Carroll Izard e seus colegas em Delaware nos proporciona um bom ponto de partida (Izard, Huebner, Risser, McGinnes & Dougherty, 1980). Em primeiro lugar, eles se perguntaram se os bebês produzem expressões faciais perceptivelmente diferentes. Para verificá-lo, filmaram bebês de um a nove meses de idade engajados em várias atividades – brincando com as mães, tomando uma injeção, sendo abordados por uma enfermeira etc. – e compuseram uma série de *slides* contendo bons exemplos de várias emoções: alegria, tristeza, surpresa, interesse, medo, desdém, zanga e nojo. Pediram então a outras pessoas que assistissem aos *slides* e identificassem a emoção expressa em cada um deles. Os espectadores tiveram uma boa taxa de êxito, que ia de 81% para a alegria até 37% para o nojo; e a taxa aumentou após uma curta sessão de treinamento em que foram destacadas as várias características de cada expressão facial.

Este estudo demonstra que os bebês são capazes de produzir expressões faciais distintas e reconhecíveis. No entanto, baseou-se na seleção de exemplos a partir de muitos metros de filme. Será que esses exemplos compuseram configurações mais ou menos aleatórias que por acaso assemelhavam-se a certas expressões faciais adultas? Realizaram-se já diversos experimentos em que o bebê é submetido a uma situação que tem grande probabilidade de provocar uma emoção particular. Então, a expressão facial do bebê é cuidadosamente observada. Estes estudos demonstram que, longe de ser um movimento aleatório, a expressão facial do bebê se vincula de modo psicologicamente significativo às ocorrências imediatamente anteriores.

Em um dos primeiros estudos, dos mais abrangentes, bebês de dez a doze meses foram confrontados com seis diferentes situações (Hiatt, Campos & Emde, 1979). Duas delas, esperava-se, produziriam alegria: um jogo de esconde-esconde e um jogo envolvendo um brinquedo desmontável. Esperava-se que duas produzissem surpresa: um objeto que inesperadamente mudava sua identidade ou desaparecia. E esperava-se que duas produzissem medo: a colocação do bebê na borda de uma mesa (o chamado teste do abismo visual) e a aproximação de um estranho. O experimento obteve êxito parcial. Durante os dois jogos, os bebês pareciam felizes: sorriam, e apareciam rugas sob as pálpebras, como acontece com os adultos. Estes movimentos faciais foram muito menos comuns durante os episódios de medo e surpresa. A estes episódios, no entanto, os bebês reagiram de modo menos específico.

Estes resultados são animadores, mas não tão decisivos quanto se gostaria que fossem. É de particular importância a questão de saber se os bebês estavam apenas apresentando expressões faciais globalmente positivas ou globalmente negativas, em vez das expressões faciais distintas postuladas por Darwin e por Ekman. Duas emoções capitais negativas – a zanga e o sofrimento – foram claramente distinguidas em estudos posteriores. A zanga, por exemplo, foi provocada em bebês de sete meses por meio da frustração: receberam repetidas vezes uma gostosa bolacha para chupar por alguns segundos, a qual era em seguida retirada (Stenberg, Campos & Emde, 1983). Por meio do sistema de codificação concebido por Ekman e Friesen (1975), vários componentes da zanga foram identificados após a retirada da bolacha: sobrancelhas juntas, apertadas e divididas por uma ruga vertical, pálpebras tensas e boca comprimida ou em forma de linha reta.

As expressões de sofrimento dos bebês foram estudadas quando tomavam uma dolorosa injeção (Izard, Hembree, Dougherty & Spizzirri, 1983). A reação inicial dominante entre bebês de dois a oito meses de idade foi o sofrimento. De modo admirável, os movimentos apresentados foram os mesmos que Darwin identificara um século atrás (1872): "[Os] olhos estão firmemente fechados, de modo que a pele à sua volta se enruga, e a testa está contraída e franzida. A boca está bem aberta, com os lábios retraídos de maneira peculiar, o que faz com que assuma uma forma tendendo ao quadrado, com as gengivas e os dentes mais ou menos expostos."

Um último estudo demonstra que as expressões faciais seletivas podem ser observadas até mesmo em recém-nascidos (Ganchrow, Steiner & Daher, 1983). Pouco antes ou pouco depois de sua primeira mamada, foram dados a eles líquidos pouco doces, muito doces, pouco amargos ou muito amargos. A expressão facial do bebê mudava de acordo com o líquido: o gosto doce evocava um leve abrir dos lábios, movimentos rítmicos da língua e às vezes um leve sorriso, ao passo que o gosto amargo evocava uma boca fechada ou aberta com os cantos voltados para baixo, um repetitivo franzir dos lábios e um rápido piscar de olhos. Quando observadores tentaram identificar a reação dos bebês aos líquidos a partir de sua expressão (sem saber qual líquido estava sendo experimentado), julgaram que os bebês não gostavam dos sabores amargos e apreciavam os sabores doces. Além disso, os observadores eram capazes de dizer quando os bebês estavam experimentando os líquidos mais concentrados, por oposição aos mais suaves. Aparentemente, os recém-nascidos podem apresentar não só expressões faciais distintas, como também expressões mais ou menos intensas.

Em suma, estes estudos confirmaram que o bebê novo é capaz de produzir diversas expressões faciais discriminavelmente diferentes nas circunstâncias apropriadas. O âmbito e a seletividade do repertório expressivo do bebê não foram ainda estabelecidos, mas quase não restam dúvidas de que expressões de alegria, zanga e sofrimento sejam sistematicamente produzidas. É importante salientar esta sistematicidade. Lembremo-nos de que a universalidade das emoções faciais não estabelece por si só a sua natureza inata, visto ser concebível que as crianças de todos os lugares aprendam a copiar aquilo que se tornou um código universal para a expressão de emoções distintas. No entanto, o fato de bebês de poucos meses ou dias de vida produzirem expressões emocionais apropriadas e discriminavelmente diferentes lança uma dúvida sobre a hipótese da cópia, e, em lugar dela, indica que, como supunha Darwin, existe um vínculo direto e não-aprendido entre determinados estados emocionais e determinadas expressões faciais.

Mesmo assim, pode-se sustentar a idéia de que nem a observação de bebês pode excluir a hipótese da cópia. Dados recentes dão a entender que os recém-nascidos são muito bons em imitar os movimentos faciais, de modo que, em princípio, poderiam aprender a produzir certas expressões faciais particulares por meio da imitação. Vários experimentos mostraram que eles são capazes de copiar movimentos dos lábios e da língua (Meltzoff & Moore, 1977; 1983). Alguns pesquisadores chegaram a afirmar que bebês de apenas dois ou três dias são capazes de imitar expressões faciais, embora as conclusões sejam controversas (Field, Woodson, Cohen, Greenberg, Garcia & Collins, 1983; Field, Woodson, Greenberg & Cohen, 1982; Kaitz, Meschulach-Sarfaty, Auerbach & Eidelman, 1988; Reissland, 1988a).

É possível que os bebês pareçam alegres ou zangados não porque essas expressões faciais sejam um sistema de sinalização inato e universal, mas sim por terem observado outras pessoas, sejam elas adultos ou crianças, produzindo tais expressões, e as reproduzam por imitação. Mas, examinando com mais cuidado a hipótese da cópia, ela não se afigura como muito plausível, mesmo se admitirmos que as expressões faciais podem ser imitadas desde a mais tenra infância. Considere-se, por exemplo, o rosto zangado que Stenberg e seus colegas (1983) observaram ao tirar repetidas vezes do bebê uma bolacha gostosa. Não há dúvida de que bebês de sete meses já viram, vez ou outra, um rosto zangado em alguma das pessoas que cuidam deles; talvez sejam até capazes de imitar essa expressão facial, mas não é plausível supor que já tenham visto adultos ficarem zangados perante a remoção de uma tentadora bolacha. A hipótese da cópia pode explicar como o bebê poderia vir a copiar uma expressão facial particular em algum momento do tempo, mas é incapaz de explicar como o bebê chega a produzir tal expressão nas circunstâncias apropriadas. Mais uma vez, considerem-se as reações de bebês recém-nascidos: não se pode supor a sério que eles tenham tido tempo de observar que os adultos produzem diferentes expressões em reação a sabores diferentes, e de copiá-las de modo apropriado. É muito mais prudente supor a existência de certos evocadores particulares que, de modo mais ou menos automático, evocam expressões emocionais particulares. É verdade que, para as expressões de tristeza, surpresa e medo, ainda nos faltam provas de sua ligação com evocadores particulares, mas meu palpite é de que ainda não trouxemos à luz todo o âmbito do repertório do bebê. Entrementes, o repertório limitado que já foi estabelecido corrobora bastante bem a asserção darwiniana de que os seres humanos possuem um repertório inato e universal de expressões faciais.

O reconhecimento da emoção

Como assinalei no início deste capítulo, as observações de Darwin levaram-no a concluir que os bebês não só produzem expressões faciais a partir de uma base inata, como também reconhecem-nas e reagem a elas a partir de uma base inata. As provas de Darwin, que já apresentamos, eram que, quando seu filho de seis meses viu sua babá fingir que chorava, "seu rosto tomou no mesmo instante uma expressão melancólica, com os cantos da boca acentuadamente curvados para baixo".

A fim de investigar a capacidade do bebê de reconhecer diferentes expressões emocionais, as pesquisas recentes têm-se aproveitado do fato de os bebês serem muito seletivos em relação àquilo para que olham. Descreverei dois experimentos representativos e bem-concebidos. No primeiro, foram dadas a bebês de quatro a sete meses fotografias de quatro mulheres para que as olhassem; cada foto retratava uma mulher diferente, mas todas expressavam uma emoção, ou alegria ou surpresa (Caron, Caron & Myers, 1982). No decorrer dessa série de retratos, os bebês iam olhando cada vez menos, mas a atenção dos bebês mais velhos aumentavam se lhes fosse mostrada a foto de uma mulher manifestando uma *nova* expressão (isto é, surpresa para aqueles que haviam visto expressões de alegria, e vice-versa). Assim, os bebês mais velhos gradualmente iam perdendo interesse enquanto as fotos expressassem a mesma emoção, mas eram capazes de identificar uma mudança de emoção e renovar seu interesse[1].

Um segundo estudo mostra que os bebês podem ir ainda mais longe. Eles não só tratam versões diferentes de uma mesma expressão facial como pertencentes à mesma classe, mas também percebem que uma dada expressão vem acompanhada de um tom de voz particular. Arlene Walker-Andrews (1986) apresentou a bebês de sete meses dois filmes, um ao lado do outro; um deles mostrava um rosto de expressão zangada, o outro um rosto de expressão alegre. Ao mesmo tempo, os bebês ouviam a gravação de uma voz alegre ou de uma voz zangada. Deparados com esta situação, os bebês tendiam a olhar para o rosto que correspondia à voz: olhavam mais para o rosto alegre se estivessem ouvindo a voz alegre, e mais para o rosto zangado se estivessem ouvindo a voz zangada. Aparentemente, os bebês não se limitam a reagir às características que se repetem em diferentes exemplos de uma dada expressão facial, tal como os olhos arregalados da surpresa; são também capazes de relacionar sinais bastante díspares da mesma emoção. Seu "conceito" de uma expressão emocional parece incluir, de um lado, um tipo particular de movimento facial, tal como um sorriso ou um cenho franzido, e, de outro, um estímulo completamente diferente, de uma modalidade diferente[2].

Será que podemos interpretar estes intrigantes resultados como vindo corroborar a asserção de Darwin de um reconhecimento inato? As descobertas de que os bebês conseguem incluir num mesmo grupo diferentes exemplos da mesma expressão e de que também sabem qual expressão facial corresponde a determinado tom de voz são sem dúvida coerentes com a posição de Darwin, mas estão longe de confirmá-la. O principal ponto fraco dos experimentos é o fato de não nos dizerem praticamente nada sobre o significado que as expressões têm para o bebê. Considere-se uma analogia, talvez um pouco forçada. Poderíamos medir a atenção visual dos bebês para demonstrar que são capazes de distinguir o vermelho do azul. Poderíamos até conseguir mostrar que tratam os vários tons de vermelho como um grupo e os vários tons de azul como um outro grupo. Ainda assim, certamente não poderíamos concluir desses testes de categorização que os bebês saberiam interpretar corretamente o vermelho como indicativo de calor e o azul como indicativo de frio. Do mesmo modo, a partir do fato de que os bebês conseguem agrupar as várias manifestações de uma mesma emoção, por mais díspares que sejam (mesmo quando se estendem sobre diferentes modalidades e diferentes pessoas), não podemos concluir que o bebê reconhece que uma dada expressão subentende uma emoção particular – que um sorriso transmite alegria, enquanto um cenho franzido e lábios apertados transmitem zanga.

Como voltar às asserções feitas por Darwin e estudar o significado atribuído pelo bebê a uma expressão emocional em particular? Uma técnica das mais óbvias seria estudar comparativamente as reações espontâneas apresentadas pelo bebê quando confrontado com diferentes expressões, como fez Darwin. Se descobrirmos que o bebê reage diferentemente, e de modo apropriado, a uma expressão de zanga em comparação a uma expressão de alegria, então será forçoso que, em certa medida, ele interprete corretamente o significado dessas expressões.

O contato cotidiano com bebês novos certamente nos dá a impressão de que eles reagem a mudanças de expressão emocional. Por exemplo: se um pai segurar um bebê de seis meses olhando para seu rosto, se atrair sua atenção, sorrir e falar com uma voz animada e positiva, o bebê muitas vezes reagirá de modo "apropriado", com um sorriso ou vocalização positiva (Cohn & Tronick, 1987). Contudo, tais observações de um "diálogo" emocional entre pai e bebê são difíceis de interpretar. Em particular, é difícil identificar a que aspecto do diálogo o bebê está reagindo. É plausível a interpretação de que os bebês rapidamente se acostumam a esperar que as pessoas que cuidam deles, e mesmo os adultos em geral, se comportem animadamente, e apreciam que isso aconteça. É evidente que tal comportamento animado incluirá o sorriso e um tom de voz amigável, mas qualquer tipo de movimento ou animação poderia agradar o bebê. Sem dúvida, esta possibilidade harmoniza-se com o fato de que os bebês ficam alertas ou indispostos se um adulto permanece inexpressivo ou imóvel à sua frente (Cohn & Tronick, 1983; Field, Vega-Lahr, Scafadi & Goldstein, 1986; Gusella, Muir & Tronick, 1988). Para estudar o reconhecimento de expressões emocionais e a reação do bebê diante delas, precisaríamos interromper o fluxo da interação normal e comparar a reação do bebê a duas expressões distintas.

Alguns dos primeiros trabalhos relativos ao reconhecimento da expressão facial valeram-se desta técnica. Charlotte Bühler (1930) e seus colegas, em Viena, passaram centenas de horas observando um grupo de bebês temporariamente abrigados no *Kinderübernahmstelle*, um centro de recepção para crianças que seriam adotadas ou encaminhadas a outra instituição. Baseados nessas observações, eles depois conceberam uma planilha de testes que avaliava diversos aspectos do desenvolvimento dos bebês, entre eles o desenvolvimento social. Os itens do teste para bebês de cinco meses verificavam a existência de uma diferenciação, por parte do bebê, entre um comportamento alegre e um comportamento zangado. É a seguinte a descrição dada por Bühler: "A experimentadora se curva sobre a criança, coloca seu rosto próximo do dela (a um palmo de distância), sorri e se dirige a ela de modo amigável por trinta segundos. De súbito, muda de tom, franze o cenho e fala zangada com a criança."

À criança atribuem-se pontos por seu "sorriso e movimentos expressivos positivos em resposta à atitude amigável, movimentos expressivos negativos em resposta à atitude zangada". Aos seis meses, o teste pede que o experimentador se esconda da criança e fale primeiro, num tom amigável, e depois zangado. A resposta correta se mede pelos movimentos expressivos do rosto ante a voz do experimentador, de modo que se exclui facilmente a imitação. Aos sete meses, o experimentador permanece em silêncio e simplesmente apresenta uma expressão facial amigável, seguida de uma zangada. Mais uma vez, os pontos só são atribuídos a respostas seletivas que não sejam imitativas, embora neste caso seja mais difícil excluir a imitação. Bühler (1930) afirma que, dos cinco aos sete meses, os bebês respondem seletivamente aos dois tipos de expressão; mas dos oito meses em diante a criança começa a tratar o rosto zangado como um jogo ou brincadeira, e passa a responder positiva em lugar de negativamente.

Este trabalho precursor é muito sugestivo. As observações de Bühler levam-nos a esperar que desde os cinco meses, ou talvez ainda antes, o bebê responda apropriadamente a diferentes expressões faciais, sobretudo se estas expressões vierem acompanhadas de variações no tom de voz. Estudos experimentais recentes começaram a corroborar firmemente estas expectativas.

Jeanette Haviland e Mary Lelwica (1987) pediram a mães que travassem um pequeno diálogo com seus bebês de dez semanas de idade. As mães sentavam-se de frente para seus bebês e manifestavam cada uma das três emoções: alegria, tristeza e zanga. Para cada emoção, as mães adotavam a expressão facial apropriada e falavam no tom de voz adequado, fosse este alegre, triste ou zangado. Cada emoção era apresentada várias vezes, com períodos de descanso. As reações faciais dos bebês a estas três emoções foram filmadas e analisadas.

Em suas reações, os bebês distinguiram claramente entre as três emoções, particularmente quando apresentadas pela primeira vez. Em resposta à expressão de alegria das mães, por exemplo, pareciam alegres; em resposta à zanga, pareciam zangados, ou permaneciam quietos; em resposta à tristeza, não pareciam tristes mas, muitas vezes, passavam a fazer movimentos com a boca, a chupar e a sugar. Termine e Izard (1988) obtiveram resultados paralelos. Pediu-se a mães, tendo à frente seus filhos de nove meses, que os encarassem e lhes falassem de modo alegre ou triste, e depois conservassem a mesma expressão enquanto eram dados aos bebês, sucessivamente, vários brinquedos para que os usassem. Em geral, os bebês pareceram discernir o estado de espírito expresso por suas mães. Quando a mãe parecia alegre, o bebê a olhava com freqüência e expressava interesse e alegria. Quando a mãe parecia triste, o bebê a olhava com menor freqüência – embora ainda expressando interesse – e expressava também mais zanga e uma tristeza ocasional. Estes efeitos diferenciais continuaram também no período de brincadeiras, depois de apresentados os brinquedos. Se a mãe expressava alegria em vez de tristeza, o bebê passava mais tempo divertindo-se com os brinquedos.

Considerados em conjunto, estes resultados são muito importantes. A partir de cerca de dez semanas de idade, os bebês parecem reagir distintamente e de modo apropriado dependendo da emoção expressa pela mãe. Serão necessários mais trabalhos para determinar exatamente quão sensível é o bebê, mas por enquanto já temos provas em favor da asserção de Darwin de que os bebês reconhecem e reagem ao significado da expressão de quem cuida deles.

Antes de passar a examinar as provas fornecidas por crianças mais velhas, devemos considerar rapidamente uma objeção. Talvez o bebê novo seja apenas um bom mímico. Já mencionamos dados que demonstram que até os recém-nascidos são capazes de empenhar-se em imitar seletivamente os movimentos faciais de um modelo. É possível que os bebês novos não entendam de fato o significado existente por trás de um sorriso ou de uma expressão zangada; talvez simplesmente tentem reproduzir tal expressão quando a vêem. Esta interpretação é superficialmente plausível, mas não se coaduna com os resultados detalhados descritos acima. Haviland e Lelwica (1987), por exemplo, notaram que os bebês apresentavam muito menos mobilidade facial quando defrontados com a manifestação de zanga de suas mães: no entanto, elas não estavam menos animadas por estarem manifestando essa emoção. Parece mais plausível supor que essa imobilidade seja comparável à reação de paralisia que se vê em crianças de até cerca de dois anos e meio, e mesmo em crianças mais velhas, que vêem ou ouvem um adulto expressando zanga (Cummings, 1987; Cummings, Iannotti & Zahn-Waxler, 1985; Jordano, 1986). Do mesmo modo, Termine e Izard descobriram ser maior a probabilidade de os bebês olharem para longe da mãe e brincarem menos com seus brinquedos quando ela parecia triste; essas reações não indicam que o bebê esteja simplesmente engajado numa imitação fria da expressão da mãe, sem nenhuma sensibilidade a seu significado.

Referenciação social

Até aqui, examinamos o modo pelo qual se organiza um diálogo emocional entre o adulto e o bebê. O adulto responsável expressa uma emoção, e o bebê reage de maneira apropriada. Examinaremos agora um tipo mais complexo de comunicação, em que o adulto não se comunica diretamente com o bebê, mas expressa uma atitude emocional em relação a algum objeto ou ocorrência no ambiente. Se o bebê é capaz de interpretar corretamente essa atitude, podemos esperar que reaja distintamente ao objeto ou ocorrência em questão. Um exemplo tornará isto mais claro: pai e bebê encontram um estranho. O pai olha para o estranho e o cumprimenta de modo positivo, sorrindo e com um tom alegre na voz. Predisposto por esta atitude emocional, o bebê talvez se aproxime do estranho com mais facilidade que de costume. Atualmente, já são bastante substanciais os indícios em favor desta função sugestiva da expressão emocional de um adulto. O fenômeno passou a ser conhecido como referenciação social.

O fenômeno foi identificado em detalhe pela primeira vez por Mary Klinnert e seus colegas, em Denver (Klinnert, Campos, Sorce, Emde & Svejda, 1983). Eles notaram que, no fim do primeiro ano de vida, os bebês que deparam com um objeto acerca do qual estão incertos olham com freqüência para a mãe, como que à procura de orientação. A mãe, por sua vez, pode proporcionar essa orientação por meio de um sorriso encorajador ou um cenho ansioso.

Mary Klinnert (1984) levou a cabo um estudo ilustrativo. Bebês de doze a dezoito meses foram submetidos a três provas diferentes. Em cada uma delas, um brinquedo era colocado a uma certa distância do bebê. Quando o bebê olhava para a mãe, esta adotava uma determinada expressão facial: um sorriso para o primeiro brinquedo, um rosto amedrontado para o segundo e um rosto neutro para o último. As mães conservavam essa expressão no decorrer do minuto seguinte, de modo que o bebê pudesse olhar várias vezes para seu rosto e estar sempre exposto à mesma expressão. Os resultados mais claros foram aqueles associados ao sorriso e à expressão de medo. De início – isto é, para o primeiro brinquedo –, a expressão não tinha nenhum efeito. Mas, quando da apresentação do segundo e do terceiro brinquedos, os bebês tendiam a dar ao rosto amedrontado uma resposta contrária à que tinham dado ao sorriso, aproximando-se mais rápido das mães, permanecendo perto delas e tocando-as mais.

Estes resultados são animadores porque, mais uma vez, temos respostas seletivas e apropriadas a diferentes expressões. Os bebês eram encorajados pela reação positiva de suas mães, mas inibidos por sua reação aparentemente amedrontada. Além disso, era óbvio que suas reações não eram imitativas: eles modificavam sua posição em relação ao brinquedo, mas as mães não. Assim, podemos concluir que, aos doze meses de idade, os bebês não só reagem de modo apropriado a uma expressão emocional no interior de um diálogo social, como também são dirigidos pela emoção de um adulto em seu comportamento relativo a objetos ou ocorrências em seu ambiente.

Como, exatamente, a expressão do adulto exerce seu efeito regulador sobre o bebê? Uma possibilidade é que a expressão do adulto influencie diretamente a tendência do bebê de se afastar ou permanecer perto. Esta possibilidade é claramente descartada por um experimento realizado pelos pesquisadores de Denver (Sorce, Emde, Campos & Klinnert, 1985). Eles examinaram o impacto da expressão facial da mãe sobre o fato de bebês engatinharem, ou não, por cima do que parecia ser um desnível razoavelmente profundo (o chamado abismo visual). Quando o desnível tinha uma altura média, de modo que os bebês não sabiam se deveriam cruzá-lo ou não, a maioria deles cruzou-o ante um sorriso da mãe, mas nenhum o fez quando ela aparentou medo. Como a mãe estava de um dos lados do abismo e o bebê do outro, uma expressão positiva encorajava a exploração, atraindo o bebê *para perto* da mãe. Uma expressão de medo, inversamente, desencorajava a exploração e deixava o bebê hesitante, a uma certa distância da mãe. Sem dúvida, a expressão facial da mãe não determina diretamente a probabilidade de o bebê movimentar-se para perto ou para longe dela.

Uma interpretação alternativa é que a expressão emocional da mãe influencie o nível geral de exploração por parte do bebê. Para tornar mais concreta esta hipótese, podemos tomar emprestadas algumas idéias de John Bowlby (1973). Ele afirmava que o comportamento do bebê se organiza em sistemas distintos. Há um sistema de apego, que cuida de que o bebê mantenha um contato seguro com a mãe, e há um sistema exploratório, que orienta a investigação sobre objetos desconhecidos no meio circundante. Deste modo, podemos conceber a expressão facial do adulto como um sinal que ativa ou suprime o sistema exploratório. Para atingir este fim, é possível que induza no estado de espírito do bebê a confiança ou a cautela. Esta interpretação nos permite explicar o comportamento do bebê que defronta com um novo brinquedo ou com o "abismo visual": encorajado pela expressão positiva de sua mãe, o bebê explora o brinquedo ou cruza o desnível de modo confiante; inibido pela expressão amedrontada ou zangada da mãe, ele hesita ou permanece quieto.

Uma terceira e última interpretação incorpora a noção de predicação. Suponhamos que o bebê possa discernir o objeto para o qual sua mãe está dirigindo suas emoções. O bebê pode fazê-lo, talvez, identificando a linha do olhar da mãe. Sabemos, a partir de outros dados, que os bebês de cerca de nove meses são capazes de detectar a linha do olhar da mãe, pois redirecionam o próprio olhar se a mãe se volta para algum objeto interessante (Butterworth & Cochran, 1980; Scaife & Bruner, 1975). Tendo percebido qual o objeto da atenção da mãe, o bebê pode encarar a reação emocional dela como um predicado ou comentário dirigido àquele objeto, e a ele somente. Esta idéia supõe que a emoção da mãe tenha um efeito altamente seletivo sobre o comportamento do bebê. Ela não determinará a quantidade global de exploração, mas sim a a abordagem a objetos específicos.

Certos indícios recentes corroboram esta última interpretação. O bebê de fato encara a expressão facial do adulto como um comentário acerca de determinado objeto ou ocorrência. Num estudo, por exemplo, pediu-se a mães que expressassem prazer, nojo ou indiferença (isto é, silêncio) em relação a um determinado brinquedo quando este fosse apresentado (Hornik, Risenhoover & Gunnar, 1987). Outros brinquedos permaneciam espalhados pela sala. Os bebês de doze meses reagiram apropriadamente, mas de modo seletivo: ficavam mais distanciados do brinquedo designado e o tomavam menos para brincar caso a mãe tivesse expressado nojo, mas o comportamento relativo aos demais brinquedos e o estado geral de espírito não eram afetados. Um padrão semelhante foi constatado alguns minutos depois, embora a essa altura a mãe se conservasse indiferente. Com efeito, o grupo de Denver verificou que bebês de quinze meses hesitavam em tocar num determinado objeto se o experimentador houvesse falado em tom zangado ou parecido zangado quando eles se aproximaram do objeto, cerca de meia hora antes (Bradshaw, Campos & Klinnert, 1986). Portanto, a reação emocional de um adulto não tem somente um efeito global sobre o estado do comportamento exploratório do bebê; ela influencia a exploração que o bebê faz de um determinado objeto e exerce sua influência por algum tempo.

As origens do reconhecimento

As provas até aqui apresentadas demonstram que, já antes de metade de seu primeiro ano de vida, os bebês regulam seu comportamento social segundo a emoção expressada por quem cuida deles. Ao final do primeiro ano de vida, sua seletividade se amplia para abarcar os objetos do meio; os bebês parecem reconhecer que os adultos não se limitam a expressar emoção, mas o fazem de modo dirigido a determinados objetos. Os bebês aproximam-se de um objeto ou o evitam de acordo com a mensagem emocional que um adulto transmite, ou transmitiu em algum momento do passado, acerca do objeto.

De que modo o bebê chega a esta compreensão da expressão emocional? É possível retornar à interpretação nativista de Darwin: "um sentimento inato" que diz ao bebê qual emoção está sendo expressa, e talvez um instinto de afinidade de sentimentos que excite nele o mesmo sentimento; mas há outras alternativas.

Uma das possibilidades é que as expressões faciais do adulto responsável sejam seguidas de diferentes conseqüências; um rosto sorridente vem seguido de conseqüências desejáveis, um rosto amedrontado vem seguido de conseqüências amedrontadoras, e assim por diante. Como as conseqüências evocam no bebê a emoção apropriada, as expressões que assinalam sua iminência viriam gradualmente a ser associadas com as conseqüências e também com as emoções que provocam.

Uma segunda possibilidade é que a imitação desempenhe de fato um papel fundamental, mas não por meio da reprodução fria.

Suponha-se que o bebê, desde muito novo, imite seletivamente certas expressões faciais. Suponha-se, além disso, que a produção de uma determinada expressão facial seja suficiente para provocar no bebê a emoção tipicamente associada a essa expressão. Uma pesquisa feita com adultos indica que esta retroindução do estado emocional pelos músculos da face efetivamente ocorre (Laird, 1974). O corolário seria que o bebê finalmente viria a associar o estado emocional adequado a uma determinada expressão facial. Para tomar um caso concreto: o bebê, a princípio, veria o adulto sorrindo, mas não atribuiria a essa expressão nenhum sentido especial. A certa altura, porém, viria a imitar o sorriso; a retroindução resultante do sorriso provocaria sentimentos de alegria; após várias repetições desta seqüência, a alegria viria a ser associada à percepção de um sorriso, quer o bebê o imitasse, quer não.

Estas duas hipóteses afastam-se radicalmente de Darwin, por suporem que cada expressão emocional percebida pelo bebê seja, de início, bastante neutra: não seria portadora de qualquer significado afetivo, e adquiriria significado à força de uma associação mediada pelas conseqüências externas ou pela imitação. Apesar das diferenças radicais, as três interpretações compartilham uma importante característica: todas postulam algum mecanismo por meio do qual a emoção manifestada pela pessoa que cuida do bebê seja excitada no bebê que observa. Recordemo-nos de que Darwin postulava tanto um esquema inato de reconhecimento quanto um "instinto de afinidade de sentimentos".

Prefiro não postular tal mecanismo para a geração de emoções afins ou "contagiosas". Segundo meu ponto de vista, é muito possível que o bebê novo tenha um reconhecimento inato do significado da emoção, nas linhas propostas por Darwin, mas sem que haja uma excitação correspondente. O sistema de reconhecimento faria com que o bebê atribuísse significado a uma expressão emocional, mas sem que isto estivesse subordinado a, ou desencadeasse, uma excitação paralela da mesma emoção no bebê. De fato, como veremos no capítulo seguinte, este tipo de excitação por contágio poderia produzir apenas uma compreensão limitada da emoção de outra pessoa. Em seu segundo ano de vida, as crianças indubitavelmente ultrapassam essa compreensão limitada. Reagem de modo apropriado à emoção de uma pessoa mesmo que não manifestem nenhum sinal óbvio de estarem compartilhando essa emoção.

Sumário e conclusões

No início deste capítulo, perguntei-me como as crianças começam a compreender os estados mentais de outras pessoas. As emoções, com muita freqüência, são expressas facial e vocalmente por aqueles que as sentem e por esta razão se poderia supor que as crianças bem novas as entendessem com facilidade. Darwin (1872) fez duas asserções relevantes. Afirmou, em primeiro lugar, que os seres humanos possuem um repertório universal e inato de expressões faciais distintas; e, em segundo lugar, que tais expressões são dotadas de significado para o bebê por meio de um mecanismo inato de reconhecimento. Estudos transculturais, em particular os de Paul Ekman e seus colegas, nos forneceram provas da universalidade das expressões faciais. Pesquisas recentes feitas com bebês também corroboram substancialmente a hipótese nativista de Darwin relativa à produção de expressões faciais, ao menos no que tange à expressão do sofrimento, da alegria e da zanga. Parece haver boa probabilidade de que pesquisas futuras ampliem estas descobertas para abarcar outras emoções negativas, em particular o medo, a tristeza e a surpresa.

Os argumentos em favor do reconhecimento inato do significado de expressões faciais particulares não se impõem tão facilmente, e talvez permaneçam nesse pé. Não obstante, temos boas indicações da existência de um reconhecimento muito precoce, se não inato, do significado. A partir das dez semanas de vida, o comportamento social dos bebês transforma-se apropriadamente e de modo não-imitativo em reação às diferentes expressões faciais de quem cuida deles. Ao final do primeiro ano de vida, os bebês chegam mesmo a atribuir um significado emocional a um dado objeto do meio. Se a pessoa que cuida do bebê expressa uma emoção positiva, e não negativa, em relação ao objeto, é menor a probabilidade de que o bebê evite ou se afaste do objeto.

Ainda não há certeza acerca de como as expressões emocionais da pessoa que cuida do bebê vêm a regular o comportamento social e exploratório da criança. É possível que Darwin estivesse certo ao postular um mecanismo inato de reconhecimento, mas a existência de outros mecanismos de interpretação permanece plausível. Qualquer que seja a explicação, hoje em dia é claro que o bebê de um ano possui uma capacidade rudimentar de atribuir significado a expressões emocionais particulares, e de enxergá-las como dizendo respeito a objetos particulares. No próximo capítulo, perguntarei quando os bebês passam a apreciar o significado de uma expressão emocional em termos do que ela significa acerca da pessoa que a expressa.

2. *Machucar e consolar*

Ao final de seu primeiro ano de vida, as crianças já reagem seletivamente, e de modo apropriado, à expressão facial de suas mães. Esta capacidade de reação seletiva – a tendência, por exemplo, de aproximar-se ou afastar-se de um objeto dependendo de a mãe sorrir ou parecer amedrontada – é um grande passo no sentido da compreensão da emoção. Ela pressupõe que o bebê possa entender, em alguma medida, se o estado emocional da pessoa é positivo ou negativo – se ele sinaliza o encorajamento ou o desencorajamento. Pressupõe também que o bebê compreenda a intencionalidade da emoção da pessoa – o fato de ser dirigida a este objeto em particular, e não a um outro. Mesmo assim, por mais apropriadas que sejam suas reações, o bebê não faz nenhum esforço deliberado de ocasionar qualquer mudança na emoção da outra pessoa. O bebê reage à emoção, mas não procura causar emoção.

Ao longo do segundo ano de vida, ocorre uma importante mudança. Em primeiro lugar, as crianças começam a consolar deliberadamente outras pessoas. É possível que seus esforços iniciais sejam hesitantes ou desajeitados, mas são qualitativamente diferentes de qualquer coisa que possa ser observada durante o primeiro ano de vida. É evidente que não se deve tomar esta mudança como indicação de que as crianças pequenas tornam-se exemplos de virtude. Embora elas se tornem mais hábeis em consolar e aliviar o sofrimento, também se tornam mais hábeis em provocá-lo, começando a machucar, importunar e implicar com outras crianças e adultos. De um ponto de vista teórico, esta nova combinação de solidariedade e malevolência é particularmente interessante. Ela dá a entender que as crianças estão começando a identificar as condições ou ações que induzem ou suprimem um estado emocional em outra pessoa. Seus esforços por mudar o estado emocional de outra pessoa constituem claramente um avanço em relação ao comportamento observável por volta dos doze meses de idade. As crianças começam a ter alguma idéia de como uma emoção se insere numa seqüência causal. Abaixo, faço um exame mais detalhado desta notável mudança.

Consolar

Judy Dunn e seus colegas pediram a mães de Cambridge, Inglaterra, que fizessem um registro do comportamento de seus filhos mais velhos em relação aos irmãos ou irmãs mais novos (Dunn, Kendrick & MacNamee, 1981). As crianças mais velhas tinham de dois a quatro anos de idade, e os mais novos de oito a catorze meses. As mães relataram que, durante o primeiro mês, cerca de um quarto das crianças mais velhas consolaram "com freqüência" seus irmãos mais novos quando estes estavam chateados; cerca de um terço o fizeram "às vezes", e um terço o fizeram "raramente". Assim, em sua maioria, as crianças foram prestativas em relação ao irmão ou à irmã, embora algumas o tenham sido com mais freqüência. Ficou claro, também, que nem sempre o sofrimento do irmão mais novo obteve socorro. Às vezes, as crianças mais velhas permaneciam indiferentes; às vezes, pareciam deleitar-se francamente com o sofrimento dos mais novos, ou o tornavam pior; e uma reação freqüente foi, simplesmente, a de também ficarem chateados.

Aparentemente, os esforços de consolo das crianças mais velhas não eram em vão. Com catorze meses de idade, cerca de um terço das crianças mais novas procuravam seus irmãos mais velhos para consolo. Era maior a probabilidade de isto ocorrer nas famílias em que a criança mais velha procurava consolar a mais nova com freqüência, não se importava de emprestar seus brinquedos e onde as brigas não eram tão comuns. Com idade de catorze a dezesseis meses, vários dos irmãos mais novos haviam começado a agir com reciprocidade, consolando seus irmãos ou irmãs mais velhos quando estes estivessem chateados. Com a mesma idade, as crianças também consolam seus pais. Um pai, por exemplo, descreve o seguinte incidente, que envolveu J., seu filho de catorze meses:

> Quando chegamos em casa esta tarde, escorreguei, caí e bati seriamente o nariz. Sentia muita dor, e sentei-me na cadeira de balanço no quarto de J., segurando e esfregando meu nariz. J. foi muito solidário. Teve para comigo a mesma atitude que tenho quando ele se machuca. Me abraçou, me acariciou, e até me ofereceu o cobertor que usa quando está machucado ou cansado. Parecia muito transtornado, fosse por mim, fosse por minha causa [Wolf, 1982].

As conclusões acima foram todas baseadas em relatos parentais. Será que a observação direta da interação familiar corrobora esse quadro? Quando Judy Dunn e Carol Kendrick fizeram visitas às famílias de Cambridge, observaram ações prestativas ou solidárias por parte de 80% por cento dos irmãos mais velhos (Dunn & Kendrick, 1979). Entre as ocorrências, incluíam-se aquelas em que a criança mais nova estava desgostosa e a mais velha lhe oferecia comida ou brinquedos, ou aquelas em que a criança mais nova estava frustrada e recebia auxílio. Dunn e Kendrick também identificaram o uso eventual de estratégias menos convencionais, especialmente por parte das crianças mais novas. Descrevem, por exemplo, o seguinte episódio, envolvendo Len, menino de dezesseis meses, barrigudo e baixinho, que freqüentemente divertia seus pais aproximando-se deles e puxando para cima sua camiseta de modo a deixar à mostra sua farta barriga: Martin, irmão mais velho de Len, de três anos de idade, caíra do trepa-trepa e estava chorando muito. Len observou o irmão. Então, aproximou-se de Martin, puxou para cima sua camiseta de modo a mostrar a barriga, vocalizou e olhou esperançosamente para Martin.

Um estudo longitudinal feito por Carolyn Zahn-Waxler e Marion Radke-Yarrow (1982) trata com um pouco mais de detalhe as mudanças pelas quais as reações ao sofrimento passam entre os dez e os trinta meses de idade. As mães foram instruídas a manter um registro daquilo que suas crianças faziam quando alguém manifestava sofrimento em suas proximidades imediatas. Além disso, observaram-se as reações das crianças quando suas mães ou as pesquisadoras afetavam um moderado sofrimento.

Foram observados vários estágios em suas reações. Entre os dez e os doze meses, as crianças permaneciam por cerca de um terço do tempo como circunstantes impassíveis; ou não manifestavam qualquer reação discernível, ou limitavam-se a olhar. Em cerca de metade das ocorrências, demonstraram alguns sinais de sofrimento: amarravam a cara, pareciam tristes ou choravam. Mas, nessa idade, as crianças quase nunca procuravam consolar a pessoa em sofrimento. Ao longo dos doze meses seguintes, as crianças manifestavam menos sinais de sofrimento em si mesmas, mas as intervenções ativas tornavam-se cada vez mais comuns: aproximavam-se da pessoa em sofrimento e, sem muita habilidade, a tocavam ou acariciavam. Por volta dos dezoito meses, tais iniciativas passavam a assumir a forma de esforços mais complexos no sentido de oferecer consolo: as crianças traziam objetos para a pessoa afetada pelo sofrimento, faziam sugestões acerca do que fazer, expressavam sua solidariedade em palavras, solicitavam a ajuda de um terceira pessoa e chegavam até a tentar proteger a vítima.

Era freqüente que o comportamento da criança revelasse não apenas um diagnóstico do sofrimento do outro, mas também uma compreensão do motivo desse sofrimento. Uma criança de vinte meses, por exemplo, vê sua mãe machucar o pé. A criança manifesta preocupação, corre para a mãe, diz "pé machucado" e esfrega o pé da mãe. Outra criança, também de vinte meses, aborreceu a mãe por ter feito uma sujeira. A criança procura apaziguar a mãe, dizendo "eu quero mamãe", a abraça, diz "eu limpo" e começa a fazê-lo.

As crianças com idade entre vinte e vinte e quatro meses reagiram em cerca de um terço das ocasiões em que viram alguém em sofrimento (Zahn-Waxler, Radke-Yarrow & King, 1979). Talvez fosse de se esperar que as crianças reagissem de diferentes modos, segundo tivessem sido elas, ou não, as causadoras do sofrimento. Na verdade, isso não ocorreu. Quer tivessem meramente testemunhado a ocorrência, quer tivessem causado o sofrimento, intervinham com igual freqüência. Por outro lado, foram surpreendentes as diferenças individuais em relação ao sofrimento. Algumas crianças reagiram a mais da metade das ocorrências, enquanto outras reagiram só a cerca de um vigésimo delas.

Um estudo clássico da década de 30 amplia nosso horizonte dos dois para os quatro anos de idade, e do lar para a escola maternal. Baseando-se em cem dias de observação naturalista direta, Lois Murphy (1937) viu crianças ajudando outras que passavam por sofrimentos, protegendo-as e defendendo-as e punindo a pessoa que causara o sofrimento. Viu também episódios em que o sofrimento de uma criança levou outra a rir, a atacar ou a simplesmente observar. Uma substancial minoria de crianças, cerca de um quarto delas, nunca foram vistas em atitude de solidariedade em relação a outra criança.

Reunindo os dados de todos esses estudos, chegamos ao quadro que segue. No decorrer de seu segundo ano de vida, as crianças começam a tentar aliviar o sofrimento de outras pessoas; consolam os pais e os irmãos em casa, e depois consolam outras crianças na escola maternal, em especial as crianças machucadas. Estas tentativas de consolar não deixam de ter efeito, pois as crianças procuram seus irmãos ou irmãs quando estão aborrecidas, especialmente se esses irmãos se mostraram receptivos ou bem-intencionados no passado.

As reações das crianças ao sofrimento de outra pessoa modificam-se com a idade. Até o final de seu primeiro ano de vida, geralmente não se envolvem. É certo que não são sempre passivas – freqüentemente elas mesmas ficam chateadas –, mas não fazem qualquer tentativa de consolar outra pessoa que passa por sofrimento. As intervenções ativas tornam-se cada vez mais comuns no decorrer do segundo e do terceiro anos de vida. Geralmente consistem em gestos ou palavras de solidariedade e na partilha ou no resgate de objetos adequados, mas experimentam-se também abordagens menos convencionais.

As reações ao sofrimento de outra pessoa variam imensamente de criança para criança. Quer as observações se dêem em casa quer na escola maternal, algumas crianças mostram-se muito sensíveis ao sofrimento alheio, enquanto outras sensibilizam-se pouquíssimas vezes. Além disso, os modos pelos quais as crianças reagem ao sofrimento permanecem razoavelmente estáveis ao longo desses primeiros anos; algumas freqüentemente reagem com preocupação, enquanto outras muitas vezes reagem com indiferença ou mesmo agressão (Cummings, Hollenbeck, Iannotti, Radke-Yarrow & Zahn-Waxler, 1986). Mais adiante, examinarei possíveis explicações para essas diferenças individuais. Antes disso, porém, talvez convenha obter uma imagem mais equilibrada de como as crianças se comportam em relação a seus irmãos e pais.

Machucar

Quando se pede às mães que mencionem os episódios em que as crianças mais velhas aborrecem um irmão ou irmã mais novos, tais episódios revelam-se tão freqüentes quanto as tentativas de consolá-los (Dunn, Kendrick & MacNamee, 1981). Mais ainda, é a criança mais velha, de três anos ou mais, que tem maior probabilidade de dar início às brigas, e não a mais nova (Abramovitch, Corter & Lando, 1979; Abramovitch, Corter & Pepler, 1980). Esta assimetria pode ser muito aguda. Dunn e Kendrick (1982), por exemplo, referem que, em algumas famílias, até cerca de 85 por cento das interações caracterizavam-se por a criança menor agir de maneira amigável e a maior comportar-se de modo negativo.

Apesar dessa tendência geral de o irmão mais velho ser mais agressivo, o grau de harmonia ou conflito, medido pela proporção de episódios mutuamente amistosos e mutuamente hostis (isto é, quando ambos os irmãos comportavam-se de modo hostil ou amigável), variava enormemente de família para família. A proporção de encontros mutuamente hostis ia de zero a 50%, e a proporção de encontros mutuamente amistosos ia de zero a 85%.

O ato de cutucar, beliscar ou bater num irmão ou irmã pode não constituir uma tentativa deliberada de provocar sofrimento. Poder-se-ia afirmar, sem incorrer em absurdos, que as crianças de dois ou três anos agridem de modo mais ou menos involuntário quando estão frustradas, sem terem a intenção de machucar ninguém. No entanto, um exame mais detido do padrão de comportamento mostra que esta interpretação é por demais generosa. Quando as crianças defrontam com um irmão ou irmã em sofrimento, é muito provável que façam algo para exacerbar esse sofrimento, se foram elas mesmas que o provocaram. Este agravamento reiterado faz parte, obviamente, de uma estratégia deliberada (Dunn & Munn, 1986). Além disso, as crianças muitas vezes usam técnicas planejadas, e não involuntárias. Isto se torna particularmente claro no caso de manobras não-violentas. Considere-se, por exemplo, o episódio seguinte, relatado por Dunn e Kendrick (1979): Gary insiste em pegar e manipular as letras magnéticas com que Tracey, de três anos, está brincando. Tracey diz "não" várias vezes, num tom delicado. Gary não desiste. Tracey, como último recurso, leva as letras para uma mesa mais alta, fora do alcance de Gary. Este, que fica zangado e começa a chorar, vai para o sofá, pega a boneca de pano de Tracey (um objeto de consolo) e a aperta enquanto olha para Tracey. Esta, por sua vez, começa a chorar e vem recuperar a boneca. Num estudo de conflito entre crianças de até cerca de dois anos e meio, Dunn e Munn (1985) descrevem um estratagema igualmente deliberado, por parte de C. A mãe de C. explica para a entrevistadora que Amy (irmã de C.) tem medo de aranhas. Há uma aranha de brinquedo que ela odeia de modo especial. Ouvindo este comentário, C. corre até o outro quarto, remexe a caixa de brinquedos, acha a tal aranha e vai com ela para cima de Amy, que começa a chorar.

Em concordância com as mudanças no desenvolvimento que vimos em relação ao ato de consolar, essas provocações se tornam cada vez mais freqüentes no decorrer do segundo ano de vida (Dunn & Munn, 1985). Com crianças de dezesseis e dezoito meses, a maior parte das ocorrências envolve a remoção do objeto de consolo do irmão mais velho ou a destruição de algum bem querido. Já as crianças de vinte e quatro meses usam técnicas mais sutis. Uma criança, por exemplo, provocava sua irmã fingindo ser sua amiga imaginária.

As provocações não são dirigidas apenas aos irmãos; voltam-se também contra a mãe. Ademais, assim como a provocação dos irmãos tem sua freqüência aumentada no decorrer do segundo ano de vida, os episódios de provocação da mãe também se multiplicam, embora a estratégia se modifique adequadamente. Constitue, em geral, em olhar para a mãe e sorrir ou gargalhar ao mesmo tempo em que se pratica um ato proibido.

Diferenças individuais em consolar e machucar

Já vimos que as crianças, em casa, consolam com freqüência seus irmãos, mas também os machucam e irritam freqüentemente. Recordando as grandes diferenças individuais entre as crianças no que se refere à sua prontidão em machucar ou consolar, como surgem tais diferenças?

De início, podemos nos perguntar se as variações nesses dois tipos de comportamento se combinam de alguma maneira. Duas possibilidades interessantes nos vêm à mente. Primeiro, é possível que haja uma correlação positiva entre os dois tipos de comportamento, em particular em suas manifestações mais deliberadas e planejadas. As crianças que consolam mais podem ser também as que machucam e provocam mais. Este tipo de associação surgiria se as crianças variassem ao longo de um *continuum* que fosse de "distante" a "envolvido" em suas relações com o irmão: as crianças mais envolvidas apresentariam uma combinação de comportamentos positivos e negativos, ao passo que as crianças mais distantes e menos envolvidas nem consolariam nem provocariam os irmãos com muita freqüência. O estudo de Lois Murphy (1937), já mencionado, dá algum apoio a esta expectativa. Ela descobriu que as crianças inclinadas a expressar solidariedade eram também aquelas que tinham maior probabilidade de expressar agressão, e atribuiu o fato a um fator de sociabilidade geral que abarcaria tanto o comportamento positivo quanto o negativo. Tal padrão também poderia surgir se as crianças variassem quanto à sua percepção social, tendo maior ou menor habilidade de fazer idéia do que aborreceria ou acalmaria outra criança. Esta interpretação pressupõe que tal percepção seja moralmente neutra; seria uma mera ferramenta, que pode ser usada para fins bons ou ruins dependendo de outros fatores em operação na criança.

Uma segunda possibilidade é que haja uma correlação negativa: os irmãos que machucam com freqüência consolam poucas vezes, e os irmãos que consolam com freqüência machucam poucas vezes. Este tipo de resultado tem um apelo intuitivo bastante óbvio. Ele se coadunaria com a noção cotidiana de que há crianças que, seja por seu temperamento, seja por uma determinada orientação de relacionamento social que adquiriram, são ao mesmo tempo hostis e não-solidárias.

Tratando desta questão, Dunn e Kendrick (1982) têm o cuidado de assinalar que "muitas crianças demonstraram tanto um comportamento social amistoso quanto alguma agressão física", tal como Murphy poderia ter esperado. Não obstante, também apresentam dados que indicam que, para algumas crianças, o segundo modelo pode ser o mais apropriado. Dentre as crianças que reagiram ao sofrimento de um irmão mais novo com alegria, ou que aumentaram deliberadamente esse sofrimento, nenhuma consolou esse irmão mais novo em algum momento. Estes resultados indicam haver um grupo de crianças que sabem como aborrecer ou machucar outras crianças, mas que não têm a capacidade ou a motivação para ser solidárias.

Como explicar este padrão? As crianças talvez aprendam a partir do modo pelo qual seus pais reagem ao sofrimento ou expressam sua zanga. É possível que variem também quanto à capacidade de se imaginarem na pele de outra criança. Os pesquisadores têm começado a se debruçar sobre este tema, e têm chegado a algumas conclusões surpreendentes.

Explicando as diferenças individuais

Quando uma criança aborrece outra, há vários modos pelos quais os pais podem intervir. Podem consolar a vítima; podem repreender a criança que causou o sofrimento; e podem encorajar essa criança a fazer algum tipo de reparação. Carolyn Zahn-Waxler e suas colegas afirmam que as mães desempenham papel de destaque em dar a seus filhos uma interpretação do sofrimento da outra pessoa (Zahn-Waxler, Radke-Yarrow & King, 1979). Isto é particularmente verdadeiro quando o sofrimento foi causado pela própria criança. Em tais casos, a maior probabilidade é de que as mães chamem a atenção para o papel da criança e adotem um tom moral. Especificamente, as pesquisadoras descobriram que quando as crianças (de vinte a vinte e quatro meses de idade) haviam causado o sofrimento, e não apenas assistido a ele, era maior a possibilidade de que as mães oferecessem uma explicação, fizessem considerações morais ("Você fez Doug chorar. Não é bonito morder") e sugerissem uma intervenção positiva ("Por que você não dá a sua bola pro Jeffrey?"). Por outro lado, quando as crianças haviam apenas testemunhado o sofrimento sem causá-lo, era maior a probabilidade de as mães fazerem algo pela vítima (p. ex., tomá-la nos braços e consolá-la), acalmar a criança que testemunhara o ocorrido ou não reagir de nenhuma forma.

Teriam estas reações algum impacto sobre as crianças? Zahn-Waxler e suas colegas dividiram as mães em dois grupos – as com pontuação alta e as com pontuação baixa numa determinada técnica – e verificaram se os filhos diferiam quanto ao que chamaram reparação, isto é, as tentativas de consolar ou ajudar suas vítimas. Alguns comportamentos maternos pareceram ter efeito. Em específico, as declarações de princípios feitas pela mãe (p. ex., "As pessoas não foram feitas para se bater"; "Você não deve nunca enfiar o dedo nos olhos de alguém"; "Você pode falar sobre mordidas, mas nunca faça isso") estavam associadas a uma maior reparação por parte das crianças, tanto no mesmo período de tempo quanto num segundo período, cerca de quatro ou cinco meses depois.

As reações das mães também influenciaram o comportamento das crianças quando estas eram apenas espectadoras, e não causadoras do sofrimento. Houve indicações de que as explicações dadas à criança promoviam reações altruístas, ao passo que as proibições inexplicadas (p. ex., "Pare com isso") as reduziam.

Algumas das provas mais notáveis em favor do papel dos pais vêm do estudo de crianças que foram sujeitas a maus-tratos físicos. Observadas num contexto pré-escolar, tais crianças são muitas vezes mais agressivas que as outras. Têm também menor probabilidade de ajudar ou compartilhar coisas com outra criança do que as crianças que provêm do mesmo contexto social mas não têm uma história pregressa conhecida de maus-tratos (George & Main, 1979; Hoffman-Plotkin & Twentyman, 1984; Trickett & Kuczynski, 1986).

O trabalho de Mary Main e Carol George (1985) é particularmente informativo ao mostrar como as crianças maltratadas reagem ao sofrimento de outra criança. Elas compararam dois grupos de crianças, de um a três anos de idade. Um dos grupos provinha de famílias pobres, em muitas das quais os pais eram ausentes e as mães se sustentavam com a ajuda estatal. O outro grupo de crianças provinha de lares igualmente pobres, mas, além disso, as crianças haviam sido espancadas e submetidas a maus-tratos. Esses maus-tratos iam de uma punição severa até fraturas de crânio e ossos e queimaduras graves. Nenhuma das crianças do primeiro grupo havia, em sua história pregressa conhecida, sofrido tais tipos de maus-tratos.

A observação das reações desses dois grupos de crianças ao sofrimento de outra criança, numa creche, revelou diferenças claras. Em nenhum momento as crianças maltratadas reagiram demonstrando uma preocupação evidente com a criança em sofrimento. Na melhor das hipóteses, acariciavam ou procuravam acalmar mecanicamente a criança que chorava, ou limitavam-se a olhar. Mas, com maior freqüência, reagiam de maneira negativa. Algumas tornavam-se hostis e dirigiam gestos ameaçadores (verbais e faciais) ou ataques físicos diretos à criança que chorava. Outras vezes, ficavam chateadas e manifestavam medo, sofrimento ou uma combinação de ambos. Em completo contraste, as crianças não-maltratadas nunca demonstravam este último tipo de mal-estar, e só uma delas fez um gesto ameaçador. Sua reação mais comum era de olhar ou acariciar mecanicamente a criança que chorava; e, em resposta a cerca de um terço dos episódios de sofrimento, manifestaram uma preocupação mais ativa. Recordemo-nos de que esse resultado de preocupação ativa é igual ao obtido por Zahn-Waxler e suas colegas (1979) a partir de relatos feitos por mães acerca de seus filhos em casa.

Em algumas das ocorrências mais perturbadoras (envolvendo três crianças maltratadas), observou-se uma alternância de consolar e atacar a criança em sofrimento. Uma criança, por exemplo, perseguiu e atormentou outra criança até o momento em que esta começou a manifestar sofrimento; depois consolou-a mecanicamente, sorrindo enquanto isso.

Estes dados são ao mesmo tempo tranqüilizantes e perturbadores. Em primeiro lugar, do lado positivo, parece que o mesmo tipo de atividade preocupada de consolo que se encontra em famílias intactas e estáveis da classe trabalhadora (Dunn & Kendrick, 1982) ou da classe média (Zahn-Waxler, Radke-Yarrow & King, 1979) também se acha entre crianças de creche, mesmo quando essas crianças vêm de lares pobres e sofridos, muitas vezes morando com apenas um dos pais, o qual depende da assistência social do Estado. Pelo lado negativo, as crianças maltratadas reagem ao sofrimento de outra criança assim como as crianças normais poderiam reagir a manifestações de zanga (Denham, 1986; Strayer, 1980): ficam chateadas, ou ignoram o sofrimento, ou por vezes reagem agressivamente; em raras ocasiões fazem gestos de consolo ou ajuda, a menos que instadas a tal. Pais inclinados a entregar-se a maus-tratos físicos parecem transmitir a seus filhos esse mesmo estilo, muito tempo antes de essas crianças terem de assumir quaisquer responsabilidades parentais. O modo da transmissão não é claro. Será que os pais que infligem maus-tratos inibem e distorcem uma tendência empática inerente? Proporcionarão eles um modelo de maus-tratos a bebês que começam a vida sem nenhuma tendência inerente, quer à empatia, quer à hostilidade, quando confrontados com o sofrimento? Será que deixam de argumentar com as crianças quando elas machucam ou aborrecem outra criança? Sem dúvida, há provas de que os pais violentos têm muito maior probabilidade de punir seus filhos do que de conversar com eles quando são agressivos ou agem de modo egoísta em relação a outras crianças. Os pais que não infligem maus-tratos, em contraste, valem-se tanto da conversa quanto da punição (Trickett & Kuczynski, 1986). É concebível, por fim, que os pais violentos transmitam um padrão genético de hipersensibilidade e aversão ao sofrimento alheio, independentemente de como tratam seus filhos. Qualquer que seja a interpretação final tirada destes dados, eles demonstram que a preocupação empática pelo sofrimento de outra criança não está inelutavelmente fundida ao repertório emocional da criança pequena.

Fatores cognitivos

Até aqui, abordamos a questão das diferenças individuais refletindo sobre o impacto da família. Podemos também indagar sobre as diferenças cognitivas entre as crianças. Quando uma cirança vê ou ouve outra criança em sofrimento, que processos mentais levam uma a oferecer consolo e outra a virar-se para o outro lado ou até mesmo tornar-se agressiva? Parece razoável supor que as crianças difiram quanto à medida em que conseguem se colocar na pele da outra criança, de modo a apreciar tanto o que causou o sofrimento na outra quanto o que pode aliviá-lo, mesmo quando elas, por si, sentem pouco ou nenhum sofrimento.

Um estudo interessante, feito por Robert Stewart e Robert Marvin (1984), dá alguma corroboração a esta idéia. Stewart (1983) percebera que, quando crianças de três ou quatro anos eram deixadas sozinhas por sua mãe numa sala de espera, cerca de metade delas agia de modo a propiciar conforto ou segurança a um irmão mais novo. Propôs-se então a pesquisar a origem desta variação. Foram dados, a crianças de três a cinco anos de idade, dois testes de tomada de perspectiva. No primeiro, elas eram informadas sobre a preferência de uma criança imaginária por determinada coisa, como, por exemplo, não se sujar ou subir em coisas altas. Note-se que a preferência é ligeiramente idiossincrática – não é provável que se trate de uma preferência universal. Perguntava-se então às crianças qual dentre duas atividades a criança imaginária preferiria. Uma das atividades levaria ao fim desejado, e a outra não. Para responder corretamente, as crianças tinham de ter em mente as preferências um tanto idiossincráticas da criança imaginária, em vez de escolher egocentricamente a partir das próprias preferências. Na segunda tarefa, as crianças foram avaliadas quanto à sua compreensão de que duas outras pessoas pudessem conhecer o paradeiro de um objeto oculto, mesmo se elas mesmas houvessem fechado os olhos quando ele foi escondido. Embora diferentes no conteúdo, ambas as tarefas exigiam que as crianças distinguissem entre suas próprias preferências ou conhecimento e os de outra pessoa. Com base em seu desempenho nestas duas tarefas, as crianças foram classificadas em dois grupos: bons e maus tomadores de perspectiva.

Numa parte separada do estudo, as crianças eram deixadas sozinhas com seu irmão mais novo numa sala de espera. Todos os irmãos mais novos reagiram à partida da mãe com graus variados de sofrimento, e, em dez segundos contados a partir da saída da mãe, cerca de metade das crianças mais velhas voltaram-se para os irmãos mais novos e ofereceram-lhes algum tipo de reação consoladora, tal como aproximar-se e abraçar o bebê, reassegurá-lo que a mãe logo voltaria ou oferecer-lhe brinquedos como distração. As demais crianças reagiram ao sofrimento do irmão virando-se para o outro lado e concentrando-se nas próprias brincadeiras, cantando ou falando alto ou cobrindo as orelhas e afastando-se.

Em que medida havia uma ligação entre a capacidade dos irmãos mais velhos de tomar perspectiva e sua prontidão em consolar os irmãos mais novos? A relação não era de modo algum perfeita, mas havia uma associação clara: a maioria das crianças que foram bem no teste de tomada de perspectiva consolaram prontamente os irmãos mais novos ao passo que a maioria das que não foram bem no teste não o fizeram[1].

Tanto as mães quanto os irmãos mais novos comportavam-se de modo diferente quando a criança mais velha era boa em tomar perspectiva. Em particular, quando as mães saíam, era maior a probabilidade de pedirem aos irmãos mais velhos que foram bem no teste de tomada de perspectiva que tomassem conta dos irmãos mais novos[2]. Estes, por sua vez, tinham muito maior probabilidade de se aproximar do irmão mais velho e tratá-lo como uma base segura quando ele era bom em tomar perspectiva.

Estes resultados indicam que os fatores cognitivos estão associados tanto com o comportamento efetivo de oferecer consolo a um irmão mais novo quanto com a expectativa, por parte de outras pessoas, de que tal consolo seja oferecido. Sem dúvida, é importante enfatizar que não sabemos como essas interconexões se estabelecem. Será que as mães que pedem a seus filhos mais velhos que tomem conta de um mais novo promovem a capacidade de tomar perspectiva da criança mais velha? Ou estariam as mães simplesmente reagindo a diferenças individuais sobre as quais teriam pouca influência? Não temos certeza. Por enquanto, o que há de importante a sublinhar é que os fatores cognitivos, e em particular a capacidade de contemplar uma situação a partir do ponto de vista de outra pessoa, parecem estar intimamente ligados à disposição de oferecer consolo. Talvez essa capacidade de tomar perspectiva ajude, porque as crianças são freqüentemente chamadas a oferecer consolo em situações que elas mesmas não consideram angustiantes. Se elas não forem capazes de entender que a outra criança, apesar disso, talvez tenha boas razões para estar sofrendo, podem reagir com indiferença. De fato, os resultados de Stewart e Marvin (1984) deixam claro que a maioria das crianças que consolaram seus irmãos mais novos não estavam aborrecidas no momento em que a mãe saiu. A capacidade de tomar perspectiva seria necessária, portanto, para entender que, embora não estivessem aborrecidas pela saída da mãe, o mesmo talvez não ocorresse com seus irmãos mais novos. Do mesmo modo, estudos de observação de crianças num contexto pré-escolar mostram que muitas vezes uma criança machucada induzirá em outra criança a ajuda ou a preocupação, mas não há indícios de que o jovem samaritano precise estar sofrendo para que intervenha (Denham, 1986). Estes resultados salientam que a compreensão do sofrimento de outra pessoa e a tomada de atitudes sanadoras não implicam necessariamente que a própria pessoa sinta sofrimento[3].

Regras morais e convencionais

Já examinamos as estratégias adotadas pelas crianças para aborrecer e consolar outras crianças. É evidente que tais ações não são moralmente neutras. Será dito à maioria das crianças, em algum momento, que é bom ajudar, consolar ou compartilhar com as outras crianças, e que é mau aborrecê-las. Em que momento as crianças novas começam a associar essas avaliações morais a seus atos de consolo e provocação? Pesquisas recentes demonstram que as crianças são muito sensíveis às questões que envolvem o certo e o errado, independentemente daquilo que seu comportamento poderia nos levar a esperar delas. Além disso, é provável, como tentarei demonstrar, que sua compreensão das reações emocionais de outras crianças desempenhe papel importante nessa sensibilidade.

Considerem-se os resultados do seguinte estudo, realizado por Judith Smetana (1981). Crianças de três e quatro anos ouviram a história de uma criança que praticou várias transgressões, tais como bater numa outra criança, tomar a maçã de outra criança, guardar os brinquedos no lugar errado e não agradecer a Deus antes de tomar um lanche. As crianças foram então inquiridas acerca dessas transgressões. Como fica claro, algumas podiam ser vistas como transgressões morais, ao passo que outras envolviam apenas um desvio em relação às normas ou convenções da pré-escola em que as crianças foram testadas. As crianças foram muito sensíveis a essa diferença. Consideraram as violações morais mais sérias que as violações convencionais. Por exemplo: enquanto consideraram ser "muito mau" bater numa outra criança, consideraram apenas "um pouquinho mau" guardar brinquedos no lugar errado. Afirmaram também que seria errado praticar as transgressões morais, mesmo que não houvesse regras que dispusessem acerca dessas ações; por outro lado, no que se refere às transgressões convencionais, era maior a probabilidade de afirmarem que tais ações seriam permissíveis se não fossem proscritas pela regra. Tomados em seu conjunto, os resultados indicam que as crianças muito novas percebem que algumas ações acarretam a violação severa de um código moral fixo, ao passo que outras acarretam somente uma violação pouco importante de regras contingentes e locais.

Dada a importância do ambiente familiar, descrita anteriormente, poder-se-ia esperar que a sensibilidade das crianças à distinção entre regras morais e convencionais variasse segundo seus antecedentes familiares. Tomem-se, por exemplo, as crianças que foram vítimas de negligência: é muito provável que essas crianças tenham de cuidar de si mesmas com bastante freqüência, e poucas vezes serão corrigidas se brigarem com outras crianças ou baterem nelas. Diante de tamanha indiferença dos pais, a criança negligenciada pode muito bem concluir que aborrecer ou bater em outras crianças não é delito grave. Para avaliar a plausibilidade desta idéia, Smetana e seus colegas testaram crianças de três a cinco anos de idade provenientes de ambientes familiares diferentes: um dos grupos sofrera maus-tratos físicos; outro grupo sofrera negligência; e o terceiro era um grupo de controle, de crianças não-maltratadas (Smetana, Kelly & Twentyman, 1984). Apesar dessas diferenças de contexto familiar, as crianças e suas famílias eram comparáveis em outras dimensões potencialmente perturbadoras, tais como o nível de renda dos pais, a educação da mãe e a inteligência da criança. Como aconteceu no estudo anterior, pediu-se às crianças que avaliassem a gravidade de vários tipos de transgressão. Os resultados foram surpreendentes. Os três grupos chegaram a conclusões bastante semelhantes. Todos consideraram que as transgressões de convenções sociais (p. ex., sair da sala de aula sem permissão) eram delitos menores; os delitos mais sérios eram, em ordem crescente: não compartilhar eqüitativamente os recursos; atormentar outra criança; e ser fisicamente agressivo em relação a outra criança. Os julgamentos das crianças manifestavam muito pouco os efeitos do contexto familiar. Pelo contrário, havia um consenso nitidamente delimitado acerca do que constituía uma transgressão menor, por oposição a uma maior.

Estes resultados são bastante enigmáticos, se fixamos nossa atenção nos pais da criança como sendo a principal fonte de informação acerca da diferença entre regras morais e convencionais. Mas as crianças possuem outras fontes de informação. Em particular, as reações das próprias crianças aos vários tipos de transgressão podem ser instrutivas. Para descobrir como efetivamente reagem aos diferentes tipos de transgressão, Judith Smetana (1984) observou crianças pequenas brincando na pré-escola. Anotaram-se as reações das crianças, e também dos professores, toda vez que uma regra era violada, como, por exemplo, agressões físicas, nao compartilhar brinquedos, fazer sujeira, trabalhar no lugar errado, e assim por diante. Os professores reagiam tanto às transgressões morais quanto às convencionais; chegavam mesmo a reagir com freqüência um pouco maior às transgressões de convenção. Em cada um dos casos, sua reação mais freqüente era emitir um comando. Ao contrário, as reações das crianças eram altamente seletivas: nao reagiram *nunca* às transgressões de convenção, ao passo que reagiram a cerca de um terço das transgressões morais. Além disso, as reações às transgressões morais eram, potencialmente, muito instrutivas. Se vítimas de agressão, subtração de objetos ou agravo, as crianças expressavam (verbalmente ou não) a dor ou a perda de que sofriam.

Encontra-se este padrão também em casa? Reagirão os pais a uma ampla variedade de transgressões, tanto morais como convencionais, enquanto as crianças se limitam às violações morais? Judy Dunn e Penny Munn (1987) visitaram lares com crianças e elaboraram um registro das disputas que surgiam entre as crianças ou entre a criança e a mãe. Foram feitas observações quando a criança mais nova tinha dezoito meses, dois anos e três anos. Em cada um desses momentos, as crianças envolviam-se em disputas referentes a diversos assuntos: regras de educação (p. ex., dizer "por favor" e "obrigado"), regras da casa referentes ao que se podia fazer em cada cômodo, e quando se podia fazê-lo ("Você não pode comer isso agora, não é hora do lanche"), regras sobre a posse, o compartilhar e o revezar-se, e referentes ao comportamento desordeiro ou destruidor. No entanto, as disputas tinham focos diferentes, dependendo de quais fossem os protagonistas: as disputas entre mãe e criança concentravam-se no comportamento desordeiro e nas regras da casa, ao passo que as contendas entre irmãos giravam em torno das regras referentes à posse, ao revezar-se e ao compartilhar. Além disso, quando as crianças tinham apenas dezoito meses de idade, eram os conflitos sobre este último tipo de assunto que tendiam especialmente a terminar em lágrimas ou em zanga. Supondo-se que a criança mais velha fosse a transgressora nesses casos, ela sem dúvida receberia uma resposta muito visível por parte do irmão mais novo.

Observações naturalistas detalhadas mostram que as crianças pequenas são sensíveis a essas expressões de emoção em disputas relativas ao revezar-se. As crianças que começam a apropriar-se de um brinquedo que se encontra com outra criança, e percebem que ela começa a parecer zangada ou triste, freqüentemente desistem de fazê-lo (Camras, 1977). Até mesmo uma mudança moderadamente sutil – a elevação das extremidades internas das sobrancelhas – é suficiente para assinalar a tristeza e afastar a intervenção (Camras, 1977; 1980).

Em suma, se não nos atemos às reações dos adultos, mas ao modo pelo qual as próprias vítimas reagem, as crianças pequenas recebem uma indicação muito clara de que as transgressões morais são mais graves que as violações de convenção: mesmo que os adultos não façam uma diferenciação clara, para o transgressor, entre uma transgressão moral e uma convencional, as outras crianças certamente o fazem. É possível que, a partir dessas respostas, as crianças sejam capazes de chegar à conclusão de que, mesmo se todas as prescrições dos adultos relativas a bater, tomar e atormentar outras crianças fossem de súbito suspensas – se não houvesse regras –, as reações das vítimas continuariam sendo as mesmas.

Existem várias provas desta interpretação. Em primeiro lugar, quando se pede a crianças que justifiquem uma regra moral – que expliquem o porquê de ser errado bater em outras crianças ou tomar suas coisas –, elas se referem, em sua maioria, às conseqüências de tais ações para a vítima, e em particular aos danos e ao sofrimento que causarão (Davidson, Turiel & Black, 1983). Por outro lado, quando se pede que justifiquem uma regra convencional, elas poucas vezes se referem ao bem-estar de qualquer pessoa. As crianças podem também começar a categorizar uma ação como moralmente errada, e não convencionalmente errada, caso venham a saber que ela causa sofrimento. Se, por exemplo, ouvindo uma história elas recebem informações sobre uma atividade que até então desconheciam, e lhes é dito que, toda vez que determinado personagem se dedica a essa atividade, ele faz com que as outras crianças chorem, as crianças interpretam a ação como violação de uma lei moral, e não convencional, e dão apoio a esta interpretação referindo-se ao sofrimento que a ação causa (Smetana, 1985).

Dando seqüência a esse argumento, parece provável que as crianças variem quanto à diferenciação que fazem entre as transgressões dependendo de quanto já brincaram com outras crianças. Num extremo, podemos imaginar um filho único que passou pouco tempo com outras crianças. Essa criança estará exposta aos ditames um tanto indiferenciados dos adultos, tenha ela cometido transgressões morais ou convencionais. Por outro lado, uma criança que passou bastante tempo com outras crianças, especialmente em pequenos grupos não-supervisionados, terá sido exposta a uma grande quantidade de informação acerca do que constitui, ou não, uma transgressão grave. Michael Siegel e Rebecca Storey (1985) levaram a cabo um estudo que proporciona uma verificação muito interessante desta linha de especulação. Compararam "veteranos" da pré-escola (crianças de quatro anos que já estavam na pré-escola havia cerca de nove meses) com novatos (crianças de quatro anos que só estavam na pré-escola havia cerca de três meses), usando o mesmo tipo de transgressões usado por Smetana e seus colegas. Ambos os grupos consideraram as transgressões morais bastante graves; diferiam, porém, quanto a suas conclusões sobre as transgressões convencionais. Os novatos também as consideraram bastante graves. Por outro lado, seus colegas veteranos, mais indiferentes, consideraram estas últimas como secundárias. O corolário destes resultados é que o novato chega à pré-escola com um considerável excesso de bagagem moral, estando convencido de que sentar-se no lugar errado é um delito tão grave quanto empurrar o vizinho. O clima movimentado da pré-escola permite que a criança se livre de parte dessa bagagem excessiva, ensinando-lhe que, embora os adultos considerem muito graves certas infrações convencionais, seus colegas de classe muitas vezes não dão a elas a menor importância[4].

Esta conclusão, se aceita, acarreta várias conseqüências. Em primeiro lugar, implica que as intuições morais da criança estejam inextricavelmente ligadas a uma compreensão da emoção. Uma criança que não compreende que alguém está sofrendo e nem o que causou esse sofrimento não concluirá que a ação que o causou seja errada. É evidente que isto não quer dizer que a criança pequena seja um utilitarista moral, avaliando a alegria ou o sofrimento que resultarão de vários cursos de ação. Só desejamos afirmar que a criança é suficientemente sensível às reações das outras crianças a ponto de usá-las para efetuar uma larga diferenciação entre delitos menores (e essencialmente locais) e transgressões graves.

A segunda conseqüência é que talvez os adultos sejam instrutores indiscriminados, porque sua preocupação é que as crianças sejam fiéis a todo um conjunto de regras, algumas graves, outras sem importância. Isto, porém, não é ruim, pois as crianças podem chegar a uma distinção entre prescrições morais e convencionais durante seu contato com outras crianças. Não fará muita diferença se elas provêm de lares onde recebem maus-tratos, são negligenciadas ou onde lhes dão apoio. Em terceiro lugar, a conclusão implica que, ao menos no que se refere às emoções relativamente imediatas causadas pela agressão física, pela recusa em compartilhar, pela apropriação indevida e assim por diante, as crianças pequenas em toda parte, independentemente de sua cultura ou classe social, chegarão, *grosso modo*, às mesmas conclusões acerca do que constitui uma transgressão moral grave. Estudos transculturais recentes corroboram em certa medida esta conclusão. As crianças em idade pré-escolar na Coréia, por exemplo, afirmam todas que bater em outra pessoa seria errado mesmo que não houvesse uma regra que o proscrevesse, ao passo que, tipicamente, avaliam que comer com os dedos seria aceitável, se não houvesse uma regra. Ademais, à semelhança de seus congêneres ocidentais, explicavam também que bater numa outra criança seria errado porque aborreceria ou machucaria a criança (Song, Smetana & Kim, 1987)[5].

Por fim, há um paradoxo a ser considerado: vimos que, independentemente de seu contexto familiar, as crianças pequenas percebem que certas ações, em particular machucar ou atormentar outra criança, são erradas. Por outro lado, existem também provas válidas de que as crianças variam muito quanto a sua disposição de se guiarem por esses preceitos, e essa variação pode ser em parte atribuída ao contexto familiar da criança. Sabe-se, por exemplo, que as crianças vítimas de maus-tratos físicos são mais agressivas que as crianças normais. Como coadunar a aparente universalidade da intuição infantil acerca do certo e do errado com a acentuada variação no que se refere ao comportamento agressivo ou pró-social? Minha intuição é que, para as crianças pequenas, assim como para todos nós, é muito fácil perceber que uma ação causará sofrimento, sobretudo quando se está no papel de um observador que vê uma pessoa aborrecendo outra. É mais difícil para elas usar de tal conhecimento para guiar suas próprias ações. Muitas vezes o impulso de provocar, revidar e machucar atropelará ou distorcerá seu conhecimento do certo e do errado. Judith Smetana e seus colegas (1984) identificaram este tipo de egocentrismo em crianças de três a cinco anos de idade, que pensavam que as transgressões de outras crianças eram mais graves e mais merecedoras de punição que as suas próprias. Assim, não devemos esperar que haja uma relação muito próxima entre o conhecimento que as crianças têm do certo e do errado e sua disposição a zombar dessas prescrições. Voltarei a este assunto no capítulo 4, em que será discutida a compreensão que as crianças têm da culpa e do orgulho.

Sumário e conclusões

No segundo e no terceiro anos de vida, as crianças consolam e machucam ativamente outras pessoas. Não mais se limitam a reagir à emoção que outra pessoa está sentindo; são capazes de antever a possibilidade de ocasionar uma emoção diferente. Tampouco limitam-se a usar o estado emocional de outra pessoa como um moderador de sua própria atividade exploratória; o estado emocional da outra pessoa torna-se um objetivo em si mesmo, uma meta que elas procuram ativamente fazer surgir. Para atingir essa meta, elas tentarão várias técnicas uma após a outra, mostrando ter alguma idéia do tipo de acontecimento ou objeto que pode causar ou aliviar o sofrimento. Essas mudanças comportamentais indicam, de modo premente, a ocorrência de um grande salto no modo pelo qual a criança pequena pensa sobre a natureza e as causas da emoção. Examinaremos essas mudanças cognitivas em mais detalhe no capítulo seguinte.

Embora pareça haver grandes mudanças comportamentais a partir do segundo ano de vida, as intervenções particulares das crianças pequenas não apresentam um padrão universal e nitidamente delimitado. Em especial quando defrontadas com o sofrimento alheio, as crianças apresentam reações marcadamente diferentes. Estas diferenças, em parte, parecem refletir sua história familiar. Alguns pais dão a seus filhos prescrições claras do que devem e do que não devem fazer depois de ter aborrecido uma outra criança, e essas prescrições parecem ter algum efeito. Elas fomentam a tendência da criança pequena de reparar ou consolar quando defrontada com o sofrimento de outra criança. No outro extremo, os pais que maltratam fisicamente os filhos têm filhos que são perturbados pelo sofrimento de outra criança a ponto de chegarem a demonstrar medo ou agressão, e estes dois padrões predominam sobre a tendência a consolar, ou a excluem. Por fim, há provas de que algumas crianças são mais capazes de adotar a perspectiva de outra criança, e, como resultado, são mais dispostas a consolar outra criança.

Apesar dessas variações entre as crianças em idade pré-escolar quanto à disposição a aborrecer ou consolar outra criança, as crianças de três e quatro anos têm, qualquer que seja seu contexto familiar, uma idéia generalizada de que as ações que causam sofrimento são intrinsecamente erradas. Parece provável que as reações emocionais das outras crianças às provocações e tormentos sejam a causa dessa compreensão.

3. *Crenças, desejos e emoção*

"O subjetivo é transferido a outros, é lançado para dentro dos indivíduos circunstantes."

(Baldwin [1891])

Até aqui, descrevi basicamente o comportamento do bebê e da criança pequena em reação à emoção de outra pessoa. Neste capítulo, especularei acerca do modo pelo qual a criança nova concebe os estados emocionais e os situa no âmbito de uma concepção mais ampla da mente. Em vez de me restringir à emoção, pretendo indicar como a criança entende a relação entre crenças, desejos e emoção. Minha hipótese será a de que as crianças compreendem os estados mentais de outras pessoas fazendo uso de um tipo distinto de compreensão imaginativa.

A imaginação, em particular tal como se manifesta nas primeiras brincadeiras de faz-de-conta, tem freqüentemente desempenhado um papel ambíguo ou marginal nas teorias do desenvolvimento cognitivo. Entre os psicanalistas, Freud em especial, tem sido vista como um meio de satisfação de desejos ou de impulsos, mas não como uma ferramenta da compreensão. Entre os psicólogos da criança, tem sido vista como uma faculdade que leva a criança a distorcer ou escapar da realidade. Piaget, por exemplo, apesar de sua cuidadosa análise do desenvolvimento da brincadeira de faz-de-conta, análise que orientou a maior parte das pesquisas posteriores sobre o tema, escreveu: "A brincadeira permite que a criança reviva suas experiências passadas e colabora para a satisfação do ego, e não para sua subordinação à realidade" (Piaget, 1962). Defenderei a idéia de que a imaginação e, de modo mais específico, a capacidade de fazer de conta realmente permitem que a criança escape à sua realidade atual, mas que tal escape é funcional. Ela permite que a criança acalente realidades possíveis e, o que é especialmente importante, que acalente as realidades que outras pessoas possivelmente acalentam. É uma chave que destranca a mente de outras pessoas e permite que a criança entre, por um certo tempo, em seus planos, esperanças e medos.

Os dois capítulos iniciais sublinharam um importante paradoxo. É tentadora a suposição de que, chegando a identificar a emoção de outra pessoa, o bebê acabe por experimentar a mesma emoção por meio de um contágio de afinidade. No capítulo 1, vimos que Darwin postulava algo parecido com esse contágio em seu filho de seis meses. O menino pareceu triste quando sua babá fingiu chorar, e Darwin concluiu que "um sentimento inato o teria alertado de que o suposto choro de sua babá expressava pesar; e isto, por meio do instinto de afinidade de sentimentos, excitou nele o pesar". No entanto, grande parte de nossa compreensão cotidiana da emoção não tem necessidade de tal contágio ou congruência emocional. É certo que, às vezes, podemos sentir uma preocupação empática quando vemos que alguém está aborrecido. No entanto, também entendemos a emoção de outra pessoa sem sentir a mesma emoção. Podemos discernir seus sentimentos de ansiedade ou orgulho sem sentir em nós mesmos tal emoção. Mesmo quando consolamos alguém que sofre, tendemos a fazê-lo devido a um sentimento de preocupação pela pessoa, e não por ter sido excitado em nós um sofrimento equivalente. Recordemos, a partir do capítulo anterior, que o mesmo ocorre na primeira infância. Quando as crianças em idade pré-escolar consolam seus irmãos mais novos após a saída da mãe, na maior parte das vezes não manifestam o sofrimento que é quase universal em seus irmãos mais novos[1].

Na verdade, uma breve reflexão demonstra que esta conclusão não é verdadeira somente para a emoção. Para que você compreenda minhas crenças e pressupostos, não é necessário que os compartilhe. Você pode conhecer prontamente aquilo em que creio e por que o faço sem que você mesmo creia naquilo. Inversamente, posso avaliar o que você pretende ou percebe neste momento, mas não tenho a menor necessidade de pretender ou perceber a mesma coisa.

A que se resume minha compreensão, em tais casos? Um dos modos de afirmá-lo é o seguinte: se eu avalio o que você sente ou percebe no momento, então posso *imaginar* o que você sente ou percebe. Não experimento propriamente um estado mental semelhante ao seu. A compreensão imaginativa não envolve uma transmissão contagiosa de estados mentais do observado para o observador. Em vez disso, quando você fica envergonhado ou orgulhoso, eu observo isto e imagino qual a emoção que eu sentiria se estivesse em seu lugar. Como resultado, gero uma emoção "como se", ou de faz-de-conta. A menos que eu tenha contribuído para seu êxito ou embaraço, ou de algum modo os tenha compartilhado, não me sinto, de maneira alguma, genuinamente orgulhoso ou embaraçado. Do mesmo modo, assistindo a um jogo de tênis, posso avaliar, por um ato de projeção imaginativa, o que você percebe quando recebe um saque. Posso me imaginar em sua posição, com a bola aproximando-se de mim e, se minha imaginação é vívida o suficiente, posso até mesmo gerar, mais uma vez numa modalidade de "como se", algumas das sensações que você experimenta: o esforço de tentar alcançar a bola, o ricochete na raquete, e assim por diante. Posso imaginar todas estas sensações sem senti-las de fato.

Muitas vezes, minha avaliação de seu estado emocional atual exigirá que eu imagine não só o que você sente, mas também o que você crê e o que você quer. Assim, tenho de imaginar o que você crê ter acontecido (que não corresponde necessariamente ao que de fato aconteceu). Preciso também situar esse suposto desenrolar dos acontecimentos em relação ao que imagino que você quer. Então, posso avaliar por que você está agora alegre ou triste, aliviado ou decepcionado.

Podem as crianças pequenas realizar este tipo de compreensão imaginativa, ou vivência de papéis? Minha tese é de que isso é possível, e no decorrer deste capítulo descreverei tanto um mecanismo para sua realização quanto as provas da existência desse mecanismo. O argumento assenta-se sobre idéias apresentadas pelo filósofo Robert Gordon (1986; 1987)[2]. Em resumo, afirmarei que as crianças são conscientes de seus próprios estados mentais e que são capazes de projetá-los sobre outras pessoas, usando um mecanismo que depende essencialmente da imaginação. A argumentação tem várias partes. Concentrar-me-ei brevemente em cada uma delas, voltando depois para tentar fazer uma descrição mais detalhada das provas favoráveis. A esta altura, o argumento é necessariamente provisório. É quase certo que muitos detalhes estejam errados, mas, se estiver correto em suas linhas gerais, exigirá uma reavaliação do papel da imaginação no começo da infância.

Consciência de si mesmo. A primeira suposição é que as crianças em idade pré-escolar têm consciência de seus próprios estados mentais. Elas sabem quando querem alguma coisa, ou quando esperam algo; sabem quando cometeram um engano, ou quando se sentem tristes (Johnson, 1988). O indício mais patente dessa consciência de si mesmo pode ser encontrado nas falas de crianças pequenas. Há hoje provas consideráveis de que as crianças muito novas são capazes de relatar adequadamente seus desejos, crenças e emoções. Além disso, elas comentam os próprios estados psicológicos antes de comentar os de outras pessoas.

A capacidade de simular. A segunda suposição é que as crianças pequenas têm uma imaginação poderosa. Um dos índices óbvios da imaginação das crianças são suas brincadeiras de faz-de-conta. A partir de cerca dos dezoito meses de idade, as crianças começam a dotar objetos físicos de propriedades simuladas, criando desse modo situações de faz-de-conta. Fingem, por exemplo, que uma xícara vazia está cheia de chá, ou que o chá está quente demais para se beber. Crucial para a asserção que desejo provar é o fato de que as crianças começam também a dotar as bonecas de estados mentais: desejos e planos que podem ou não se realizar no contexto daquela situação de faz-de-conta.

Distinguindo a realidade da simulação. A terceira suposição é que, embora as crianças às vezes misturem o mundo da realidade e o mundo da simulação, não demonstram fazer nenhuma confusão sistemática entre os dois mundos. Sabem que as bonecas na verdade não podem correr, ou sentir sede, ou pedir um copo d'água, ou dizer "ai!". Assim, desde uma idade tenra, as crianças são capazes de construir um mundo de faz-de-conta, sem confundi-lo com o mundo real. Os desejos, crenças e emoções de faz-de-conta que a criança atribui a suas bonecas e personagens imaginários não são confundidos com os desejos, crenças e emoções reais. Do mesmo modo, os estados mentais que a criança imputa a outras pessoas não são confundidos com os estados mentais da própria criança.

Desejos, crenças e emoções. A quarta suposição é que a capacidade de simular permite que as crianças efetuem uma compreensão imaginativa dos estados mentais de outras pessoas. Dada sua capacidade de brincar de faz-de-conta, as crianças são capazes de se imaginar querendo algo que não querem de fato. Podem também se imaginar acreditando em algo em que não crêem realmente. Com base nessas premissas simples de faz-de-conta, podem imaginar as reações emocionais de outra pessoa que de fato tem tal desejo ou crença.

Um exemplo concreto tornará o argumento mais claro. As crianças que percebem o sofrimento de seu irmão mais novo quando da saída da mãe são capazes de se imaginar querendo que ela volte, que é o que o irmão mais novo de fato quer. Avaliando a situação atual à luz dessa premissa de faz-de-conta, são capazes de compreender o sofrimento que o irmão mais novo sente quando seu desejo não é atendido – quando a mãe não volta. Além disso, imaginando a volta dela, são capazes de imaginar o alívio que o irmãozinho experienciaria. Assim, conseguem saber tanto o porquê de o irmãozinho sentir-se triste quando a mãe não volta quanto o porquê de ser confortador ouvir que ela há de voltar. Em cada um desses casos, a apreciação que fazem do mundo emocional de seu irmãozinho depende de tomar como ponto de partida um desejo de faz-de-conta e avaliar, à luz dessa premissa, as circunstâncias mutantes com que o irmão poderia se defrontar, de modo que possam imaginar um estado emocional semelhante ao que o irmão está vivendo ou poderia viver.

As crianças também atribuem a outras pessoas crenças de que elas não compartilham, crenças que talvez saibam ser falsas. São capazes de fazer surgir para si o mundo possível que outra pessoa toma como sendo o mundo real. Este modo de simulação torna possível às crianças atribuir a outras pessoas crenças e planos que não são dirigidos nem à realidade atual nem a alguma realidade ainda não realizada, mas a uma realidade que vai contra a realidade conhecida. Em suas brincadeiras, por exemplo, as crianças podem representar ao mesmo tempo o papel do que se esconde e do que procura. Para assumir este último papel, precisam livrar-se temporariamente de algo que sabem ser verdadeiro (isto é, o local em que o que se esconde está escondido) e fingir que, como o personagem que procura, pensam que o que se esconde está em algum outro lugar[3].

Examinemos agora, em maior detalhe, as provas em favor de cada uma dessas asserções.

Consciência de si mesmo: relatos de estados mentais

Embora seja muito possível que as crianças já tenham consciência de seus estados mentais antes de serem capazes de falar sobre eles, sua capacidade cada vez maior de falar explicitamente acerca de seus estados mentais nos proporciona provas convincentes da consciência. Inge Bretherton e seus colegas verificaram que, por volta dos dois anos de idade, as crianças começam a descrever a si mesmas e aos outros como criaturas capazes de perceber, sentir emoção, ter desejos e ingressar em vários estados cognitivos (Bretherton, McNew & Beeghly-Smith, 1981). Por exemplo:

"Eu *vejo* um carro" (vinte meses).

"Eu *quero* dormir agora" (vinte meses).

"Et [designação da própria criança] 'tá *feliz* agora" (vinte e um meses).

"Estou *triste* porque furei ele" (sobre um balão; vinte e cinco meses).

"Não *acredito* que Brian foi para A..." (tenta dizer Arizona; um vizinho partira para o Arizona na noite anterior; vinte e seis meses).

Por volta dos dois anos, quase todas as crianças produzem palavras referentes a estados de percepção (p. ex., "vejo") e de volição (p. ex., "quero"); as referências a estados emocionais (p. ex., "feliz", "zangado") não são tão comuns, mas ainda são feitas pela maioria das crianças; e as referências a estados cognitivos (p. ex., "sei", "penso") são feitas por cerca de um a dois terços. Especialmente importante para minha linha de raciocínio é a descoberta de que as referências ao próprio eu são mais freqüentes que as referências aos outros. Este padrão se mantém para cada um dos vários tipos de estado mental recém-mencionados: percepção, volição, emoção e cognição. Também se mantém para aquelas afirmações que versam sobre a causa, o objeto ou a conseqüência de um estado mental (Bretherton & Beeghly, 1982)[4]. A defasagem geral entre as afirmações referentes ao próprio eu e as referentes a outras pessoas é importante porque se coaduna com a asserção de que as crianças são inicialmente conscientes dos próprios estados mentais e depois interpretam o comportamento de outras pessoas projetando sobre os outros os seus próprios estados mentais[5].

Recorde-se que, ao serem discutidos o consolo e a provocação no capítulo 2, ficou claro que as crianças têm algum conhecimento do que pode ativar ou aliviar um estado emocional. Especificamente, no caso do consolo, elas sabem algo sobre o que poderia aliviar o sofrimento, ou sobre o que o teria provocado. No caso da provocação ou agressão, revelam seu conhecimento do que poderia causar ou exacerbar o sofrimento. Este raciocínio causal dirige-se tanto às causas passadas do sofrimento, que se deseja retificar, quanto a uma instigação ou alívio futuros do sofrimento.

É surpreendente, portanto, que os comentários das crianças acerca das causas dos estados psicológicos mostrem a mesma preocupação com as causas do sofrimento existente, tanto nelas mesmas ("Eu caiu. Eu choro") quanto nos outros ("Vovó brava. Eu escrevi na parede", "Você triste Mamãe. O que Papai faz?"), com seu futuro alívio ("Eu choro. A senhora me pega e me abraça") ou instigação ("Vai ser de assustar?"). Com efeito, Bretherton e Beeghly (1982) comentam que uma grande proporção das falas causais das crianças estava relacionada com o prazer e a dor, ou com estados fisiológicos agradáveis ou desagradáveis (estar com frio, com calor, quentinho, com fome, sede, doente etc.).

O surgimento da brincadeira de faz-de-conta

Para a maioria das crianças, a brincadeira de faz-de-conta surge entre os doze e vinte e quatro meses de idade. Como notou Alan

Leslie (1987), o fazer de conta é, sob certos aspectos, uma capacidade muito peculiar. De um ponto de vista evolutivo, poder-se-ia esperar ser de grande vantagem conservar uma visão precisa e objetiva do mundo. Uma criança que age como se as bonecas tivessem sentimentos verdadeiros, ou como se houvesse monstros emboscados num quarto escuro, não está agindo a partir de uma imagem verídica do mundo. Ainda assim, esse tipo de brincadeira de faz-de-conta surge numa idade tenra, e se torna mais complicado e elaborado no decorrer do desenvolvimento. Não se trata de uma fuga temporária da realidade, que seria abandonada à medida que a criança ficasse mais velha.

Não é fácil definir a brincadeira de faz-de-conta, mas algumas características essenciais foram identificadas. Leslie destaca três delas. Em primeiro lugar, a criança faz com que um objeto represente outro objeto diferente. Considere-se o episódio seguinte, descrito por Dennie Wolf e seus colegas (Wolf, Rygh & Altshuler, 1984): "J. (de vinte e quatro meses) encontra um cercado feito de blocos. Pega um pequeno boneco que tem um chapéu de abas largas: 'O Fazendeiro quer tomar banho. Vou dar banho no Fazendeiro.'" Aqui, J. usa o cercado feito de blocos para representar a banheira. Uma segunda característica do faz-de-conta fica evidente no episódio seguinte. Quando necessário, a criança não só faz com que um objeto represente outro, como também cria um objeto imaginário sem qualquer apoio material. A narrativa prossegue: "J. faz de conta que abre uma torneira imaginária num dos lados do cercado." A terceira característica da brincadeira de faz-de-conta – a atribuição de propriedades fictícias – aparece agora: "Ele faz o boneco patinhar um pouco, depois diz: 'Ah não, muuuito quente. Tem que pôr um pouco de água fria.'" Aqui, temos não somente um objeto imaginário, a água, como também a atribuição de propriedades imaginárias a essa água.

As crianças que levassem muito a sério seu faz-de-conta, que por um momento esquecessem que estavam se dedicando a um ato de faz-de-conta, estariam cometendo uma considerável violência contra seu pensamento normal acerca dos objetos. Um conjunto comum de blocos subitamente seria dotado de características bem pouco apropriadas (torneiras, água etc.). Se tais pensamentos fossem não apenas tomados literalmente, mas também memorizados, a criança rapidamente desenvolveria uma visão distorcida do mundo. Para evitar tal distorção da realidade cotidiana, as crianças precisam saber separar as asserções feitas durante o faz-de-conta das asserções verdadeiras. Embora J. finja que os blocos são uma banheira com torneiras, tal afirmação não deve ser tomada literalmente. Ao mesmo tempo, a criança deve ser capaz de agir como se tal afirmação fosse temporariamente verdadeira, de modo que o Fazendeiro possa tomar banho, as torneiras imaginárias possam verter água e a água possa revelar-se muito quente, como muitas vezes ocorre na realidade.

Como comprova esse exemplo, restam poucas dúvidas de que as crianças de dois anos se dediquem à brincadeira de faz-de-conta tal como definida por Leslie. Mesmo um único episódio pode conter todas as características prototípicas que ele salienta: substituição de objetos, criação de objetos e atribuição de propriedades. Não obstante, existe ainda outra característica crucial da brincadeira de faz-de-conta que rapidamente se elabora: a criação e a atribuição de estados mentais, por oposição a objetos ou propriedades puramente físicos. Dennie Wolf e seus colegas (1984) documentaram este desenvolvimento de forma eloqüente. Observaram crianças que brincavam com seus brinquedos e bonecas e atentaram para se as crianças os tratavam como receptáculos passivos, que deviam ser alimentados, lavados, enxugados e assim por diante, ou se os viam como pessoas dotadas de seus próprios planos e desejos independentes.

Em todas as crianças, distinguiam-se três fases especialmente claras. Por volta dos dezoito meses, as crianças começam a tratar bonecas como representações de seres humanos, mas tais seres não recebem qualquer poder de agir e sentir independentemente; permanecem sendo os receptáculos das subministrações da criança. São alimentados, lavados e postos para dormir.

Entre dois anos e dois anos e meio, as crianças começam a dotar as bonecas de uma capacidade de ação e experiência: fazem com que as bonecas falem e ajam independentemente, e ao cabo de certo tempo passem a ter desejos, sensações e emoções. O episódio de brincadeira de faz-de-conta de J. (com vinte e quatro meses) ilustra estas atribuições. "O Fazendeiro quer tomar banho", diz ele; depois, tendo-o feito patinhar na água imaginária, J. faz com que o Fazendeiro expresse como a sente: "Ah não, muuuito quente. Tem que pôr um pouco de água fria."

Ainda mais tarde, por volta dos três anos e meio aos quatro anos, as crianças começam a dotar as bonecas de processos de pensamento e planos inter-relacionados mais explícitos. Pode-se fazer com que um personagem fale sobre seu plano de esconder algo, ou pode-se descrever explicitamente um personagem como indagando-se acerca do paradeiro de outros personagens.

Essas fases ilustram que a capacidade da criança de fazer-de-conta logo ultrapassa o domínio dos objetos físicos. As crianças não limitam seu faz-de-conta à substituição de um objeto por outro ou à criação de objetos e propriedades simulados. Começam a criar seres animados. De início, esses seres não possuem mente própria, mas aos poucos as crianças começam a acalentar estados mentais de faz-de-conta e a projetá-los nesses seres. Temos aqui boas provas do mecanismo projetivo cuja existência sustentei há pouco[6].

O contraste entre realidade e imaginação

Defrontados com a crescente complexidade e vivacidade do faz-de-conta das crianças, poderíamos ser tentados a afirmar que isso, longe de revelar a sofisticada capacidade de simulação da criança, revela sua incapacidade de distinguir entre simulação e realidade. Poder-se-ia asseverar que as crianças não isolam cuidadosamente seu mundo de faz-de-conta do mundo real. Em vez disso, sua brincadeira as leva ao ponto de tomá-la pela realidade. Elas chegam a pensar que suas bonecas são dotadas de qualidades humanas numa forma um pouco atenuada, semelhante à que se poderia atribuir a um bicho de estimação, ou estariam prontas a admitir que sua boneca nada sente, mesmo quando um irmão mais velho a pega e a atira no chão?

Existem alguns indícios de que as crianças pequenas, e em particular as de um ou dois anos de idade, ficam às vezes confusas com o faz-de-conta. Judy DeLoache e Beth Plaetzer (1985), por exemplo, notaram que as crianças com idade entre quinze e trinta meses ficavam às vezes confusas com as intervenções da mãe quando ela se aliava a suas brincadeiras, muito embora seu apoio geralmente gerasse uma brincadeira mais complexa. A confusão das crianças refletia-se num salto brusco da modalidade do faz-de-conta para a modalidade literal. Uma mãe, por exemplo, fingia estar segurando um guarda-chuva, e sugeriu a seu filho de trinta meses que levantasse as mãos para "sentir a chuva". Ele fez o que ela sugerira, mas depois voltou as palmas da mão para o rosto e olhou para elas, aparentemente para verificar se estavam molhadas. Do mesmo modo, uma criança de quinze meses olhou para dentro da xícara em que sua mãe acabara de "servir chá", como se esperasse vê-la realmente cheia do líquido. Uma criança de trinta meses derrubou sua xícara. Sua mãe disse: "Epa, você derramou o seu chá. É melhor limpar." A criança pegou uma esponja, observou a área circundante à xícara e perguntou: "Onde?" DeLoache e Plaetzer assinalam que a criança parecia estar procurando chá de verdade, e não chá imaginário; e, quando não encontrou nada, não voltou ao faz-de-conta para fingir limpar o chá imaginário.

Esse tipo de confusão entre o faz-de-conta e a realidade não ocorre apenas naquelas ocasiões em que a mãe produz um ato de faz-de-conta demasiado sofisticado para que a criança o entenda. Às vezes também ocorre entre colegas de brincadeira. Arietta Slade (1986), por exemplo, menciona uma criança de dois anos que, enquanto fingia cozinhar uma refeição no fogão, voltou-se para seu companheiro e disse, de modo um pouco ansioso: "Isto é de brincadeira, não é?" Um menino de dois anos, cuja brincadeira simbólica era bastante pobre, pareceu perder o fio do faz-de-conta que ele mesmo gerara: enquanto vestia uma boneca-bebê, expressou em palavras a fantasia de que ela estava machucada, e então começou a tirar a própria roupa. Do mesmo modo, um garoto de três anos que fingia ser um monstro começou a rosnar, e depois derramou-se em lágrimas, afirmando estar com medo do monstro (DiLalla & Watson, 1988).

Apesar dessas dúvidas e confusões ocasionais, as crianças de três anos são capazes de fazer uma distinção entre o mundo real e o mundo da imaginação. Algumas das melhores provas em favor dessa capacidade são fornecidas pelo trabalho de Henry Wallman e David Estes (1986). Eles contaram a crianças em idade pré-escolar algumas histórias em que podiam aparecer uma entidade real ou uma entidade imaginária. Uma criatura real, por exemplo, podia ser apresentada na história deste modo: "Judy gosta de gatinhos. Ela não tinha um gatinho, mas daí seu pai trouxe um gatinho para casa, e agora ela tem um gatinho." Uma criatura imaginária, por contraste, podia ser apresentada da seguinte forma: "Judy gosta de gatinhos. Ela não tem um gatinho, mas agora está fazendo de conta que tem um gatinho." Até mesmo crianças de três anos eram capazes de distinguir os objetos imaginários dos objetos reais. Percebiam que o objeto imaginário – o gatinho que só existia no mundo de faz-de-conta de Judy – não podia ser visto ou tocado, à diferença do gatinho real.

As crianças pequenas conseguem fazer uma distinção entre fantasia e realidade até mesmo quando se pede que imaginem criaturas mais ambíguas, tais como fantasmas e bruxas. Descobrimos, por exemplo, que quando se pede a crianças de três e quatro anos que "façam em sua cabeça" a imagem de um monstro e depois imaginem o monstro correndo atrás delas, elas sabem perfeitamente que o monstro não é real e não é visível por todos (Harris, Marriott & Whittall, 1988).

Será que as crianças pequenas pensam as entidades imaginárias ou de faz-de-conta em termos puramente negativos, considerando-as invisíveis, intangíveis e irreais? Wallman e seus colegas também demonstraram que as crianças em idade pré-escolar sabem que os objetos imaginados podem ser deliberadamente transformados. (Estes, Wellman & Woolley, no prelo). Mais um vez perguntou-se às crianças acerca de diferentes tipos de entidades: por exemplo, um balão de verdade; um balão escondido numa caixa; e uma imagem mental de um balão. No que se refere a este último tipo de entidade, mostrava-se às crianças um balão e pedia-se a elas que fechassem os olhos e "fizessem uma imagem dele" em sua cabeça. As crianças de três anos percebiam que a forma do balão imaginado podia ser modificada pelo mero pensamento, ao passo que um balão real, visível ou escondido, não podia ser transformado desse modo.

Os comentários espontâneos das crianças também mostram que elas conseguem efetuar a distinção entre uma realidade imaginada e uma realidade de fato (Shatz, Wellman & Silber, 1983). Eis, por exemplo, alguns comentários feitos por Abe, criança cuja conversação foi gravada cerca de duas vezes por semana dos vinte e oito aos quarenta e oito meses:

> "Pensei que fosse um jacaré. Agora eu sei que é um crocodilo."
>
> "Você sabia que essas pessoas são alvos? Mas não são de verdade, tá bom? Só 'tou fazendo de conta que tem um avião fazendo isso."
>
> "Eu estava provocando você. Eu estava fingindo, mas você não sabia."

Nestes exemplos, Abe edifica um contraste entre o mundo real e o mundo mental do faz-de-conta ou do pensamento. No primeiro comentário, estabelece-se um contraste entre o ser real, um crocodilo, e o pretenso ser, um jacaré. Os dois últimos comentários são mais complexos. Abe traça uma distinção implícita entre o mundo de faz-de-conta que foi criado e o mundo real sobre o qual o faz-de-conta não consegue intervir de fato. Ao mesmo tempo, parece ter consciência de que, para um observador, esta distinção pode não ser óbvia: o mundo de faz-de-conta pode ser tomado pelo mundo real.

Um último índice da capacidade infantil de contrastar o mundo imaginário com o mundo real é a facilidade cada vez maior com que usam a sintaxe para se referirem a eventos hipotéticos. Na língua inglesa, há dois tipos principais de referência hipotética: a referência hipotética futura, compreendendo um auxiliar modal tal como *would*, *could* ou *might* (p. ex., "And I *would* say giddy up horse and he *would* go whee-ee" – "E eu *diria* Eia, cavalo!, e ele *faria* whee-ee [sairia correndo]" – Abe com três anos e sete meses), e a referência hipotética passada, compreendendo um auxiliar modal, o auxiliar *have* e um verbo principal no particípio passado (p. ex., "If you *would have eated* all that turkey, your tummy *would have kersploded*" – "Se você *tivesse comido* todo esse peru, sua barriga *teria explodido*" – Abe com três anos e onze meses).

Stan Kuczaj e Mary Daly (1979) descobriram que, de início, os determinantes adequados, tais como o modal *would* ou o auxiliar *have*, são omitidos. Não obstante, aos três ou quatro anos de idade, a determinação apropriada se torna cada vez mais freqüente, mostrando que a criança tem consciência, em algum nível, de ter penetrado no mundo hipotético, enquanto algo distinto do mundo real. O surgimento de tal determinação não é mera questão de aprender a forma sintática correta. As crianças começam a referir-se a eventos hipotéticos futuros muito antes de referirem-se a eventos hipotéticos passados. Parece provável que a diferença entre as duas formas hipotéticas tenha uma base cognitiva. A referência hipotética futura estabelece um contraste entre "O que poderia ocorrer" (hipotético) e "O que ocorrerá" (previsão), ao passo que a referência hipotética passada estabelece um contraste implícito entre "O que poderia ter acontecido" (hipotético) e "O que aconteceu" (de fato). À diferença da referência ao futuro, a referência ao passado exige que a criança por algum tempo ponha de lado ou "desfaça" um evento que de fato aconteceu. Kuczaj (1981) confirmou o fardo adicional que é representado por essa "desconstrução" mental: as crianças acham mais fácil lidar com referências hipotéticas a um personagem imaginário do que a seus próprios pais. À diferença dos pais, os personagens imaginários nunca fizeram nada, de modo que não é necessária nenhuma desconstrução mental para pensar hipoteticamente a seu respeito.

Para resumir as conclusões a que chegamos até agora, as crianças de um e dois anos dedicam-se à brincadeira simbólica, mas é possível que nem sempre conservem uma distinção entre o mundo real, de um lado, e o mundo de faz-de-conta, que criaram ou ao qual foram chamados por uma outra pessoa. O predomínio de tal confusão não é ainda conhecido, uma vez que os pesquisadores geralmente pressupõem, talvez erradamente, que a criança não esteja confusa a menos que se produzam provas em contrário. Não obstante, com três ou quatro anos, fica claro que as crianças são capazes de distinguir entre o mundo real e o mundo mental ou de faz-de-conta. Sabem quais os objetos que existem em cada mundo. Admitem que as entidades no mundo mental não podem ser vistas ou tocadas, mas podem ser transformadas pelo simples ato de imaginar a transformação; por outro lado, as entidades no mundo real geralmente podem ser vistas e tocadas, mas não podem ser transformadas apenas pelo pensamento. Em segundo lugar, as crianças falam espontaneamente sobre o contraste entre o mundo mental e o mundo real; contrastam aquilo que é de faz-de-conta ou imaginário com aquilo que é real, e contrastam um estado de coisas hipotético (mas contrário à evidência dos fatos) com aquilo que sabem ser verdadeiro. Por fim, caracterizam cada vez mais o contraste entre o domínio hipotético e o domínio real por meio de formas sintáticas apropriadas. Nesta idade, o movimento para dentro do domínio hipotético se dá mais facilmente, pois não é entravado pelo conhecimento de uma realidade em contraposição. A criança tem mais facilidade de penetrar no futuro hipotético do que no passado hipotético.

Desejos e emoções

Se a criança é capaz de criar um mundo hipotético e conservá-lo bastante distinto da realidade efetiva, como poderia isto ajudá-la a compreender outras pessoas? Há pouco, propus a idéia de que a consciência que as crianças têm de estados mentais particulares e sua capacidade de fazer de conta as capacitam a imaginar-se como estando num determinado estado mental. A criança pode, por exemplo, imaginar-se querendo algo: recordemos o episódio de brincadeira de faz-de-conta anteriormente descrito, em que J. anunciou: "O Fazendeiro *quer* tomar banho."

O passo seguinte a ser dado pela criança é examinar a realidade para ver se ela corresponde ao que se deseja. Se há correspondência, a criança pode então gerar uma emoção – não uma emoção verdadeira, mas uma emoção "como se", ou de faz-de-conta, de alegria. Se, por outro lado, não há correspondência, se o desejo simulado não se realiza, a criança pode então gerar uma tristeza ou desconsolo de tipo "como se". Estas emoções simuladas ou de faz-de-conta podem então ser atribuídas a outra pessoa. Note-se que a geração dessas emoções "como se" ou de faz-de-conta depende da reunião de um desejo simulado e de um resultado, mas as crianças pequenas gostam de realizar esse tipo de conjunção. Num episódio lúdico, elas talvez façam de conta que um boneco quer andar a cavalo ou tomar banho, e também procurem algo que satisfaça esse desejo – um cavalo ou uma banheira. É evidente que, na brincadeira de faz-de-conta, as crianças são capazes de satisfazer os desejos de seus personagens-bonecos por decreto. J., por exemplo, deu continuidade ao episódio de faz-de-conta fazendo com que torneiras imaginárias vertessem água. No entanto, esse tipo de invenção mostra que a criança sabia quais os resultados que satisfariam, ou não, o desejo de tomar um banho.

A compreensão que as crianças têm da emoção requer realmente este complexo mecanismo? Grande parte das provas disponíveis indicam que, em vez disso, as crianças operam com uma lista empírica simples que especifica os vínculos entre determinadas situações e determinadas emoções. Vou apresentar essas provas, mas depois apresentarei novas descobertas que demonstram a necessidade do mecanismo que descrevi.

Podemos começar pelo exame de um estudo pioneiro realizado por Helen Borke (1971). Ela apresentou a crianças vários contos nos quais o personagem principal deparava com diferentes situações. O personagem, por exemplo, iria a uma festa de aniversário, ou se perderia na floresta, ou tomaria parte numa briga. As crianças ouviam essas histórias simples e depois escolhiam, a partir de uma coleção de retratos, o rosto que mostrasse a provável reação emocional do personagem. Até crianças de três a quatro anos se saíam bem nesta tarefa. Eram capazes de identificar situações que trariam alegria, e razoavelmente certeiras nas situações que trariam tristeza ou zanga. Nesta idade, ao que parece, as crianças são capazes de antever prontamente qual a emoção a ser sentida em diversas situações familiares.

Trabalhos posteriores demonstraram que as crianças também são capazes de operar no sentido oposto. Quando lhes é indicada a emoção, são capazes de sugerir uma situação que poderia tê-la causado. Tom Trabasso e seus colegas deram a crianças de três e quatro anos seis diferentes palavras designativas de emoções: *alegre*, *animado*, *surpreso*, *triste*, *zangado* e *amedrontado* (Trabasso, Stein & Johnson, 1981). Para cada uma das emoções, pedia-se às crianças que compusessem uma história para explicar como o personagem teria vindo a sentir-se assim. Dizia-se a elas, por exemplo: "Um dia, Jennifer ficou muito, muito zangada. Estava tão zangada que seu pai e sua mãe perceberam que ela estava zangada. Todas as suas amigas perceberam que ela estava zangada. Por que você acha que Jennifer estava tão zangada?" No conjunto das seis emoções, cerca de três quartos das proposições feitas pelas crianças foram adequadas.

Assim, as crianças de três e quatro anos são boas em conceber quais situações correspondem a quais emoções. São capazes de prever a emoção conseqüente a partir de uma situação dada, e, no sentido oposto, de especificar uma causa situacional plausível de uma dada emoção. Ainda assim, fica claro que não há nada nestes resultados que exija o complexo mecanismo que propus. As crianças poderiam simplesmente aprender tais vínculos a partir de sua experiência cotidiana. Por exemplo, sentem-se tristes quando perdem um brinquedo e alegres quando ganham um presente; é possível que apenas observem e lembrem-se desses vínculos[7]. A essência desta descrição é que a criança se lembra de uma lista de roteiros de duas partes. Dada uma parte do roteiro – uma emoção ou uma situação –, a criança pode suprir a outra parte. Uma boa quantidade de pesquisas recentes sobre a compreensão infantil da emoção pode encaixar-se facilmente nesta formulação (Barden, Zelko, Duncan & Masters, 1980; Harris, 1985; Lewis, 1989).

Apesar de sua simplicidade inerente, essa lista certamente ajudaria as crianças a compreender as emoções de outras pessoas. Suponhamos que uma criança apenas saiba o que aconteceu a outra criança, mas não possa ver a reação emocional desta. A criança está, por exemplo, ouvindo uma história em que o protagonista está perdido numa floresta, ou ganhou um presente. A criança deve ser capaz de antecipar a reação emocional do protagonista. Do mesmo modo, sabendo que um personagem ou um colega está sentindo determinada emoção, a criança deve ser capaz de conceber causas plausíveis. O mais importante é que as crianças poderiam valer-se dessa lista empírica para orientar seu comportamento em relação às outras pessoas: como vimos no capítulo anterior, saberão que situações devem criar a fim de provocar, alegrar ou consolar outra pessoa.

No entanto, tal lista se limita àquilo que as crianças já viveram. É certo que as crianças podem suplementar seu conhecimento observando outras pessoas, reparando no que aborrece seu irmãozinho ou agrada à mamãe, mesmo que elas mesmas tenham uma reação emocional diferente. Judy Dunn e Carol Kendrick, por exemplo, citam o seguinte comentário, feito por Bruce, de menos de três anos de idade, acerca de seu irmão mais novo, que brincava com um balão: "Ele vai estourar ele daqui a pouco. E ele vai chorar... Eu gosto do estouro" (Dunn & Kendrick, 1982). Contudo, mesmo com o acréscimo de observações tão sagazes de outras pessoas, a criança ainda estaria dependente das observações passadas, que possuem uma limitação crucial. Elas não permitem que a criança avalie como duas pessoas poderiam reagir à mesma situação com emoções diversas, simplesmente devido ao modo pelo qual essa situação se adapta a seus desejos particulares ou os frustra. O mecanismo mais complexo que propus, por outro lado, permitiria prontamente tal avaliação. Se as crianças pequenas forem capazes de projetar-se para dentro do mundo mental de outra pessoa, imaginando o que aquele indivíduo quer, deverão reconhecer prontamente que pessoas diferentes podem ter desejos diferentes em relação a uma dada situação, de modo que suas reações emocionais variarão em função de quão bem a situação e o desejo se encaixem. Haveria provas de que as crianças pequenas de fato levam os desejos em conta quando prevêem a emoção de outra pessoa? Se houver, isso demonstraria que as crianças pequenas não se limitam a operar com uma lista de roteiros emocionais de derivação empírica.

As crianças sem dúvida mencionam desejos ao explicar a emoção de alguém. Nancy Stein e Linda Levine (1987) contaram às crianças histórias em que um desejo do protagonista era identificado bem no começo, e em que uma ocorrência posterior vinha satisfazer ou negar esse desejo. Por exemplo:

> Tina adora cachorrinhos, e ela queria ter um. Um dia, a amiga de Tina vem à casa de Tina e traz consigo um cachorrinho. Quando a amiga de Tina vai para casa, esquece de levar o cachorrinho. Tina liga para sua amiga e lhe diz que levará o cachorrinho de volta na manhã seguinte. Mas, hoje, Tina tem um cachorrinho para brincar.

As crianças de três anos certamente notavam se o desejo do protagonista era realizado. Quase sempre diziam que ficaria alegre se o desejo fosse realizado, e triste ou zangado se não fosse. Explicando essas avaliações, tipicamente mencionavam o fim da história – o que o protagonista obteve ou não obteve –, mas, numa sondagem mais profunda, a maioria das crianças referia-se também àquilo de que o protagonista gostava ou queria. Eis uma típica troca de perguntas e respostas:

Experimentador:	Por que você acha que Tina está feliz?
Criança:	Porque ela conseguiu um cachorrinho.
Experimentador:	E por que ter um cachorrinho deixa Tina feliz?
Criança:	Porque a amiga dela trouxe um cachorrinho.
Experimentador:	Mas por que Tina ficou feliz quando sua amiga trouxe um cachorrinho?
Criança:	Porque ela gosta de cachorrinhos.

Assim, as crianças de três anos referem-se aos desejos, mas não está claro se elas os levam sistematicamente em conta para ajudar a decidir se alguém estará alegre ou não. Afinal, é possível que as crianças gostem de cachorrinhos e usem esse conhecimento para prever a reação de Tina.

Precisamos descobrir se as crianças são capazes de pôr de lado seus próprios desejos e preferências. O teste decisivo consiste em perguntar se as crianças compreendem que a mesma situação pode provocar diferentes emoções em pessoas diferentes, dependendo dos desejos que cada indivíduo traz à situação. Este teste é decisivo, porque uma resposta positiva demonstraria que as crianças pequenas não abordam as situações a partir de uma base puramente empírica, lembrando-se de como outras pessoas, ou elas mesmas, se sentiram nessa situação. Em vez disso, é necessário que compreendam que uma emoção nasce dos estados mentais presentes numa situação.

Juntamente com alguns colegas, realizei esse teste (Harris, Johnson, Hutton, Andrews & Cooke, 1989). As crianças ouviram histórias a respeito de personagens animais que só gostavam de certos tipos de comida ou bebida. Elas foram apresentadas, por exemplo, a Ellie, uma elefanta de brinquedo, e foi-lhes dito que Ellie só gostava de beber leite e nada mais, ou que só bebia Coca-Cola e nada mais. A seguir, na história, um macaco maldoso chamado Mickey engana Ellie, trocando os líquidos de dois recipientes. Mickey pode, por exemplo, verter toda a Coca-Cola de uma lata de Coca-Cola, substituí-la por leite e então dar a lata para Ellie. Perguntamos às crianças como Ellie se sentiria quando descobrisse o que a lata realmente continha, após ter bebido dela.

Tanto as crianças de quatro como as de seis anos adequaram sua previsão àquilo que Ellie gostava de beber. Se ela gostasse de leite, disseram que ficaria feliz ao descobrir o leite na lata. Se, por outro lado, gostasse de Coca-Cola, as crianças previram corretamente que ela ficaria triste ao ver que a Coca-Cola fora derramada e substituída pelo leite. As crianças em idade pré-escolar não só mencionam os desejos de uma pessoa em explicações *post hoc* de suas avaliações referentes à emoção, como também levam esses desejos em conta no próprio ato de fazer a avaliação. Estes resultados indicam de modo premente que as crianças são capazes de imaginar o que outra pessoa talvez queira, e, comparando o resultado final com o desejo, são capazes de simular o que a pessoa sentirá. Elas possuem um mecanismo para elaborar a emoção de outra pessoa mesmo quando essa emoção não corresponde ao que elas mesmas querem ou sentem. Não se limitam a armazenar uma lista de roteiros emocionais, porque tal lista não permite de nenhum modo que se preveja que as pessoas terão emoções diferentes, e até opostas, numa mesma situação, dependendo dos desejos que trazem para a situação.

Crenças e emoções

O mecanismo que venho descrevendo até agora, por mais complexo que pareça, levará as crianças a fazer previsões erradas sob certas circunstâncias. Em última análise, o que determina a emoção de uma pessoa não é a adequação entre o desejo e a situação, mas a adequação entre o desejo e a situação aparente. Para ilustrar esta distinção, considere-se a seguinte história, que de fato ocorreu. Um chefe de família, que não é dos mais corajosos, acorda sozinho em casa e ouve o barulho de um intruso na casa. Imediatamente, sente medo. Tranca a porta do quarto e telefona para a polícia. Depois de uma aterrorizante espera, os policiais chegam e tocam a campainha. O dono da casa sai nervoso do quarto, corre escada abaixo e os deixa entrar. Os policiais revistam cada um dos cômodos da casa. Não tendo encontrado sinal de um intruso, chegam ao único cômodo ainda por revistar. Abrem a porta e encontram um consternado tordo, que não conseguia encontrar saída pela janela semicerrada. Os policiais acham engraçado; o dono da casa sente alívio, mas fica envergonhado.

A história ilustra o fato de serem as crenças de alguém a respeito de uma situação que determinam a emoção, e não a situação em si; a pessoa estava com medo do aparente intruso, e não do tordo verdadeiro. Ademais, mesmo que as crenças sejam objetivamente falsas, elas determinam a emoção tão enérgica e eficazmente quando as crenças verdadeiras. O medo de um intruso era genuíno (posso garantir), embora estivesse dirigido ao objeto errado. Em que medida as crianças pequenas são capazes de imaginar a emoção de uma pessoa em tais circunstâncias? Há pouco, notamos que as crianças gradativamente se tornam capazes de evocar e caracterizar explicitamente um possível estado de coisas que diverge daquilo que consideram provável de ocorrer (referência hipotética futura) ou daquilo que sabem ter ocorrido (referência hipotética passada). É exatamente desta capacidade de imaginar uma situação não existente que as crianças precisam para entender o modo pelo qual as crenças errôneas das pessoas podem causar reações emocionais. Como antes, a criança precisa imaginar ou simular os desejos da pessoa. Depois, precisa evocar um estado de coisas possível que esteja em conflito com a realidade conhecida, e determiná-lo como sendo o mundo em que a outra pessoa acredita estar. O passo seguinte consiste em verificar se esse suposto estado de coisas corresponde aos desejos da pessoa.

São as crianças pequenas capazes desse tipo de compreensão imaginativa? Voltemos ao macaco Mickey e à elefanta Ellie. Recorde-se de que Mickey enganara Ellie, retirando a Coca-Cola de sua lata, enchendo a lata de leite e oferecendo-a inocentemente a Ellie, sem qualquer explicação. Perguntamos às crianças como Ellie se sentiu quando descobriu o que realmente havia dentro da lata. Também perguntamos como ela se sentiu *antes* de abrir a lata. Será que ela fica alegre ou triste quando, ao voltar com calor e sede de um passeio, ganha de Mickey uma lata de Coca-Cola cujo conteúdo ele sub-repticiamente trocou. Para responder corretamente a esta questão, as crianças precisam ter em mente não apenas o que

Ellie quer beber – Coca-Cola ou leite –, mas também o que ela, erroneamente, pensa haver dentro da lata de Coca-Cola. Se as crianças se concentrarem exclusivamente na preferência de Ellie e supuserem que ela, como acontece com elas próprias, sabe o que a lata realmente contém, farão uma previsão errônea. Descobrimos que, de modo típico, era justamente isso que as crianças de quatro anos faziam. A maioria não conseguia levar em conta as crenças errôneas de Ellie. Afirmavam que ela se sentiria alegre ou triste de acordo com o conteúdo da lata, ainda invisível para ela, ser ou não seu favorito. Quando lhes foi pedido que explicassem sua avaliação, elas se referiam ao conteúdo oculto da lata ("É leite"; "Porque ela gosta de leite", etc.). As crianças de seis anos, em contraposição, foram muito mais precisas. A maioria delas percebia que, antes de abrir a lata, Ellie sentir-se-ia alegre ou triste de acordo com o fato de gostar ou não do conteúdo aparente da lata (isto é, Coca-Cola), por oposição ao leite escondido no interior. Justificavam suas previsões referindo-se ao conteúdo aparente da lata ("Porque é Coca-Cola"; "Porque Ellie não gosta de Coca", etc.).

Estes resultados demonstram que a compreensão que as crianças de seis anos têm da emoção está longe de ser egocêntrica. Elas viram a trapaça ser realizada, e sabiam muito bem o que havia dentro da lata. Não obstante, foram capazes de descobrir o que Ellie sentiria, dada sua crença errônea acerca do conteúdo. Tal compreensão exige que a criança veja o mundo a partir do ponto de vista de outra pessoa. De modo mais geral, os resultados confirmam que a criança compreende que o estado emocional de alguém não pode ser previsto a partir de uma lista ou dicionário que especifique quais emoções acompanham quais situações. A compreensão que a criança tem da emoção é uma das partes de uma compreensão muito mais geral dos estados psicológicos de outras pessoas. Especificamente, ao prever qual emoção alguém sentirá, as crianças incorporam as noções fundamentais de desejo e crença.

Empatia e imaginação

Defendi a idéia de que o contágio emocional não é necessário para discernir os sentimentos de outra pessoa. Esse contágio não seria mais informativo do que o seria um suposto "contágio de crenças" acerca das crenças de outra pessoa, ou um "contágio de desejos" acerca dos desejos de outra pessoa. Significaria isso que a empatia, tomada em seu sentido usual de sentir o mesmo que outra pessoa, raramente ocorre? Esta conclusão não se coaduna com nossa experiência cotidiana, e precisa ser examinada com muito cuidado. Penso que a empatia de fato ocorre, mas que não é uma precondição para a compreensão das emoções de outra pessoa.

Considere-se o que ocorre quando ouvimos amigos nos contando a respeito de alguma experiência de sofrimento que tiveram. Nossa imaginação se ativa à medida que visualizamos os acontecimentos por que passaram os amigos. Na medida em que compartilhamos com esses amigos uma história comum, ou vivemos em circunstâncias semelhantes, sua sorte pode ser vivenciada como se fosse a nossa própria. Reagimos como se sua sorte tivesse se abatido de fato sobre nós, e as emoções que viriam à tona se estivéssemos em seu lugar não são desencadeadas numa modalidade "como se", mas de modo real. Essas emoções não são mera simulação, visto que muitas vezes vêm acompanhadas dos sinais fisiológicos da emoção genuína. Lágrimas nos sobem aos olhos, e nosso coração dispara.

Ao assistirmos a um filme ou peça cativantes, ou ao lermos um romance, processos empáticos semelhantes podem ocorrer. O cenário é às vezes tão real que nossa imaginação tem pouco trabalho construtivo a fazer. Além disso, os dramas e obras de ficção concentram-se nos aspectos comuns ou universais da experiência emocional, de modo que nossa identificação com a sorte do herói ou da heroína é garantida. Tudo que é necessário para que a emoção genuína se desencadeie é uma suspensão temporária de nossa descrença na ficção que foi criada.

Às vezes, engajamo-nos deliberadamente em tal processo imaginativo. Um terapeuta, por exemplo, procurará ativamente visualizar as experiências de infância ou de casamento de um cliente, e, como resultado, sentir algo equivalente à dor ou à raiva que o cliente sente[8]. Com efeito, descobrimos que crianças de seis anos de idade são capazes de dedicar-se a tais processos deliberadamente empáticos (Meerum Terwogt, Schene & Harris, 1986). As crianças ouviram uma história em que o personagem principal tinha de dizer adeus a seu melhor amigo, porque sua família estava de mudança para outra cidade. Pediu-se a elas que ouvissem a história de acordo com um entre três modos: sentindo o mesmo que o personagem principal; permanecendo alheias; e seguindo as próprias preferências. As instruções pareceram ter efeito: as crianças a quem se pediu que se identificassem com o personagem tinham maior probabilidade de recordar ou mesmo de elaborar os episódios tristes da história. Além disso, numa entrevista posterior, algumas crianças foram capazes de expressar inteligivelmente as estratégias que haviam usado para seguir as instruções. Explicaram que haviam sido capazes de permanecer alheias às ocorrências da história dizendo para si mesmas: "é só uma história"; inversamente, haviam se enredado nas mesmas ocorrências fazendo de conta que a história estava acontecendo com elas. Estas estratégias são quase idênticas àquelas relatadas por adultos numa experiência semelhante, em que os adultos receberam várias instruções antes de assistir a um filme angustiante sobre acidentes no local de trabalho (Koriat, Melkman, Averill & Lazarus, 1972).

Juntando todos esses exemplos de empatia, chegamos à seguinte formulação geral. Muitas vezes conseguimos imaginar a situação que se depara a outras pessoas e os objetivos que essas pessoas têm. Conseguimos então imaginar sua conseqüente reação emocional, sem vivermos nós mesmos essa emoção. Não obstante, sob certas circunstâncias, desencadeia-se uma emoção verdadeira: quando a situação das outras pessoas é recriada de modo vívido, ou quando, em virtude de nossa história pessoal ou de uma estratégia deliberada, a brecha entre nós e as outras pessoas se reduz, deixamos de simplesmente imaginar a situação com que deparam. Passamos a vivê-la como uma situação real. A emoção que disso decorre corresponderá à delas e poderá vir acompanhada dos sinais fisiológicos da emoção genuína, tais como lágrimas ou um coração disparado. Sob este ponto de vista, os sentimentos empáticos não refletem uma visão mais penetrante da sorte da outra pessoa. Em vez disso, refletem uma posição que tomamos com relação a essa sorte: podemos mantê-la relativamente afastada de nós, no domínio do possível ou do fictício, ou podemos permitir que se aproxime de nós e nos toque como os acontecimentos reais.

Uma teoria da mente?

Defendi a idéia de que as crianças chegam a compreender os vínculos que unem crenças, desejos e emoções. Em que medida elas operam com aquilo que se convencionou chamar uma "teoria da mente" (Astington, Harris & Olson, 1988)? Uma teoria geralmente envolve a postulação de entidades não observáveis, cujas inter-relações podem ser demonstradas a fim de explicar e prever eventos observáveis. Por exemplo: uma teoria do movimento planetário pode envolver a postulação da gravidade e da força centrípeta, que permitem explicar e prever eventos observáveis, tais como a órbita de um planeta. Do mesmo modo, afirmou-se que a postulação de entidades não observáveis tais como as crenças e os desejos pode ser usada para explicar e prever o que as pessoas dizem, fazem e sentem. Desse modo, se as crianças podem recorrer a tais entidades não observáveis, deve-se-lhes creditar uma teoria da mente (Wellman, 1988). Em alguns aspectos, acho que esta caracterização da compreensão infantil é adequada e proveitosa. As crianças de fato explicam o comportamento de outras pessoas e dos personagens que inventam em seu faz-de-conta fazendo referência a suas crenças e desejos. Sua compreensão dos outros não se limita a uma observação fragmentada e empírica de vários vínculos entre as situações e o comportamento. Por fim, as crianças entendem que alguns fatos observáveis (tais como o fato de uma pessoa vir a sentir-se alegre ou triste) devem ser explicados em termos da relação entre estados, tais como crença e desejo. Recorde-se de que as crianças que previram corretamente a reação inicial de Ellie à brincadeira do macaco precisaram ter em mente que ela acreditava (erroneamente) que seu desejo fora satisfeito, ou frustrado. A reação de Ellie não poderia ter sido prevista se suas crenças ou seus desejos fossem considerados isoladamente uns dos outros. Em todos estes aspectos, as crianças sem dúvida agem como teóricos, e não como meros empiristas.

No entanto, há modos em que a teoria infantil da mente não se parece nada com uma teoria do movimento planetário. A gravidade é um postulado não observável, teórico. Não creio que possamos dizer o mesmo das crenças e desejos. Como afirmei neste capítulo, as crianças possuem crenças e desejos, e são capazes de enunciá-los. No que se refere a elas, nada há de oculto e não observável em seus próprios estados mentais, qualquer que seja a opacidade dos de outras pessoas. Assim, as crianças não evocam entidades não observáveis. Evocam estados mentais que vivenciam a cada dia[9]. Em segundo lugar, as crianças não "postulam" esses estados para explicar o comportamento de alguém. Elas simplesmente se imaginam querendo ou acreditando num determinado estado de coisas. É evidente que não pretendo negar que a imaginação desempenha um papel na geração de entidades teóricas como a gravidade, mas o papel que então desempenha não se projeta de nossa própria experiência pessoal. Não há modo pelo qual possamos explicar o movimento planetário imaginando-nos como um planeta sujeito a um determinado conjunto de forças gravitacionais. Em suma, o processo psicológico pelo qual se constrói uma teoria da mente tem pouca relação com o processo psicológico pelo qual se constroem teorias científicas referentes ao mundo não psicológico. Suspeito que seja por essa razão que a criança se torna um teórico do domínio psicológico muito antes de começar a elaborar teorias em física ou biologia.

Sumário e conclusões

Neste capítulo, tivemos de caminhar sobre diversos tipos de terreno. Será útil apontar novamente os principais pontos de referência. Embora seja tentador presumir que a compreensão da emoção alheia envolva uma espécie de ressonância ou contágio emocional, há muitas circunstâncias em que isso simplesmente não é verdade. Assim como conseguimos descobrir o que outra pessoa percebe, ou quer, ou pretende, sem compartilhar de nenhum modo essas percepções, desejos e intenções, assim também conseguimos entender o que outros poderiam sentir sem que vivenciemos necessariamente uma emoção semelhante.

Como é possível essa compreensão psicológica? Com dois ou três anos de idade, as crianças são capazes de evocar estados de coisas imaginários e caracterizá-los explicitamente como tais. Estes estados de coisas imaginários não se confundem com a realidade. Além disso, nessa mesma idade, as crianças são capazes de criar estados psicológicos imaginários ou de faz-de-conta, tais como desejos ou crenças, e projetá-los sobre suas bonecas e soldadinhos de brinquedo. A compreensão da emoção alheia também depende decisivamente da capacidade de imaginar tais estados. A criança faz de conta que quer, ou imagina querer, algo que outra pessoa quer. Se em seguida a criança passa a examinar a realidade que se depara a essa outra pessoa, é capaz de antever que emoção sobrevirá quando a realidade satisfizer ou frustrar aquele desejo. A criança é capaz de usar o resultado final dessa simulação para atribuir à outra pessoa uma emoção apropriada, seja ela tristeza ou alegria.

As crianças também são capazes de imaginar-se acreditando em algo que sabem ser falso. Este é um tipo complexo de projeção imaginativa, visto ser necessário deixar de lado a realidade conhecida. Mais uma vez, essa crença simulada desencadeará uma versão "como se" das emoções normalmente associadas a tais crenças, e estas emoções, por sua vez, podem ser atribuídas à pessoa portadora dessas crenças.

Estes postulados proporcionam uma explicação de como é possível avaliar e antever a emoção de outra pessoa sem sentir essa emoção. Não obstante, tais reações empáticas obviamente ocorrem. De acordo com minha exposição, elas ocorrem quando a situação imaginária que se depara à outra pessoa ou as crenças e desejos imaginários que essa pessoa produz não se distinguem mais como imaginários, mas assumem a potência da realidade.

Por fim, pode-se creditar às crianças uma compreensão como que teórica da mente. Elas explicam e prevêem o comportamento e a emoção das pessoas por meio da consideração das relações existentes entre conceitos tais como crenças e desejos. Não se limitam a detectar associações empíricas entre situações e reações. Mas, para evocar tais conceitos, a criança não precisa postular entidades não observáveis. As crianças pequenas possuem crenças e desejos, e são capazes de declará-los. Sua compreensão da psicologia baseia-se em sua própria experiência, e não numa dedução feita a partir de um conjunto de postulados teóricos.

4. Orgulho, vergonha e culpa

"Se um menino criou e adestrou sozinho um pássaro, e o mostra a um de seus amigos, ele se sente orgulhoso."

(Menino de dez anos, habitante do leste do Nepal)

No capítulo anterior, defendi a idéia de que as crianças de quatro e cinco anos de idade começam a compreender emoções simples, como a alegria e a tristeza, em termos dos estados mentais – as crenças e desejos – que levam a essas emoções. A conseqüência desta idéia é que as crianças não compreendem um estado emocional reparando simplesmente no modo pelo qual a emoção é expressa, nem notando, mecanicamente, as diversas situações que provocam a emoção. Antes, identificam a perspectiva mental que a pessoa adota em relação a essas várias situações.

Neste capítulo, amplio essa análise de modo a abarcar emoções mais complexas, como o orgulho, a vergonha e a culpa. Afirmarei que as crianças de quatro e cinco anos vêem as pessoas sobretudo como agentes que perseguem os próprios objetivos, e que se sentem alegres ou tristes segundo tais objetivos pareçam ou não realizar-se. As crianças mais velhas, em contrapartida, aos poucos percebem que a vida emocional das pessoas não se regula somente pelas conseqüências de suas ações, mas também por uma consciência das emoções que outras pessoas expressarão relativamente a essas ações e suas conseqüências. Esta perspectiva mais ampla traz para o campo de visão as questões de responsabilidade e padrões normativos, uma vez que a aprovação e a desaprovação alheias dependem de uma criança ter sido ou não responsável por determinada ocorrência, e do fato de essa ocorrência adequar-se ou não a certo padrão.

O que sabem as crianças a respeito das situações que provocam emoções mais complexas, como o orgulho e a culpa? Inquirimos crianças holandesas e inglesas, de cinco a catorze anos de idade, valendo-nos de um conjunto de vinte termos referentes à emoção (Harris, Olthof, Meerum Terwogt & Hardman, 1987). Como queríamos avaliar crianças dentro de uma larga faixa etária, precisávamos encontrar um teste que fosse inteligível para as crianças novas, mas que ainda propusesse desafios às mais velhas. Apresentavam-se às crianças os diferentes termos referentes à emoção, e pedia-se a elas que nos falassem sobre as situações que provocariam cada emoção. Os termos referentes à emoção foram escolhidos de modo a incluir termos "básicos", tais como *alegre* e *triste*, mas também termos como *culpado*, *decepcionado*, *aliviado* e *orgulhoso*, que não possuem uma expressão facial óbvia com que estejam associados.

Como esperávamos, as crianças entenderam prontamente a tarefa. Dependendo de suas respectivas idades, contaram-nos acerca de situações que plausivelmente provocariam vários, ou, na verdade, a maioria dos termos referentes à emoção que apresentamos. Para verificar se as crianças formulavam situações distintamente associadas a uma das emoções, ou situações frouxamente associadas a várias emoções, apresentamos a árbitros adultos cada uma das respostas das crianças e pedimos-lhes que decidissem a qual dos vinte termos relativos à emoção a criança estava respondendo. Deparados com uma resposta do tipo "ganhar uma bicicleta", por exemplo, eles tinham de decidir se se tratava de uma resposta a *orgulhoso*, ou a *alegre*, ou a *agradecido*, etc. Este critério era bastante rigoroso, porque exigia que as crianças descrevessem não apenas uma situação plausível, mas também uma situação distintamente associada com um determinado termo referente à emoção. Esse rigor, porém, serviu para estabelecer que as crianças eram capazes de individuar as emoções em função das situações que as provocariam.

As crianças mais novas, com cinco anos de idade, tanto da Holanda como da Grã-Bretanha, foram capazes de indicar situações distintas basicamente para aquelas emoções que têm uma figura facial reconhecível: *amedrontado*, *alegre*, *triste* e *zangado*. As crianças de ambos os países também propuseram situações apropriadas para *tímido*, que não tem uma expressão facial com que seja particularmente associado. Por outro lado, a timidez muitas vezes se expressa por meio de uma postura e uma conduta distintas.

Aos sete anos de idade, o quadro em ambos os grupos se modificara bastante. Além do conjunto anterior de termos, as crianças criaram situações apropriadas e reconhecíveis para várias emoções que não dispõem de uma figura facial óbvia: *orgulhoso*, *invejoso*, *agradecido*, *preocupado*, *culpado* e *animado*. A lista era ainda maior aos dez e catorze anos, incluindo termos como *aliviado* e *decepcionado*.

Concluímos que as crianças talvez comecem por estabelecer as situações produtoras de emoções que possuam uma figura facial ou uma expressão comportamental distinta, mas não se limitam a esse conjunto por muito tempo. Mesmo valendo-nos do padrão exigente que adotamos, as crianças de sete anos, tanto na Holanda como na Grã-Bretanha, haviam ultrapassado aquele conjunto básico de termos e descoberto e descrito situações capazes de provocar emoções mais complexas, como a culpa, o orgulho e a inveja.

A vida das crianças na Grã Bretanha e na Holanda, bem como as línguas que falam, não diferem acentuadamente. Para descobrir se esse mesmo padrão seria constatado entre crianças vivendo numa cultura muito diversa, com uma língua radicalmente diferente, realizamos um estudo de crianças nepalesas. As crianças viviam em Pangma, uma remota aldeia no Himalaia. Todas haviam sido criadas falando lohorung, língua de linhagem burmo-tibetana, e pertenciam à tribo rai, que habita a região do vale de Arun, no leste do Nepal. Embora os lohorung-rai dêem valor à educação formal, as tarefas familiares, que incluem o cuidado de crianças, a semeadura, a ceifa e o pastoreio, muitas vezes impedem que as crianças vão à escola.

As crianças da aldeia poucas vezes haviam deparado com estrangeiros. A aldeia é bastante remota, de modo que não é atravessada por adeptos de marchas por trilhas; os únicos ocidentais que habitavam a região eram dois médicos que trabalhavam numa cidade mais importante situada a leste, a uma distância de duas jornadas a pé. Todo intercâmbio entre as aldeias vizinhas precisa ser realizado a pé, e a pista de pouso mais próxima fica a um dia de caminhada. O mundo exterior só entra na aldeia às vezes, por meio de um ou dois aparelhos de rádio (Hardman, 1981).

Em vez de procurar traduzir os termos referentes à emoção que havíamos usado na Europa, pedimos a adultos da aldeia que nos fornecessem uma lista de dezesseis termos referentes às emoções usados normalmente em lohorung. A lista contemplava alguns dos conceitos emocionais básicos encontrados em inglês e holandês (*amedrontado*, *alegre*, *zangado* etc.), o que não nos surpreendeu; mas, como desejávamos, também incluía emoções para as quais não há uma expressão facial distinta (*orgulhoso*, *invejoso*, *aliviado* etc.).

Entrevistamos dois grupos etários diferentes, um com idade média de oito anos e outro com idade média de treze anos. O grupo mais novo tinha, em média, cerca de um ano e meio de educação formal, e o grupo mais velho, cerca de quatro anos. Conversamos informalmente com as crianças em vários lugares: em sua própria casa, numa cabana temporariamente emprestada aos pesquisadores, e sentados à beira dos caminhos da aldeia. As entrevistas se realizavam em lohorung, mas, assim que a criança dava uma resposta, esta era traduzida para o inglês e transcrita.

O procedimento de análise dos resultados foi idêntico ao utilizado no primeiro estudo, e os resultados mostraram-se extraordinariamente semelhantes. O grupo mais novo propôs situações distintas para onze das dezesseis emoções, e o grupo mais velho as propôs para catorze delas; em cada um dos grupos, foram propostas situações adequadas a emoções desprovidas de expressão facial óbvia.

As respostas das crianças compuseram um quadro tocante e realista das preocupações de sua vida em Pangma. Certas preocupações apareciam recorrentemente. O fardo e as ansiedades do trabalho no campo eram um dos refrões; o prazer associado a certas comidas ou guloseimas, em meio a uma dieta normalmente composta apenas de arroz ou milho e lentilhas, era outro; a proximidade de doenças graves, da pobreza e da morte era um terceiro. Comparativamente, as crianças européias entrevistadas no primeiro estudo habitavam um mundo mais protegido, composto de brinquedos, animais de estimação e escola.

Fazendo-se uma síntese dos dois estudos, um feito na Europa

e o outro no Nepal, vem à luz um quadro muito claro. Em culturas muito diferentes, as crianças começam por distinguir as situações que provocarão um conjunto de emoções básicas ou centrais, que podem ser prontamente associadas a uma determinada expressão facial ou modo de comportamento. Não obstante, mesmo quando empregamos um critério rigoroso de conhecimento situacional, as crianças ultrapassam esse conjunto restrito aos sete ou oito anos de idade. São capazes de descrever as situações particulares que provocariam emoções desprovidas de expressão facial ou comportamental distinta. É evidente que a inveja, o orgulho e a culpa estão associados a algum tipo de manifestação expressiva. A questão importante, para o que nos interessa, é que essa manifestação não pode ajudar a criança a identificar os determinantes situacionais distintos dessas emoções, visto que a manifestação se sobrepõe àquelas que acompanham as chamadas emoções básicas. O que quer que distinga essas emoções está ligado de perto com o tipo de situação que as provoca. Assim, precisamos examinar de perto o desenvolvimento da compreensão que as crianças têm dessas condições que provocam emoções.

Seguindo a linha das opiniões desenvolvidas no capítulo anterior, defenderei a idéia de que a compreensão dessas emoções depende da capacidade de imaginar os estados mentais de alguém numa dada situação. Para direcionar a discussão, consideremos como exemplos o orgulho, a vergonha e a culpa. Estas emoções são interessantes por serem intuitivamente mais complexas que emoções como a tristeza e a alegria. Tipicamente, sentimo-nos orgulhosos quando nos acreditamos responsáveis, direta ou indiretamente, pela produção de um resultado final qualquer que corresponda a um padrão normativo ou o supere. Sentimo-nos orgulhosos, por exemplo, quando fazemos um gol, passamos numa prova ou fazemos uma doação generosa. Por outro lado, sentimos vergonha quando cremos ter permitido ou produzido um resultado que fica aquém de um padrão normativo, e sentimos culpa se fica aquém de um padrão moral. Assim, sentimos vergonha quando fazemos um gol contra, e culpa quando "colamos" numa prova ou não fazemos uma doação.

Estas emoções não dependem simplesmente de crermos ter atingido ou perdido algum resultado desejável, como no caso da alegria e da tristeza. Antes, dependem de duas noções adicionais.

Em primeiro lugar, o resultado precisa ser algo por cuja produção pensamos ser responsáveis; em segundo lugar, o resultado precisa ser algo que não seja apenas desejável para nós mas que se enquadre nos limites definidos por normas ou padrões, inclusive padrões morais.

Na próxima parte veremos que, embora as crianças pequenas consigam descrever situações que estariam associadas ao orgulho, à vergonha e à culpa, sua sensibilidade às características cruciais dessas situações ainda deve refinar-se mais. Aos cinco ou seis anos de idade, as crianças atribuem essas emoções aos outros sem necessariamente levar em conta a responsabilidade pessoal e os padrões normativos. Mas, aproximadamente entre cinco e dez anos de idade, vão-se tornando cada vez mais sensíveis à importância dessas duas coisas.

Levando em conta a responsabilidade pessoal

Sandra Graham e Bernie Weiner (1986) afirmam que, quando atribuímos a alguém uma emoção complexa, tal como a gratidão ou o orgulho, envolvemo-nos numa análise em dois estágios. No primeiro estágio, avaliamos a situação com que a pessoa depara quanto a seus resultados, buscando, em essência, uma resposta à questão: seria este um resultado desejável ou não? Como vimos no capítulo anterior, até crianças de três ou quatro anos podem realizar este tipo de análise. No segundo estágio, realizamos uma análise causal que proporciona uma resposta à questão: por que ocorreu esse resultado? Dependendo da conclusão a que se chegue, uma determinada emoção será apropriada. Por exemplo, caso se tenha obtido um resultado desejável mediante a ajuda de outra pessoa, a emoção apropriada é a *gratidão*; mas, se esse mesmo resultado foi deliberadamente bloqueado por outra pessoa, é a *zanga* que é adequada. Graham e Weiner afirmam haver duas grandes classes de emoção: as emoções que requerem simplesmente uma avaliação do resultado, e emoções mais complexas que requerem não somente uma avaliação do resultado como também uma avaliação das causas desse resultado[1]. O orgulho e a culpa, por exemplo, são sentidos quando um resultado desejável ou indesejável ocorre e, além disso, a pessoa acredita ser responsável por ele, ou que teria podido impedi-lo.

As crianças são sensíveis a essas considerações causais? Sandra Graham e seus colegas examinaram esta questão (Graham, Doubleday & Guarino, 1984). Pediu-se a crianças de seis a doze anos que descrevessem um episódio passado em que houvessem sentido culpa, e que avaliassem até que ponto haviam se sentido pessoalmente responsáveis pelo ocorrido. Esta questão era apresentada de modo a ser compreensível para as crianças mais novas: pediu-se que indicassem numa escala a medida em que a causa da emoção fora algo que "você fez acontecer, algo que você não poderia ter evitado, ou algo que em parte você fez acontecer e em parte você não poderia ter evitado".

A descoberta mais interessante foi a de que a sensibilidade das crianças ao papel da responsabilidade pessoal mudava de modo notável segundo a idade, especialmente entre os seis e os nove anos. As crianças de seis anos descreviam episódios que lhes provocaram o sentimento de culpa, apesar de afirmarem ter tido pouco controle sobre o resultado final. Por exemplo: "Me senti culpado quando eu e meu irmão estávamos usando luvas de boxe e eu bati nele com muita força... às vezes eu não meço minha força"; ou "Me senti culpado quando errei a cerimônia no enterro do meu avô... eu esqueci como se fazia". As crianças mais velhas limitavam seus sentimentos de culpa aos resultados que estavam mais claramente sob seu controle: "Me senti culpado quando não fiz minha lição de casa porque estava com preguiça"; ou "Me senti culpado quando a menina nova não conseguiu passar no teste de iniciação do clube da vizinhança, porque fizemos perguntas que sabíamos que ela não ia conseguir responder."

Há dois modos bastante diferentes de interpretar essa mudança ocorrida com a idade. Em primeiro lugar, é possível que as crianças mais novas tenham mais dificuldade que as mais velhas de decidir se um determinado resultado poderia ou não ter sido evitado; talvez achem que um resultado involuntário, tal como esquecer-se do que dizer numa cerimônia, tenha ocorrido por sua própria culpa. A segunda possibilidade é que as crianças pequenas saibam se são ou não responsáveis, mas que simplesmente não entendam a relevância da responsabilidade para a determinação da culpa. Num estudo de continuação, Sandra Graham (1988) examinou estas duas possibilidades. Apresentou a crianças duas versões de uma mesma história. Em uma versão, o acidente não poderia ter sido evitado: o personagem principal causa um acidente de bicicleta ao tentar não atropelar uma criancinha que correu para o meio da rua. Na outra versão, fica claro que o acidente poderia ter sido evitado: o personagem causa um acidente ao tentar fazer uma acrobacia sobre a bicicleta num lugar cheio de pessoas. Pediu-se às crianças que fizessem duas avaliações diferentes: até que ponto o protagonista poderia ter evitado o acidente, e quanto se sentiria culpado.

As crianças de cinco e seis anos distinguiram adequadamente o acidente inevitável daquele que poderia não ter ocorrido. Mas, por outro lado, tendiam a julgar que o protagonista se sentiria quase igualmente culpado após ambos os casos. Estes resultados implicam que, ao atribuir culpa, as crianças pequenas concentram-se nos resultados, ignorando suas causas embora sejam capazes de perceber se a culpa recai sobre alguém, ou não.

Se esta análise está correta, deve aplicar-se também ao orgulho. Recorde-se que uma correta concepção do orgulho também depende de uma análise da responsabilidade pessoal: é adequado sentir orgulho quando algo que se relaciona a você, como seu esforço ou sua capacidade, acarretou um resultado aprovado; mas não quando a responsabilidade cabe a algum fator externo, tal como a intervenção de outra pessoa. Será que as crianças pequenas ignoram essa consideração em seu diagnóstico do orgulho, restringindo sua atenção à natureza do resultado em si, seja qual for sua causa? Investigando esta questão, Sandra Graham (1988) mais uma vez apresentou a crianças duas versões de uma história em que se chegava ao mesmo resultado por duas vias diferentes. Numa delas, o protagonista obtinha uma alta pontuação por seu próprio esforço, ao passo que na segunda a mesma pontuação era obtida porque a tarefa a ser realizada era muito simples. O grupo de crianças mais novas, com idade entre cinco e seis anos, mais uma vez distinguiu com precisão os fatores causais envolvidos, julgando que a tarefa fácil era um fator externo, e não interno. Não obstante, as crianças afirmaram que o personagem se sentiria bastante orgulhoso independentemente da causa.

Outros estudos chegam à mesma conclusão. Um grupo de pesquisadores pediu a crianças que se lembrassem de momentos em que haviam sentido várias emoções, e descrevessem o que ocorrera (Seidner, Stipek & Feshbach, 1988). Mas o grupo mais novo, de cinco anos de idade, tendia, no caso do orgulho (em comparação com a alegria), a descrever episódios que envolvessem seus próprios esforços; mas, ainda assim, muitas vezes mencionaram resultados que escapavam claramente de seu controle: "Me senti orgulhoso quando meu tio se casou"; ou "Me senti orgulhoso quando meu avô e minha avó vieram nos visitar". Não parece provável que as crianças de cinco anos pensem ser elas as causadoras de tais acontecimentos; antes, é muito mais plausível que seu conceito de orgulho seja ainda bastante nebuloso, e se superponha, ao menos em certa medida, ao de felicidade. Esta conclusão também se coaduna com os resultados obtidos por Ross Thompson (1989). Ele contou às crianças histórias que envolviam vários tipos de seqüência causal, incluindo aqueles em que o herói ou a heroína obtinham êxito pelo próprio esforço, podendo assim sentir-se orgulhosos. O grupo mais novo, constituído por crianças de sete anos de idade, tendiam em grande medida a decidir como o personagem se sentia baseando-se apenas no resultado. Por exemplo: após um êxito conseguido com muita luta, avaliavam que o personagem estaria alegre, e não orgulhoso, e explicavam sua avaliação simplesmente a partir do êxito obtido, e não do esforço dispendido para obtê-lo.

Assim, quer examinemos uma emoção negativa, tal como a culpa, quer examinemos uma positiva, como o orgulho, encontramos uma mesma mudança que se processa com a idade: as crianças mais novas desconsideram a responsabilidade pessoal do protagonista ao determinar como ele se sente, embora sejam capazes de diagnosticar com precisão esta responsabilidade. As crianças mais velhas, por sua vez, reconhecem a relevância desta. É de se notar que as crianças mais novas não negam necessariamente que uma pessoa responsável por um mau resultado sentirá culpa, ou que uma pessoa que obteve êxito sentirá orgulho. Antes, concentrando-se de modo demasiado estreito no resultado obtido, e desconsiderando sua causa, elas atribuem orgulho e culpa a pessoas que não são responsáveis pelos resultados, e meras alegria e tristeza aos responsáveis.

O papel dos padrões

As emoções como o orgulho e a culpa dependem da análise de duas dimensões: a responsabilidade pessoal e a conformidade a padrões normativos. As crianças pequenas com freqüência parecem desconsiderar o papel da responsabilidade pessoal ao avaliarem estas emoções. Será que também desconsideram as normas e padrões? Esta é uma questão interessante, pois os dilemas morais muitas vezes giram em torno do conflito entre fazer o que se quer e violar um padrão normativo. Se as crianças pequenas concentram-se apenas nos desejos e resultados – e, como vimos no capítulo anterior, elas sem dúvida são capazes de levar desejos e resultados em consideração –, elas devem determinar que alguém que faz o que quer fica feliz mesmo que isso acarrete uma transgressão moral. Os remorsos de consciência por se haver violado um padrão normativo nem devem integrar o quadro.

Imagine-se um menino que, deliberadamente, golpeia uma outra criança ou rouba algo dela. Como o menino age deliberadamente, é presumível que obtenha o que quer; ele consegue aborrecer a outra criança ou escapar com o produto do roubo. Se as crianças pequenas, ao avaliar os sentimentos de alguém, desconsideram os padrões normativos que dispõem sobre o bater e o roubar, concentrando-se, em vez disto, nos desejos e resultados, elas devem chegar à conclusão de que o menino ficará alegre, e não triste, pois conseguiu o que queria, apesar de sua transgressão moral. Se, por outro lado, as crianças reconhecerem o papel de tais padrões, deverão esperar que o menino fique triste ou infeliz quando não consegue agir de acordo com eles.

Numa surpreendente série de experiências, Gertrud Nunner-Winkler e Beate Sodian (1988) puseram à prova estas previsões. Crianças de quatro a oito anos de idade ouviram várias histórias em que o personagem principal deliberadamente roubava outra criança, atacava-a ou mentia para ela. Reiteradamente, as crianças de quatro ou cinco anos do grupo mais novo afirmaram que o personagem ficaria feliz com sua má ação. Justificavam seu julgamento referindo-se ao fim da história, ao fato, por exemplo, de o protagonista ter conseguido machucar a outra criança ou escapar com o objeto roubado. Em contraposição, as crianças mais velhas, tendo em torno de oito anos de idade, afirmaram que o personagem sentir-se-ia triste ou mau. Ao explicar estas emoções, as crianças mais velhas poucas vezes mencionaram a probabilidade de uma punição. Em vez disso, suas explicações tinham uma orientação moral: referiam-se à má ação do personagem, ao fato de que ele tinha sido malvado, ou à probabilidade de sua consciência vir a acusá-lo por ter feito algo que transgredia uma regra moral. Estava implícito também no que diziam, que o sentir-se mau depois de uma má ação não era apenas uma conseqüência provável da maldade; era algo prescrito, pois uma criança que roubasse e se sentisse triste não seria tão má quanto uma criança que roubasse e se sentisse alegre[2].

Uma das possíveis explicações para esta mudança que se processa com a idade é que as crianças de quatro e cinco anos não sabem que machucar ou roubar outra criança é errado, ao passo que as crianças de oito anos conhecem estas regras morais. Recordemo-nos, entretanto, do que foi dito no capítulo 2, que as crianças em idade pré-escolar têm um pensamento muito aprimorado acerca dessas regras. Elas sem dúvida consideram que seria errado bater ou roubar. Chegam até a considerar que o bater e o roubar seriam errados mesmo que não houvesse regra que proibisse essas ações. Também têm uma explicação muito plausível para o fato de essas ações serem erradas: chamam a atenção para os danos ou o sofrimento que se abatem sobre a vítima. De fato, quando perguntadas se bater e roubar era errado, as crianças pequenas de pronto concordaram que seria errado fazer tais coisas. Além disso, asseveraram que o protagonista sentir-se-ia triste ou aborrecido se machucasse alguém por acidente, numa batida de bicicleta, por exemplo.

Assim, as crianças novas têm duas dificuldades. Elas ignoram a relevância da responsabilidade para a atribuição de orgulho, vergonha e culpa. Em segundo lugar, ignoram a relevância dos padrões normativos. Estes dois problemas não surgem pelo fato de nada saberem sobre a responsabilidade ou os padrões normativos. Elas são capazes de fazer diagnósticos precisos no que se refere a cada uma dessas coisas. Sabem se alguém fez algo por deliberação ou por acidente. Do mesmo modo, conhecem os padrões normativos que foram violados. Sua dificuldade reside em perceber a relevância dessas duas considerações para sua vida emocional. As crianças mais velhas, ao contrário, vêem ambas as considerações como relevantes. Percebem que alguém pode sentir sofrimento ao transgredir deliberadamente uma regra moral, por mais que, fazendo isso, obtenha o que desejava.

Se a análise precedente está correta, o universo emocional da criança de quatro ou cinco anos gira em torno de um eixo diferente daquele de uma criança de sete ou oito anos. Tipicamente, a criança mais nova vê as pessoas como agentes que saem em busca daquilo que querem; se o conseguem, ficam alegres, e se não o conseguem, ficam tristes. A criança mais velha vê as pessoas como agentes que devem conformar-se a um padrão normativo ou moral; se o conseguem, podem sentir-se orgulhosos, mas se deliberadamente ignoram ou desafiam esse padrão tendem a sentir-se culpados ou envergonhados.

Como a criança mais velha chega a compreender que a vida emocional das pessoas se regula deste modo? Defenderei a idéia de que a criança precisa deixar de ver as pessoas simplesmente como agentes e passar a vê-las como observadoras da própria atividade, observadoras que avaliam sua responsabilidade em conformar-se a padrões normativos. Há duas precondições para esta mudança. Em primeiro lugar, a criança precisa reconhecer que as reações emocionais das pessoas àquilo que fizeram são influenciadas pelas reações emocionais de outras pessoas, e em particular pela aprovação ou desaprovação delas. Em segundo lugar, a criança precisa ter a capacidade imaginativa de entender esses estados mentais encadeados. Comecemos por examinar a consciência que a criança tem do impacto emocional de uma platéia.

O papel de uma platéia

Um dos primeiros autores a considerar o papel de uma platéia em nossa vida emocional foi C. H. Cooley. Cooley era contemporâneo de Baldwin, um psicólogo de desenvolvimento, e foi de Baldwin que emprestou e desenvolveu a noção do "eu especular". Ele identificou três componentes nesse eu refletido: a imaginação de nossa aparência aos olhos de outra pessoa; a imaginação da avaliação que essa pessoa faz de nossa aparência; e o conseqüente sentimento de orgulho ou vergonha. Cooley encerrou essas noções na seguinte afirmação: "O que nos move ao orgulho e à vergonha não é o mero reflexo mecânico de nós mesmos, mas sim um sentimento imputado, o efeito imaginado desse reflexo sobre a mente de outra pessoa" (1902, p. 153). A princípio, segundo Cooley, o orgulho e a vergonha dependem da proximidade dessa outra mente e de sua emoção expressa. No decorrer do desenvolvimento, a criança passará a sentir orgulho e vergonha com maior autonomia. A proximidade de uma platéia já não é decisiva.

Estas idéias são intrigantes por nos mostrarem como podemos avançar a partir do raciocínio que apresentei no capítulo anterior. Nele, afirmei que as crianças pequenas são capazes de compreender a emoção de outra pessoa imaginando a situação com que defronta essa pessoa e os desejos que ela põe na situação, de modo a gerar uma emoção "como se". Ampliando essa análise, tornamo-nos capazes de ver como a criança por fim virá a sentir e compreender um novo conjunto de emoções, entre os quais o orgulho e a culpa. Comecemos por pensar sobre como as crianças começam a sentir essas emoções.

Para tomar um exemplo concreto, uma criança termina de montar um quebra-cabeça, e seu pai reage com aprovação; essa aprovação, por sua vez, provoca prazer na criança (Reissland, 1988b). A criança ficará entusiasmada com a idéia de repetir a atividade, e o fará corajosamente. A certa altura, é possível que comece a almejar certas realizações não somente pelo prazer da perícia, mas precisamente a fim de obter a aprovação parental. A criança começa a antever a aprovação que será suscitada por uma realização e, por exemplo, chama a atenção dos pais para um novo feito que está a ponto de realizar. Aos poucos as crianças começam a gostar não só do ato de receber a aprovação, mas também de antever esse momento. Tendo ganhado um prêmio na escola, por exemplo, elas refletem sobre o que ocorrerá em casa e imaginam os elogios que receberão dos pais por esse êxito. Como resultado dessa antevisão imaginativa, as crianças saboreiam o prazer – ou, poderíamos dizer, o orgulho – que tal aprovação em geral provoca.

Pode-se propor uma análise semelhante para a culpa. Uma criança comete uma transgressão e, vendo a desaprovação que isso suscita por parte da mãe, sente sofrimento em reação à emoção materna. É possível que, aos poucos, o sofrimento comece a acompanhar a própria realização da ação: esta pode ser feita de modo apreensivo ou acanhado. Por fim, ela prevê com antecedência a desaprovação que a transgressão produzirá. Essa previsão suscita a emoção que normalmente é provocada pela desaprovação, antes mesmo de a mãe da criança saber do que ela fez.

A *compreensão* do orgulho e da culpa, por oposição à capacidade de *sentir* essas emoções, leva essa projeção imaginativa um passo adiante. As crianças precisam ser capazes de imaginar as circunstâncias sob as quais as emoções serão suscitadas em outra pessoa. Para tanto, precisam ser capazes de diagnosticar a emoção que será suscitada em outra criança quando esta criança faz algo e imagina a aprovação ou desaprovação de alguma pessoa importante, como, por exemplo, seu pai ou sua mãe. Na verdade, a criança que começa a compreender o orgulho e a culpa está dizendo: "Posso imaginar como Jack vai se sentir quando ele imaginar como sua mãe vai sentir."

Susan Harter e Nancy Whitesell (1989) mostram que a compreensão que as crianças têm do orgulho e da vergonha está de fato vinculada ao reconhecimento do impacto de uma platéia. Elas inicialmente entrevistaram crianças de quatro a onze anos acerca de sua experiência de orgulho e vergonha. As crianças mais novas percebiam que o orgulho é um sentimento bom e a vergonha um sentimento ruim, mas não eram capazes de apresentar exemplos convincentes de ambas as emoções. Já as crianças de seis e sete anos, por seu lado, eram capazes de apresentar exemplos, mas muitas vezes atribuíam a emoção a seus pais, e não a si mesmas: "Minha mãe ficaria orgulhosa de mim se eu arrumasse o quarto"; "Meu pai teve vergonha de mim quando eu quebrei a janela". À idade de oito anos, as crianças eram capazes de apresentar exemplos convincentes de como poderiam sentir-se envergonhadas ou orgulhosas: "Fiquei com muita vergonha de ter quebrado a bicicleta do meu amigo e não ter contado para ele"; "Mergulhei do trampolim mais alto."

O papel da platéia foi examinado mais de perto num estudo afim (Harter, Wright & Bresnick, 1987). Foram contadas às crianças histórias envolvendo incidentes que tenderiam a produzir ou o orgulho (dar um salto mortal numa barra de ginástica olímpica) ou a vergonha (pegar moedas de um pote no quarto dos pais). Em uma das versões, os pais viam a criança realizando a ação; na outra versão, os pais não estavam presentes e não viam o que a criança fazia.

Ficou patente uma estrutura de desenvolvimento em três estágios. As crianças de cinco anos afirmaram que se sentiriam felizes depois do feito de ginástica e com medo (de serem pegas) depois de furtar o dinheiro, mas não mencionaram sentimentos de orgulho ou vergonha. No estágio seguinte, entre as idades de seis e sete anos, as crianças referiram-se aos sentimentos de orgulho ou culpa, mas só se os pais houvessem visto a ação em questão. Se os pais estivessem em outro lugar naquela hora, as crianças negaram que sentiriam qualquer das emoções.

No terceiro estágio, que surgia por volta dos oito anos de idade, as crianças reconheceram que o orgulho e a vergonha poderiam aparecer sem a presença de uma platéia, e declararam explicitamente que o objeto da emoção seria o eu: "Eu ficaria com orgulho (ou com vergonha) *de mim mesmo*." Note-se que nem mesmo neste estágio a platéia pode ser inteiramente dispensada. Ocorre simplesmente que a criança opera no interior da estrutura de uma nova platéia. Vêem-se dois papéis distintos para o eu: observador e agente. O eu-observador observa e julga as ações do eu-agente.

Na verdade, nem mesmo no terceiro estágio a criança substitui inteiramente o pai enquanto juiz. Isto ficou particularmente claro no episódio acerca do furto. Quando lhes foi indagado se confessariam mais tarde o furto, a maioria dos membros do grupo mais velho, com oito anos ou mais, disseram que sim e expuseram seus motivos explicitamente: uma confissão, explicaram, aliviaria o sentimento de vergonha que, de outro modo, ficaria a pesar-lhes na mente. Essas crianças mais velhas têm de si mesmas uma imagem vívida de agentes que podem ou não portar-se à altura dos padrões morais. Se transgridem esses padrões, prevêem que seus pensamentos ficarão tomados por uma emoção negativa a menos que uma ação reparadora se torne possível[3]. É muito comum que, por si só, o eu não tenha autoridade para perdoar a transgressão e pôr fim à emoção; a criança precisa buscar o derradeiro árbitro, o pai ou a mãe, a quem vinha substituindo, e ser reassegurada de que seu feito, ao fim das contas, não foi tão mau, ou, alternativamente, transferir para o pai ou a mãe o fardo da desaprovação, aliviando assim o próprio eu[4].

A compreensão das emoções sociais

Temos agora os elementos para uma explicação global das várias mudanças que percebemos na maneira como as crianças pequenas compreendem as emoções sociais. Resumindo, de início as crianças não reconhecem a relevância da responsabilidade pessoal e dos padrões normativos para a atribuição de orgulho, vergonha e culpa. Provavelmente, sua desconsideração destes dois fatores não é mera coincidência. Para perceber a relevância de ambos, elas precisam ver a si mesmas, e a outras pessoas não como agentes que podem ou não realizar seus desejos e, conseqüentemente sentir-se alegres ou tristes, mas como seres sociais que procuram, voluntariamente, portar-se à altura de certas normas ou padrões; que sentem orgulho, vergonha ou culpa, conforme consigam ou não fazê-lo.

O que provoca esta mudança? Na minha opinião, ela depende da consciência cada vez maior, por parte da criança, de que os sentimentos de uma pessoa a respeito de suas ações são governados não só pelo resultado dessas ações, mas também pela previsão da aprovação ou desaprovação que será expressa por outra pessoas em relação a ações que alcancem ou deixem de alcançar um padrão normativo. Se as reações emocionais de outras pessoas são ignoradas, o resultado passa a ser a única coisa importante para a determinação da emoção, e não o modo pelo qual esse resultado é obtido, ou sua conformidade com normas ou padrões sociais. No entanto, quando se conserva em mente a aprovação e a desaprovação alheia, a importância dos padrões normativos e da responsabilidade é imediatamente enfatizada. A aprovação alheia depende decisivamente de a criança conseguir ou não portar-se à altura de vários padrões sociais. A aprovação será dada se a criança alcançar esses padrões, e especialmente se o fizer por meio dos próprios esforços. Inversamente, essa aprovação será negada caso a criança não consiga alcançar os padrões, especialmente se ela era capaz de alcançá-los. À medida que a criança sai, por um momento, de seu papel de agente e enxerga um resultado a partir da perspectiva de um observador neutro, os danos ou benefícios a outras pessoas produzidos por uma ação entram em foco.

Em face dessas considerações, seria de esperar que a compreensão infantil das emoções sociais dependa, em parte, do comportamento dos pais. Quando os pais, persistentemente, chamam a atenção para uma transgressão de valores morais, enfatizando para a criança o mal que ela fez, será maior a probabilidade de essa criança prever um sentimento de culpa subseqüente a uma transgressão e de dar como certo que outras pessoas tenham o mesmo sentimento. Muitas pesquisas sobre o efeito das técnicas disciplinares parentais chamam a atenção precisamente para esse vínculo (Hoffman, 1970). Por exemplo, os pais que utilizam mais a persuasão e a indução, em vez de métodos mais punitivos ou coercitivos, têm maior probabilidade de ter filhos que tanto experimentam como prevêem a culpa (Hoffman & Saltzstein, 1967). Tais crianças tendem a vir a seus pais, voluntariamente, para "confessar" uma má ação, e também tendem a prever que um personagem de história se sentirá culpado depois de uma transgressão.

As crianças terminam por perceber que essas emoções surgem sem a presença de uma platéia de fato, e, portanto, na ausência de qualquer aprovação ou desaprovação alheia. Essa compreensão repousa, contudo, sobre um estágio intermediário, no qual as crianças entendem que essas emoções surgem como resposta às emoções engendradas numa platéia real: o orgulho é o prazer que apareceria no contexto de uma aprovação real, e não imaginária; a vergonha e a culpa são a dor que apareceria no contexto de uma desaprovação real, e não imaginária. A implicação deste argumento é a de que a capacidade infantil de levar em conta as reações emocionais de outras pessoas torna as crianças cada vez mais conscientes de si mesmas como agentes de quem se espera um comportamento à altura de certas normas e padrões. Por isso, passam a ver as pessoas não como simples agentes, mas como circunstantes ou observadores mais neutros, em vez de serem inspetores críticos, julgam suas próprias ações.

Esta análise também nos permite resolver um aparente conflito em recentes teorias acerca do julgamento moral. O trabalho de Elliot Turiel e Judith Smetana, discutido no capítulo 2, mostra que até as crianças em idade pré-escolar têm fortes intuições a respeito do que vale como regra moral; percebem que a agressão e o roubo são errados, haja ou não regras que assim determinem. Percebem que a transgressão de tais regras causa sofrimento e danos à vítima. No entanto, a monumental pesquisa de Kohlberg e seus associados mostra que, quando se pergunta a crianças na faixa de dez anos ou mais o que alguém deveria fazer, elas freqüentemente enfatizam os benefícios práticos ou a aprovação que seriam suscitados por determinado tipo de ação, em lugar de sua integridade moral (Colby, Kohlberg, Gibbs & Lieberman, 1983). Uma interpretação deste conflito é a de que as crianças pequenas só podem expressar suas intuições morais quando estão diante de questões muito simples. Quando se pede que justifiquem, com suas próprias palavras, um determinado tipo de ação, elas nos oferecem uma exposição de motivos (como, por exemplo, aprovação dos adultos ou o ato de evitar uma punição) que mascara suas percepções verdadeiras acerca dos fundamentos das regras morais (Shweder, Turiel & Much, 1981).

Suspeito que essa discrepância não possa ser atribuída à complexidade das questões, mas sim à sua força. Turiel (1983) e Smetana (1981) perguntaram quais ações são erradas, enquanto Kohlberg perguntou o que alguém deveria fazer (cf. Nunner-Winkler & Sodiam, 1988). Aos ouvidos de um adulto, ambas as questões estão intrinsecamente relacionadas. Tendo-se concluído o que é errado, não se deve fazê-lo. No entanto é possível que estas duas questões soem de maneiras muito diferentes para as crianças pequenas. Pode ser que elas tenham uma boa noção sobre o que é errado, sem supor que tal conhecimento provoque um grande impacto sobre o procedimento adotado por alguém. A partir da própria experiência, notaram que o que provoca impacto é o estado emocional a que alguém chegará como conseqüência de uma ação. A criança de quatro e cinco anos aprendeu que as pessoas ficam alegres quando conseguem o que querem; assim, farão o que querem. As crianças de sete e oito anos terão talvez notado que as pessoas ficam alegres quando recebem aprovação; assim, farão aquilo que lhes valerá aprovação, mesmo que isso implique deixar de fazer o que querem. É possível que vários anos sejam necessários para se perceber que as pessoas podem obter satisfação fazendo aquilo que julgam ser correto; assim, poderão fazer o que é correto mesmo que isso não seja o que queiram, e ainda que isso não lhes valha qualquer aprovação. Estes modos de pensamento coincidem bastante com os três principais estágios do sistema de Kohlberg.

O entrelaçamento de estados mentais

A esta altura, já inter-relacionamos três mudanças que se processam com a idade e convergem para a compreensão que a criança tem de emoções sociais como o orgulho, a vergonha e a culpa; o reconhecimento do papel da responsabilidade pessoal; o reconhecimento da importância dos padrões normativos; e o reconhecimento do papel de uma platéia ou de um observador. Caso isso esteja correto, levanta-se uma outra questão. As crianças são sensíveis à aprovação e à desaprovação dos pais desde muito antes dos sete ou oito anos de idade. Por que, então, levam tanto tempo para compreender adequadamente a atribuição das emoções sociais que dependem da aprovação e da desaprovação?

Para responder a esta questão, precisamos examinar a compreensão que as crianças têm da mente em outros domínios. As dificuldades que enfrentam para compreender os estados mentais socialmente entrelaçados e os atos sociais que pressupõem este entrelaçamento ultrapassam o estreito domínio da emoção.

Considere-se um ato deliberado de logro, tal como uma mentira. Para compreender que Jill está mentindo para Jack, as crianças precisam ser capazes de perceber que ela tem a intenção de influenciar as crenças dele. Sua mentira implica que ela *queira* que Jack *creia* em algo em que ela mesma não crê. Assim, um observador que compreenda a interação de Jack e Jill deve compreender que a intenção por trás da fala de Jill tem como objetivo provocar um determinado estado mental em Jack. Esta análise ajuda a clarear a diferença entre mentir e pilheriar (Perner, 1988). Se Jill mente, ela quer que Jack acredite numa coisa em que ela não acredita; agora, se Jill faz um comentário irônico, é possível que faça uma afirmação falsa, mas não quer que Jack acredite nisso. Para compreender plenamente a significação exata da fala de outra pessoa, a criança deve ser capaz de perceber quais desejos a pessoa que fala tem em relação às crenças subseqüentes da pessoa que ouve.

É provável que esse tipo de compreensão do modo como o estado mental de uma pessoa se dirige ao estado mental de outra não apareça antes dos seis anos de idade (Harris & Gross, 1988; Perner, 1988). Por exemplo, as crianças de menos de seis anos têm dificuldade para compreender que a emoção expressa por uma pessoa depende da impressão que essa pessoa quer que os observadores tenham acerca do seu estado emocional (ver capítulo 6).

Se o orgulho e a culpa são emoções inerentemente sociais, conforme argumentou Cooley, o observador que está procurando compreender essas emoções em outra pessoa deve também ser capaz de enfrentar esses estados mentais entrelaçados. Isto pode ser explicado da seguinte maneira: a platéia fica feliz quando a criança alcança determinado padrão (p. ex., realiza um feito atlético), ou se zanga quando a criança transgride um padrão (p. ex., rouba algo). A criança, por sua vez, sente prazer quando a platéia aprova seu feito; ou fica aborrecida, quando a platéia a desaprova. Um observador que deseje compreender a reação emocional da criança deve perceber que ela *sente prazer* quando a platéia fica *feliz* por ter sido alcançado um padrão; em contrapartida, o observador deve perceber que a criança *fica aborrecida* quando a platéia se *zanga* com o fato de um padrão ter sido transgredido. Este ponto de vista deixa claro que o observador deve entender que o que dá prazer ou aborrece a criança não é tanto sua realização ou sua má conduta, mas uma outra reação emocional – especificamente, a reação da platéia. Assim como uma compreensão da mentira requer que o observador perceba que o estado mental do mentiroso (seu desejo) está direcionado para o estado mental do ouvinte (suas crenças), uma compreensão da emoção social requer que o observador entenda como o estado mental do protagonista (sua emoção) está direcionado para o estado mental da platéia (a expressão de sua aprovação ou desaprovação).

Note-se que esta análise vale também para a criança mais velha, que percebe que o orgulho e a culpa podem surgir na ausência de uma verdadeira platéia. A platéia não é eliminada; em vez disso, é substituída pelo *alter ego* da criança, que continua servindo como uma platéia que aprova ou desaprova. Como notam Harter e seus colegas, o surgimento dessa platéia alternativa se reflete na forma das palavras que a criança usa; por volta dos oito anos de idade, as crianças começam a falar explicitamente que sentem orgulho ou vergonha *de si mesmas*, ao passo que as crianças menores falam sobre as outras pessoas, que sentirão orgulho ou vergonha delas.

Finalmente, vale salientar que as emoções de orgulho e culpa, assim como as emoções mais simples de tristeza e alegria, podem ser compreendidas por um observador que não partilha dessas emoções no momento em que as compreende. Evidentemente, as crianças que, nas histórias de Susan Harter e seus colegas, decidem se o protagonista se sentirá orgulhoso ou envergonhado, não precisam sentir orgulho ou culpa para fazer uma atribuição emocional apropriada. O que penso que fazem é imaginar que elas mesmas desempenharam o feito relevante ou a transgressão, à semelhança do protagonista da história, de modo a desencadear uma emoção apropriada "como se". A este propósito, o mecanismo de projeção imaginativa, descrito no capítulo 3 com relação às emoções de tristeza e alegria, pode ser ampliado de forma a abarcar emoções mais complexas.

Construção social da emoção?

Dirigi deliberadamente minha atenção para o orgulho, a vergonha e a culpa porque, como vimos, estas emoções estão intimamente ligadas às normas sociais. Muitos autores, particularmente aqueles que foram influenciados pela antropologia social, afirmam que as emoções em geral têm esse vínculo íntimo com as normas sociais (cf. Harré, 1987). Com efeito, devido a esse vínculo, afirmou-se por vezes – contra a ênfase dada por Darwin a um conjunto universal de emoções com base biológica – que as emoções são construções sociais, variáveis de acordo com a cultura.

Defenderei a idéia de que essas duas abordagem precisam ser integradas, e não colocadas em oposição uma à outra.

Os antropólogos negam, com freqüência, que as crianças sintam espontaneamente um conjunto de emoções universais. Em vez disso, no decorrer do desenvolvimento, as crianças seriam ensinadas a avaliar determinadas situações de acordo com padrões ou crenças locais, e também aprenderiam qual emoção sentir à luz daquela avaliação. Catherine Lutz (1987) ilustra estas questões com uma anedota, ocorrida durante seu trabalho de campo na ilha de Ifaluk, no Pacífico ocidental. Sentada à porta de um aldeão doente a quem fora visitar, ela conversa com a mulher que está sentada a seu lado. Uma menina de quatro anos se aproxima, faz uma pequena dança e depois uma careta. Lutz sorri, mas a mulher a repreende, dizendo: "Não sorria para ela, senão ela pensará que você não está *song* [*i.e.*, zangada com razão]". Análises etnográficas posteriores fornecem uma interpretação desse comentário feito pela mulher. Em Ifaluk, tem-se como certo que a alegria ou a excitação infantil, tal como são demonstradas nas brincadeiras de criança, conduzem ao mau comportamento. E a possibilidade de tal comportamento deve ser combatida por meio de uma manifestação de *song*, e não incentivada com um sorriso. A demonstração de zanga justificada provocará *metagu* (*i.e.*, medo ou ansiedade) na criança. Este episódio, analisado nos termos da teoria popular da emoção empregada em Ifaluk, ilustra como se fazem esforços no sentido de criar uma resposta emocional apropriada na criança: o *song* é usado para levar a criança a considerar a manifestação não-inibida da excitação como uma conduta má, e a sentir a emoção apropriada, denominada *metagu*, quando essa má conduta ocorre.

A análise feita por Catherine Lutz encaixa-se prontamente na abordagem que descrevi. Ela afirma que o *metagu* (como a culpa e a vergonha) será uma reação freqüente diante da zanga, real ou prevista, de outra pessoa, após uma violação de regras. Aqui, vemos mais uma vez o modo pelo qual as emoções complexas ou sociais dependem de um entrelaçamento social entre ator e observador. Naturalmente, é possível que o que seja tido por violação de uma regra em Ifaluk não seja visto como tal no Ocidente. No entanto, isso significa apenas que as ocasiões para que se sinta a emoção de *metagu* não têm correspondência no ocidente. Não significa, *ipso facto*, que os processos psicológicos pelos quais essa emoção é compreendida e sentida não tenham sua correspondência.

Em outros aspectos, porém, minha ênfase difere daquela dada pelos que salientam a construção social da emoção. Segundo suas análises, as crianças recebem de sua cultura o roteiro referente a qualquer emoção em particular. Uma vez adquirido esse roteiro, sentem e expressam a emoção de modo adequado. No entanto, procurei demonstrar que a emergência das emoções de orgulho e vergonha e, ao final, a compreensão dessas emoções não podem ser inteiramente derivadas de um roteiro culturalmente prescrito. Esse processo principia com uma compreensão das emoções básicas, tais como a alegria, a tristeza e a zanga. Além disso, as crianças não precisam conhecer as normas sociais para sentir essas emoções básicas e atribuí-las a outras pessoas.

Assim, as crianças não principiam sua vida emocional aprendendo um roteiro condizente com seu meio cultural. Elas nascem dotadas da capacidade de sentir emoções básicas de tristeza, zanga e alegria, quando os objetivos desejáveis são perdidos, impedidos ou alcançados. Também chegam a compreender que outras pessoas são capazes de sentir essas mesmas emoções. Tal compreensão é aos poucos incorporada a um roteiro mais complexo, que especifica não somente como a criança se sentirá, nem tampouco como um adulto se sentirá, mas sim como a criança se sentirá em relação ao estado emocional do adulto.

De fato, é possível que os papéis de ator e observador continuem a alimentar-se mutuamente, sem interrupções. É possível que, ao observar a vergonha de outra pessoa, a criança sinta preocupação, embaraço ou desprezo, e diferentes culturas podem orientar a criança nesta ou naquela direção. Mais uma vez, a compreensão de uma emoção constitui uma precondição para que outra seja sentida. De modo mais geral, as mudanças na compreensão da criança engendrarão novas emoções e novos papéis sociais. Portanto, em contraposição aos construtivistas sociais, eu salientaria o processo de construção imaginativa que a criança empreende tanto para sentir como para compreender a emoção. Para que este processo seja posto em movimento, é preciso que, em primeiro lugar, a criança conheça os mecanismos das emoções básicas, cujo roteiro tem provavelmente um fundamento universal. Embora possa efetivamente haver emoções relativas a uma certa cultura, sem equivalentes óbvios em outra, a existência dessas emoções não nega, mas, antes, pressupõe a existência de um conjunto básico de emoções, a partir do qual elas se constroem.

Sumário e conclusões

Entre aproximadamente quatro e dez anos de idade, as crianças começam a compreender as condições sob as quais sentem orgulho, vergonha e culpa. Durante este período, sua apreciação da vida emocional passa por uma grande mudança. Elas deixam de ver as pessoas como agentes que buscam satisfazer seus desejos e passam a vê-las muito mais como seres sociais, cujas ações são julgadas pelos outros ou pelo próprio eu. Para explicar esta mudança, defendi a idéia de que as crianças se tornam cada vez mais conscientes de que o estado emocional de uma pessoa é influenciado pelo estado emocional de outra. As pessoas sentem orgulho, por exemplo, depois de terem feito algo que suscita a aprovação alheia, e sentem vergonha depois de terem feito algo que suscita a desaprovação. Inicialmente, as crianças supõem que essas avaliações serão proporcionadas por outras pessoas, mas aos poucos percebem que também podem ser proporcionadas pelo eu.

A aprovação e a desaprovação resultam de a pessoa ser responsável por uma ação que iguala, supera ou não chega a alcançar um padrão normativo. De acordo com isso, na medida em que compreendem que uma pessoa é sensível à aprovação e à desaprovação, as crianças passarão a levar em conta as questões de responsabilidade e de padrões.

Esta abordagem mostra que as emoções de orgulho, vergonha e culpa estão intimamente relacionadas às normas sociais. No entanto, não são meras construções sociais. O surgimento dessas emoções é um desenvolvimento dos atos de sentir e de compreender as emoções básicas, tais como a zanga e a alegria.

5. Sentimentos mistos

Entrevistador: *"Outro dia, eu estava falando com duas crianças. Uma delas disse que você pode se sentir alegre e triste ao mesmo tempo. A outra disse que isso era bobagem; você não pode se sentir alegre e triste ao mesmo tempo. Qual das duas você acha que estava certa? Você pode se sentir alegre e triste ao mesmo tempo, ou não?"*
Criança de seis anos: *"Não, porque você não tem duas cabeças – você não tem cérebros suficientes."*

Afirmei que, inicialmente, as crianças aprendem sobre as situações que provocam emoções básicas, tais como a alegria ou a zanga, e então passam a compreender as situações que provocam emoções mais complexas, como o orgulho e a culpa. Com isto, fez-se uma suposição simplificante: a de que uma situação qualquer provoca uma única emoção. Embora isso muitas vezes possa ocorrer, nem sempre é verdade. Quando estamos a ponto de nos lançar num novo empreendimento, muitas vezes sentimos um misto de apreensão e animação. Inversamente, quando perdemos alguma oportunidade, é possível que sintamos uma decepção matizada de alívio. Estes casos de emoções mistas são intrigantes por envolverem a ambivalência: uma combinação de emoção positiva e negativa. De fato, quando consideramos nossos relacionamentos com outras pessoas, os sentimentos de ambivalência sao muitas vezes inevitáveis.

Como veremos neste capítulo, o reconhecimento explícito da ambivalência é difícil para as crianças. Vários anos se passam antes que sejam capazes de colocar tais sentimentos em palavras, embora seu comportamento demonstre que os sentimentos ambivalentes são muito comuns desde a mais tenra idade. Por essa razão, é importante distinguir entre a expressão comportamental da ambivalência e seu reconhecimento consciente. A expressão comportamental da ambivalência pode ser observada até em crianças de um ano, enquanto seu reconhecimento consciente é raro antes dos seis ou sete anos de idade.

Ambivalência no comportamento

Há dois exemplos bem documentados de ambivalência na idade pré-escolar. O primeiro foi descoberto por Mary Ainsworth e seus colegas, em seus estudos pioneiros a respeito do apego entre mãe e filho (1978). Eles observaram crianças de um ano que viviam uma série de curtas separações de suas mães. Uma minoria dessas crianças apresentou uma reação claramente ambivalente em relação à mãe quando por fim se reuniu a ela. Estes bebês ambivalentes não diferiam abertamente dos outros bebês no que se refere a sua primeira abordagem à mãe ao se encontrarem com ela: em vários graus, eles iam em sua direção e tentavam manter contato com ela. Mas diferiam quanto à resistência que ofereciam ao contato com a mãe: resistiam ativamente quando ela tentava pegá-los ou abraçá-los. Pareciam vacilar entre buscar o contato e resistir a ele, quando este lhes era oferecido.

Uma série de estudos de seguimento confirmou a existência do padrão ambivalente em outros grupos de crianças. Joseph Campos e seus colegas, por exemplo (1983), fizeram uma revisão de cinco diferentes estudos norte-americanos acerca de crianças de um ano, e concluíram que, aos doze meses, cerca de um em cada seis bebês apresentou o padrão de resistência ou ambivalência. Além disso, quase metade dessas crianças continuou a se comportar do mesmo modo quando foram novamente submetidas a teste, seis meses depois (Campos, Barrett, Lamb, Goldsmith & Stenberg, 1983).

Há uma controvérsia considerável a respeito da origem de tal ambivalência. Seguindo Mary Ainsworth, a maior parte dos pesquisadores do apego entre mãe e filho atribuíram a ambivalência ao manejo inconsistente do bebê por parte da mãe, mas os estudos transculturais lançam algumas dúvidas sobre a idéia de que o manejo materno seja o único fator envolvido. Por exemplo: a proporção de bebês ambivalentes ou resistentes varia de modo bastante acentuado de cultura para cultura. Na Suécia, só um em cada vinte e cinco bebês apresentou o padrão ambivalente (Lamb, Hwang, Frodi & Frodi, 1982). Em contrapartida, no Japão, essa proporção elevou-se para mais de um bebê em cada quatro (Miyake, Chen & Campos, 1985). Qualquer que seja a origem exata desse padrão de comportamento, podemos concluir que as reações emocionais ambivalentes em relação à mãe são comuns aos doze e dezoito meses de idade.

Outros exemplos de ambivalência na primeira infância chegam até nós a partir das observações de irmãos feitas por Charlotte Bühler (1937) e, mais recentemente, por Judy Dunn. Os irmãos mais velhos freqüentemente vacilam entre a ternura e a hostilidade em seu trato com os irmãos mais novos. Laura, por exemplo, dizia para seu irmão mais novo enquanto o acariciava: "Tudo bem, nenê." Segundos depois, voltou-se para sua mãe e disse: "Bate nele." Fay comportou-se de modo bastante semelhante em relação a sua irmã mais nova: "Nenê, nenê", dizia, enquanto a acariciava; depois, "Monstro, monstro." Sua mãe admoestou-a: "Ela não é um monstro." Mas Fay, sem se convencer, insistiu: "Monstro" (Dunn, 1984).

Conceitualizando emoções positivas e negativas

Dados esses comentários e comportamentos tão ambivalentes, seria possível pensar que as crianças novas e pequenas vinculariam prontamente a mesma situação ou a mesma pessoa a sentimentos tanto positivos quanto negativos. No entanto, as crianças estabelecem uma dicotomia entre as situações que suscitam sentimentos positivos e aquelas que suscitam sentimentos negativos. A cisão surge quando é pedido a elas que digam qual situação provoca determinada emoção, ou qual emoção é provocada por determinada situação (Stein & Levine, 1987; Trabasso, Stein & Johnson, 1981). Esse cisma conceitual entre emoções positivas e negativas revela-se bastante difundido. Quando apresentamos a crianças holandesas, inglesas e nepalesas um conjunto de termos designativos de emoções e pedimos que pensassem em situações capazes de provocar cada uma das emoções, houve pouca sobreposição entre as situações sugeridas para emoções positivas e as situações sugeridas para emoções negativas (Harris, Olthof, Meerum Terwogt & Hardman, 1987).

Catherine Lutz observou um fenômeno semelhante quando fazia seu trabalho de campo entre os ifaluk, uma comunidade malaio-polinésia que vive num pequeno atol de coral no Pacífico ocidental. Ela pediu a membros da comunidade que separassem as palavras designativas de emoção em grupos, conforme percebessem uma similaridade entre elas. Surgiram duas constelações distintas de termos, uma associada às emoções positivas e outra às emoções negativas (Lutz, 1982).

Embora sejam culturas extremamente diferentes, indo desde comunidades urbanas européias até pequenas aldeias agrícolas no Himalaia e comunidades pesqueiras no Pacífico, surge um padrão recorrente. As emoções podem ser agrupadas – a mesma situação pode ser mencionada, por exemplo, em ligação tanto com o orgulho como com a alegria, ou com a culpa e ao medo –, mas esses agrupamentos raramente atravessam a linha que separa as emoções positivas das negativas. Esta divisão entre termos positivos e negativos é onipresente, e também estável: aparece nos testes que fazemos com crianças pequenas, de três ou quatro anos, e também entre os adultos.

Reconhecendo a ambivalência: descobertas básicas

Até aqui, examinamos dois aspectos do desenvolvimento emocional: as emoções que as crianças expressam e as emoções que as crianças consideram pertencentes a um mesmo grupo. Nos primeiros anos de vida, as crianças expressam sentimentos ambivalentes. Sua disposição para consolar e acalmar um irmão pode ser rapidamente substituída pela agressão ou pela provocação. Seus pedidos de colo e consolo à mãe podem alternar com a resistência e a rejeição. Em nível conceitual, porém, elas quase nunca descrevem a mesma situação como provocando sentimentos positivos e negativos. Ao contrário, observamos uma cisão constante entre essas duas constelações de emoção.

O que acontece quando se pergunta explicitamente à criança se a mesma situação ou a mesma pessoa é capaz de causar tanto sentimentos positivos quanto sentimentos negativos? Por um lado, poderíamos esperar que as crianças admitissem tal possibilidade, porque expressam a ambivalência em seu comportamento e em suas falas. Por outro lado, poderíamos esperar que elas a negassem, uma vez que dicotomizam as situações, concebendo algumas como geradoras somente de sentimentos positivos, e outras como geradoras apenas de sentimentos negativos.

Susan Harter foi a primeira pessoa a examinar este assunto de modo sistemático. Ela notou que muitas das crianças que atendia em sua clínica tinham grande dificuldade de admitir sentimentos mistos, em particular se dirigidos a um parente ou responsável (Harter, 1977). Instigada por essa observação, deu início a um estudo da capacidade que as crianças normais têm de admitir tais sentimentos (Harter, 1983; Harter & Buddin, 1987). Sua técnica consistia em pedir a crianças que descrevessem situações que provocariam cada uma dentre várias emoções, incluindo as emoções básicas de alegria, zanga, tristeza e medo. Pediu-se também às crianças que descrevessem situações que provocariam duas emoções uma após a outra, e duas emoções ao mesmo tempo.

Ela verificou que a criança se desenvolve passando por vários estágios. As crianças muito pequenas, com idade entre três e seis anos, não são capazes de conceber que duas emoções possam ser produzidas sucessiva ou simultaneamente. Descrevem de imediato as situações que provocarão uma das emoções básicas, mas negam a possibilidade de se provocar duas. Por volta de seis a oito anos, as crianças começam a descrever situações que provocarão duas emoções, mas uma seguida à outra: "Eu ficaria feliz porque o presente que eu estava ganhando poderia ser alguma coisa da qual eu gostasse, e depois furioso se fosse alguma coisa de que eu não gostasse"; ou "Eu ficaria animado por entrar no carrinho de montanha-russa, mas ficaria com medo quando começasse a andar"; ou "Se estivesse numa casa mal-assombrada, você ficaria com medo, mas ficaria feliz quando saísse de lá". Essas mesmas crianças continuam a duvidar da possibilidade de experimentar dois sentimentos ao mesmo tempo. Só com sete ou oito anos de idade elas começam a descrever situações que poderiam causar duas emoções simultaneamente. De início, descrevem situações que provocariam dois sentimentos de mesmo sinal – dois sentimentos positivos ou dois sentimentos negativos. Ou descrevem um único incidente – por exemplo, "Se seu irmão bate em você, você fica furioso e triste" – ou dois incidentes distintos que podem ocorrer ao mesmo tempo – por exemplo, "Eu ficaria furiosa se ela pegasse um de meus anéis, e triste se ela quebrasse um dos meus quadros."

A tarefa mais difícil é integrar dois sentimentos opostos. Harter e seus colegas descobriram que as crianças começam a apresentar exemplos apropriados com cerca de dez anos de idade. De início, descrevem episódios que envolvem duas situações separadas mas simultâneas: "Eu estava na escola, preocupado com a responsabilidade de cuidar de um novo animal de estimação, mas estava feliz por ter tirado 'A' em todas as matérias." Cerca de um ano depois, com onze anos de idade, elas descreveram um único episódio com dois aspectos interligados: "Fiquei feliz de ganhar um presente, mas furioso de não ser o que eu queria."

Tomados em conjunto, estes estudos ilustram uma seqüência de desenvolvimento fascinante. De início, as crianças negam que uma situação possa provocar mais de um sentimento. Num estágio intermediário, conseguem indicar situações capazes de provocar dois sentimentos, um após o outro. Por fim, num terceiro estágio, indicam situações que provocariam dois sentimentos ao mesmo tempo. Este terceiro estágio pode ser dividido em vários subestágios: de início, as crianças descrevem situações que provocariam dois sentimentos de mesmo sinal, ambos positivos ou ambos negativos; é só mais tarde que vêm a descrever situações que provocariam dois sentimentos de sinais diferentes. O mais difícil de tudo é reconhecer que um único episódio ou objeto possa provocar tal ambivalência. Note-se que é exatamente esse último tipo de ambivalência que as crianças bem novas expressam em relação aos membros de sua família. Em suma, embora os estudos de observação ofereçam provas de que as crianças que estão começando a andar e aquelas em idade pré-escolar expressam sentimentos mistos em relação a um objeto como a mãe, o irmão ou a irmã, essa ambivalência leva muitos anos para ser reconhecida consciente e explicitamente.

Reconhecendo a ambivalência: outras evidências

Embora os resultados obtidos por Harter e seus colegas sejam muito intrigantes, eles sempre pediram às crianças que inventassem ou se lembrassem de situações em que os sentimentos mistos fossem possíveis. Pode-se afirmar que as crianças reconhecem os sentimentos mistos, mas acham difícil lembrar-se de situações em que os sentiram. Talvez as descobertas de Harter simplesmente reflitam a crescente capacidade que as crianças têm de recordar ou criar situações ilustrativas, e não o desenvolvimento de uma percepção interna de sua própria existência como tal.

Por outro lado, se as crianças realmente têm dificuldade de reconhecer os sentimentos ambivalentes, elas devem continuar a tê-la mesmo quando todas as limitações de memória e inventividade desaparecem. Por exemplo, se alguém lhes falar sobre situações ambivalentes em vez de pedir-lhes que se lembrem delas ou as inventem, as crianças devem continuar incapazes de reconhecer que sentimentos mistos ou opostos seriam provocados. E este foi o procedimento adotado por Mark Meerum Terwogt e seus colegas num estudo realizado na Holanda (Meerum Terwogt, Koops, Oosterhoff & Olthof, 1986). As crianças ouviram histórias curtas, em que o personagem principal deparava com uma situação que tendia a provocar sentimentos mistos, e depois foi-lhes pedido que dissessem como o personagem se sentiria. Uma das histórias, por exemplo, descrevia uma criança que, no circo, era convidada pelo palhaço a levantar-se de seu lugar e ir ajudá-lo no picadeiro. As crianças mais novas, de cerca de sete anos de idade, tendiam a concentrar-se num único sentimento. Talvez dissessem que a menina ficaria animada por ir ajudar o palhaço. As crianças mais velhas, em contraposição, freqüentemente diziam que a menina ficaria animada de ir ajudar o palhaço, mas ficaria ao mesmo tempo nervosa de subir ao picadeiro na frente de tantas pessoas. O padrão geral foi claro: as crianças mais velhas reconheceram a existência de mais de uma reação emocional ao mesmo episódio, especialmente quando essas múltiplas reações envolviam uma mistura de sentimentos positivos e negativos.

Nadja Reissland (1985) pediu às crianças que apresentassem exemplos de ambivalência tirados de sua própria experiência, e também que analisassem os sentimentos de um personagem de história. Como seria de se esperar, tendo por base os resultados até agora descritos, as crianças desempenharam ambas as tarefas de modo semelhante. As crianças com menos de sete anos e meio tipicamente apresentavam exemplos não-simultâneos tirados de sua própria vida e identificavam uma única emoção para o personagem de história. Em contrapartida, a maioria das crianças mais velhas foi capaz de apresentar seus próprios exemplos de ambivalência e de analisar corretamente os sentimentos do personagem da história. Portanto, mesmo quando as dificuldades de invenção ou memória são evitadas pela apresentação de situações ambivalentes, as crianças mais novas ainda acham difícil reconhecer os sentimentos mistos, justamente como suporiam Harter e seus colegas.

Antes de nos voltarmos para uma explicação do motivo pelo qual a compreensão infantil da ambivalência desenvolve-se tão devagar, podemos considerar ainda uma questão. É possível que as crianças pequenas não sejam tão diferentes das mais velhas quanto a sua capacidade de reconhecer sentimentos mistos, mas sim quanto ao modo pelo qual encaram tais situações complexas. Considere-se mais uma vez o exemplo do circo. Talvez as crianças mais novas simplesmente não considerem a situação como algo que produz ansiedade, de modo que a questão não estaria ligada à sua incapacidade de reconhecer sentimentos mistos. Elas simplesmente avaliam a situação de modo diferente das crianças mais velhas.

Para checar esta possibilidade, contamos às crianças histórias que continham dois acontecimentos separados, um acontecimento positivo, que tenderia a provocar alegria, e um acontecimento negativo, que tenderia a provocar zanga, tristeza ou medo (Harris, 1983; Experimento 2). Uma das histórias consistia no seguinte: "Tarde da noite, você ouve um latido do lado de fora da porta. É Lassie, sua cadela. Ela esteve perdida o dia inteiro e voltou para casa, mas cortou a orelha numa briga."

A volta de Lassie tem dois componentes conflitantes. Ela esteve perdida o dia inteiro, de modo que sua volta é um acontecimento feliz, mas ela cortou a orelha, de modo que sua volta é, ao menos em parte, um acontecimento triste. As crianças ouviam cada história de um modo entre dois possíveis. Num primeiro caso, ouviam uma única história que incluía os dois acontecimentos conflitantes, como no exemplo acima. Alternativamente, ouviam duas versões separadas: uma continha o acontecimento negativo e a outra, o acontecimento positivo. A versão negativa, por exemplo, não dizia que Lassie chegava em casa depois de ter estado perdida. Só descrevia sua orelha cortada: "Tarde da noite, você ouve um latido do lado de fora da porta. É Lassie, sua cadela. Ela cortou a orelha numa briga." Do mesmo modo, a versão positiva não dizia que Lassie cortara a orelha. Só descrevia sua volta feliz: "Tarde da noite, você ouve um latido do lado de fora da porta. É Lassie, sua cadela. Ela esteve perdida o dia inteiro e voltou para casa."

Os resultados foram muito claros. Tanto as crianças de seis quanto as de dez anos disseram que o personagem se sentiria alegre em reação aos acontecimentos positivos (p. ex., Lassie que volta para casa depois de ter estado perdida), e triste, zangado ou amedrontado em reação aos acontecimentos negativos (p. ex., a orelha cortada de Lassie). Todavia, quando esses dois acontecimentos eram integrados numa única história, os dois grupos etários deram respostas diferentes. As crianças de seis anos quase sempre concentravam-se em um dos dois acontecimentos, algumas dizendo que o personagem ficaria triste e outras afirmando que ficaria feliz, mas não ambos. As crianças mais velhas tinham probabilidade muito maior – três vezes maior, na verdade – de dizer que o personagem sentiria uma mistura de emoções positivas e negativas.

Também pedimos às crianças que contassem a história com suas próprias palavras. A memória que guardavam da história revelou-se surpreendentemente boa. Tanto as crianças mais novas quanto as mais velhas lembravam-se de cada um dos componentes emocionalmente carregados, fossem eles apresentados isoladamente, como nas versões truncadas, ou combinados, como nas histórias integradas, mais complexas. Nas crianças mais novas, o contraste entre sua avaliação míope dos sentimentos do personagem e sua memorização abrangente da história era surpreendente. Uma criança diria que, ao abrir a porta para Lassie, o personagem só sentiria alegria, e nenhuma tristeza. Um momento depois, a mesma criança recordaria ambos os acontecimentos decisivos na história, lembrando-se, por exemplo, não apenas de que Lassie voltara para casa, mas também de que voltara com uma orelha cortada.

Aparentemente, as crianças mais novas não estavam esquecendo ou simplificando as histórias de emoções mistas: elas compreendiam e lembravam-se de ambos os acontecimentos, e admitiam, ao considerá-los isoladamente, que um deles provocaria sentimentos positivos e o outro, sentimentos negativos. Ainda assim, quando os acontecimentos eram conectados numa história unificada, as crianças concentravam-se numa única emoção, excluindo qualquer outra.

Em seu conjunto, os resultados destes vários estudos convergem para a mesma conclusão. Até cerca de oito a dez anos de idade, as crianças têm dificuldade de reconhecer a existência de duas emoções simultâneas, particularmente quando esses sentimentos estão em conflito um com o outro, sendo um deles positivo e o outro negativo, e particularmente quando foram provocados por um única situação ou pessoa. A dificuldade surge quando se pede às crianças que se lembrem de tais situações em seu próprio passado, que inventem situações apropriadas ou analisem os sentimentos de um personagem de história. Além disso, o problema não advém de uma incapacidade de perceber que uma situação pode conter dois componentes conflitantes. Assim que os componentes são apresentados isoladamente, até as crianças de seis anos podem identificar um deles como positivo e o outro como negativo. Sua dificuldade de reconhecer a ambivalência só surge quando os dois componentes são reintegrados.

Não sabemos, é claro, exatamente como as crianças mais novas pensam acerca de tais situações bifacetadas, mas talvez seja proveitoso comparar suas dificuldades com aquelas que nós, adultos, encontramos ao lidar com figuras perceptivas ambíguas. Considere-se, por exemplo, a figura ambígua bem conhecida do pato-coelho. À primeira vista, talvez vejamos essa figura exclusivamente como um pato, desconsiderando sua potencial aparência de coelho (ou vice-versa). As crianças pequenas parecem interpretar as situações emocionalmente ambíguas de modo bem semelhante. Assim que se concentram num dos componentes emocionalmente carregados, o outro desaparece de vista. Se voltam sua atenção para o segundo, é o primeiro que desaparece.

Explicações

Os resultados até aqui relatados são impressionantes. Temos evidências de uma enorme defasagem entre o comportamento infantil e sua comunicação consciente. Já no segundo ano de vida, as crianças expressam ambivalência em seu comportamento, especialmente no trato com os membros da família, como a mãe, os irmãos e as irmãs. Por outro lado, as crianças só reconhecem explicitamente a existência de sentimentos mistos com cerca de oito a dez anos de idade.

Como explicar essa brecha? Uma possibilidade é que ela se deva à óbvia diferença entre o ato de deparar com uma vivência emocionalmente carregada e o ato de pensar sobre as experiências passadas ou hipotéticas. As crianças talvez identifiquem sentimentos ambivalentes quando deparam com uma situação complexa, de dois fatores, mas não quando são entrevistadas acerca de uma situação hipotética ou passada. Talvez seja difícil imaginar-se sentindo ambivalência a numa situação que não se está vivendo, mas seja fácil reconhecê-la quando está sendo experimentada. Se este raciocínio está correto, deve ser possível reduzir ou eliminar a brecha existente entre o que as crianças expressam e aquilo que reconhecem, simplesmente questionando-as acerca do que sentem numa situação real e não sobre o que sentiriam numa situação imaginária. As provas disponíveis não corroboram esta suposição plausível. Mark Lipian, um pediatra interessado nos aspectos psicológicos das doenças infantis, conversou com crianças acerca de seus sentimentos relativos à enfermidade. Algumas crianças estavam doentes na época, e foram entrevistadas no hospital. Outras, que estavam sadias, foram entrevistadas na escola, e pediu-se-lhes que se lembrassem da última vez em que haviam estado doentes. As crianças doentes não manifestaram um maior reconhecimento dos sentimentos mistos (Harris & Lipian, 1989; Lipian, 1985). Quando as crianças de dez anos foram comparadas às de seis anos de idade, constatou-se o padrão típico de desenvolvimento. As crianças mais velhas diziam que estar doente fazia com que se sentissem péssimas ou aborrecidas, mas havia um lado positivo, pois não se ia à escola e se ganhava um tratamento especial; mas as crianças mais novas poucas vezes identificaram tais reações mistas. No máximo, as crianças que não estavam doentes na época, e a quem se pediu que se lembrassem da última vez em que haviam estado doentes, tendiam mais a dizer que poderiam ter sentimentos mistos relativos a estar doente.

Uma evidência adicional nos vem das observações originais de Harter, feitas em contextos clínicos (Harter, 1977). Ela notou, em sua prática clínica, que várias crianças tinham dificuldade de reconhecer que se sentiam ambivalentes em relação a determinados membros da família. As crianças oscilavam entre a zanga e a afeição em relação a essas pessoas, mas negavam que sentissem ambas as emoções. Em suma, não há indicações de que as crianças pequenas sejam mais capazes de identificar os sentimentos mistos quando os estão vivendo de fato. O problema parece depender do modo pelo qual elas compreendem seus sentimentos – ou a situação que causa esses sentimentos –, e não da proximidade dos sentimentos em si mesmos.

Por que é tão difícil compreender os sentimentos mistos? Uma possibilidade é que as crianças respondam ao entrevistador aquilo que consideram razoável e internamente coerente. Já vimos que as crianças, mesmo as de três anos de idade, traçam uma clara distinção entre as situações que provocam emoções negativas e as situações que provocam emoções positivas. Não seria de surpreender, portanto, se elas viessem a pensar em emoções tais como *alegre* e *triste*, ou *carinhoso* e *zangado*, como opostos mutuamente excludentes. Há evidências conclusivas de que as crianças dessa idade são capazes de tratar como opostos pares de palavras tais como *grande* e *pequeno*, ou *alto* e *baixo* (Harris, Morris & Meerum Terwogt, 1986). Do mesmo modo, podem relutar em descrever uma pessoa, elas próprias inclusive, como estando *alegre* e *triste*, assim como evitam descrever o mesmo tijolinho de brinquedo como sendo *grande* e *pequeno*. Obtivemos alguns indícios provisórios em favor dessa idéia (Harris, 1983). Quando se perguntava explicitamente a crianças de seis e dez anos se uma pessoa poderia estar alegre e triste ao mesmo tempo, a maioria das crianças de seis anos afirmou ser impossível, e às vezes chegou a assinalar a aparente contradição entre sentir-se alegre e triste ao mesmo tempo: “Porque os dois não andam juntos”; “Bom, porque são o contrário um do outro; ou é bom ou é mau." Uma insistência similar sobre a incompatibilidade lógica ou semântica foi encontrada num estudo de crianças que entravam num internato, a ser descrito mais detalhadamente no capítulo 7 (Harris & Guz, 1986). Por exemplo: "Não, porque se você está animado você está alegre, e se você está preocupado você está triste." "Porque, se você está triste, isso quer dizer que você não está animado."

Entretanto, embora fossem comuns essas justificativas formais, houve muitas justificativas bastante diferentes: "Não, porque você não pode fazer sua casa ir para cima e para baixo"; ou "Porque você não pode pensar de duas maneiras". Susan Harter registra negações igualmente gráficas: "Não tem jeito de você ter dois sentimentos ao mesmo tempo, porque você só tem uma mente!" "Você teria que ser duas pessoas diferentes para ter dois sentimentos ao mesmo tempo." "Você não pode curvar sua boca para cima e para baixo ao mesmo tempo!" (Harter & Buddin, 1987). As justificativas das crianças são bastante variadas, de modo que, provavelmente, elas estão dando explicações *post hoc* de sua negação inicial, explicações que não são necessariamente o motivo que as levou a essa negação. No todo, a variedade de justificativas apresentadas pelas crianças torna improvável que elas estejam buscando apenas aquilo que consideram uma consistência lógica[1].

A explicação à qual me inclino baseia-se em dois dos pontos-chave que já surgiram. Em primeiro lugar, parece haver pouca dúvida de que as crianças expressam a ambivalência. Isto implica que, em algum nível, elas sejam capazes de avaliar as pessoas ou as situações quanto a características positivas bem como negativas. Para admitir que certas situações provocam sentimentos mistos, as crianças precisam interpretar com mais cuidado as reações emocionais que já exprimem. Para explicar por que elas demoram tanto para empreender um exame preciso, temos de nos voltar para o segundo ponto que já surgiu: um dos grandes obstáculos é a concepção que as crianças têm do modo como as emoções estão ligadas às situações. Recorde-se que, no reconhecimento da ambivalência, as crianças progridem por meio de uma série de estágios. Depois de negarem por completo a possibilidade, começam a aceitar que duas situações sucessivas possam suscitar primeiro um sentimento e depois outro; mais tarde ainda, admitem que duas situações simultâneas possam provocar sentimentos mistos; e, finalmente, admitem que um único objeto – uma determinada pessoa ou situação – é suficiente. Cada um desses estágios do reconhecimento dos sentimentos mistos envolve uma mudança na conceituação da criança a respeito dos vínculos causais entre as situações e a emoção.

Note-se que o desenvolvimento poderia ter tomado um caminho totalmente diferente; as crianças poderiam ter considerado uma certa emoção ou certas combinações de emoções como sendo um obstáculo especial. Poderiam, por exemplo, ter achado especialmente difícil identificar sentimentos de tristeza e alegria, porém mais fácil admitir a existência de sentimentos simultâneos de ansiedade e animação. Mas as pesquisas disponíveis não dão muito apoio a essa suposição. O que parece mudar é a avaliação que as crianças fazem do modo como as situações causam a emoção, e não sua conceituação das emoções resultantes.

Concedidos esses dois pontos, de que modo, exatamente, o exame que a criança faz do vínculo entre situação e emoção vem a se modificar? Podemos especular que, ao ser encontrada uma situação emocionalmente carregada, a seguinte seqüência ocorra: primeiro, a criança empreende uma avaliação inicial e global da situação; essa avaliação leva ao despertar da emoção, seja ela positiva, negativa, ou ambas; depois do despertar da emoção, a criança torna-se consciente de seu estado de ativação emocional – pode haver vários sinais subjetivos, fisiológicos e comportamentais que assinalem a emoção – e busca alguma explicação, esperando encontrar um evento emocionalmente carregado, adequado, que tenha acabado de ocorrer.

Assim, há dois sistemas na mente da criança: o sistema de avaliação inicial e o sistema explicativo. Os dois operam de modo bastante diferente. A avaliação inicial opera de maneira exaustiva, e pode incluir tanto os elementos positivos quanto os elementos negativos da situação, de modo que uma mistura de emoção positiva e negativa possa ser desencadeada e expressa. A procura de uma explicação, porém, não é exaustiva; a criança faz uma busca entre as coisas que aconteceram no tempo mais recente – ou melhor, entre o que permanece vívido na memória do passado recente – e identifica acontecimentos semelhantes àqueles que, no passado, levaram à emoção. A criança então vê esses acontecimentos como causas de qualquer estado de ativação emocional que esteja ocorrendo, e estes vínculos entre emoção e situação são armazenados na memória.

Estas suposições permitem que ofereçamos uma explicação para as duas descobertas que foram estabelecidas: primeiro, a enorme defasagem entre a expressão da ambivalência e seu reconhecimento consciente; em segundo lugar, a progressiva reconceituação do elo entre situação e emoção. O processo de avaliação inicial conduz à expressão da emoção pela criança. Podemos supor que esse processo esteja disponível até mesmo no primeiro ano de vida, e que conduza à ambivalência que bebês e crianças pequenas expressam em seu comportamento. O sistema explicativo, subseqüentemente ativado, que sofre importantes mudanças no decorrer do desenvolvimento, propicia o conhecimento e a compreensão que a criança tem das circunstâncias em que determinadas emoções são sentidas. A expressão efetiva da emoção pode ser ambivalente, porque o sistema de avaliação examina de modo exaustivo a situação que está ocorrendo. O sistema explicativo, em contrapartida, não é exaustivo. Ele se concentra na detecção e no armazenamento de vínculos recorrentes entre determinadas situações e determinadas emoções, e faz isso focalizando uma emoção que esteja sendo vivida e vinculando-a a um acontecimento recente, que esteja forte na memória da criança. A situação precedente só é examinada seletivamente e não-exaustivamente. Assim, as crianças pequenas podem expressar ambivalência sem ter o conhecimento consciente de estarem sentindo-se ambivalentes.

Precisamos agora explicar de que maneira, no decorrer do desenvolvimento, o sistema explicativo chega a reconceituar os vínculos entre situação e emoção, de modo que a existência da ambivalência seja aos poucos reconhecida. Se as crianças vinculam sua emoção atual ao acontecimento mais recente e vívido, elas devem inevitavelmente concluir que as emoções positivas e negativas possuem causas diferentes, devido ao fato de as emoções positivas serem geralmente precedidas por acontecimentos positivos, e as emoções negativas, por acontecimentos negativos. Tendo estabelecido essas ligações típicas, as crianças afirmarão ser impossível ter sentimentos mistos. Uma vez que vinculam a emoção à sua causa mais imediata e plausível, e visto que as causas das emoções positivas e negativas poucas vezes se sobrepõem, elas acharão difícil conceber uma situação que provocaria ambas as emoções. Mesmo quando expressam emoções mistas ou conflitantes em seu comportamento, procurarão explicar seu estado de ativação emocional concentrando-se de modo estreito num único acontecimento recente e insistindo que seus sentimentos são positivos ou negativos, e não ambos ao mesmo tempo.

Porém, em sua vida cotidiana, as crianças, chegarão a notar que os elos entre determinadas situações e determinadas emoções podem, eles mesmos, ser unidos formando correntes mais longas. Ao procurar, por exemplo, uma explicação para sua atual alegria, elas talvez se voltem para o que acabou de acontecer e descubram que um objeto antes perdido foi recuperado; voltando ainda mais para trás, talvez se lembrem de que, antes de tê-lo recuperado, estavam tristes por tê-lo perdido. O encadeamento desses elos entre situação e emoção deve levar as crianças a admitir que os sentimentos mistos, embora não possam ser vividos concomitantemente, podem sê-lo sucessivamente.

Chegamos agora a uma etapa crucial. Como poderiam as vivências das crianças chegar a instruí-las de que os sentimentos positivos e negativos podem ser experimentados simultaneamente, sobretudo se elas se concentram obstinadamente num acontecimento recente, que se destaca na consciência, ou, na melhor das hipóteses, em dois acontecimentos sucessivos, que provocam primeiro um sentimento e depois outro? Há uma importante ligação entre os sentimentos sucessivos e os simultâneos. Às vezes, as crianças vivem dois eventos consecutivos, mas as emoções podem não ser consecutivas. Muitas vezes, um sentimento anterior continua, de modo que um acontecimento posterior simplesmente desperta uma nova emoção, que fica ao lado da primeira, sem a deslocar. Por exemplo: a criança perde um brinquedo querido, e o brinquedo perdido não é encontrado; a título de compensação a criança ganha algo que não se equipara exatamente ao original. À medida que a criança se lembra e sente saudade do objeto original, a tristeza continuará, conservando-se ao lado do prazer que o novo objeto lhe desperta.

Estas circunstâncias, ou, de modo mais geral, qualquer circunstância em que uma emoção anterior é mantida de modo a conservar-se ao lado de uma emoção posterior e conflitante, devem ser especialmente instrutivas, com base nas suposições que fizemos. Primeiramente, as crianças expressarão sentimentos mistos, ou, antes, uma vacilação entre dois estados de sentimento. Devem, então, vasculhar a memória que têm do passado próximo, para encontrar acontecimentos que expliquem de modo plausível seu estado de ativação emocional. Esta procura deve elevar a criança a hesitar entre dois acontecimentos igualmente vívidos, um dos quais aconteceu mais recentemente, enquanto o outro continua vivo na memória. A criança pode, por exemplo, pensar sobre o presente que acabou de ganhar, para lembrar-se, imediatamente, do brinquedo perdido que o presente deveria compensar. A atenção da criança se voltará para dois vínculos plausíveis e distintos entre acontecimentos recentes e emoções atuais. Essas vivências devem fazer com que as crianças percebam que acontecimentos sucessivos podem gerar dois sentimentos que são experimentados separadamente, de maneira oscilante, se não simultaneamente.

Há vários indícios que oferecem alguma base à ênfase dada a acontecimentos sucessivos que geram sentimentos paralelos. Em primeiro lugar, como discutiremos no capítulo 7, as crianças logo compreendem que uma emoção não desaparece abruptamente, mas se conserva para além da situação que a precipita (Harris, Guz, Lipian & Man-Shu, 1985). Em segundo lugar, as crianças de seis e sete anos de idade estão preparadas para admitir que dois sentimentos simultâneos podem ser despertados escalonadamente por dois acontecimentos distintos e sucessivos, embora duvidem que tais sentimentos possam ser despertados por acontecimentos simultâneos. Por exemplo: contamos a essas crianças histórias a respeito de um personagem que primeiro arrumou uma briga enquanto ia da escola para casa, mas que, ao chegar em casa, ganhou inesperadamente um presente (Harris, 1983). Até as crianças de seis anos perceberam que os sentimentos do personagem não seriam governados exclusivamente pelo presente; notaram que o personagem sentiria uma mistura de alegria pelo presente e sofrimento pela briga anterior. Sally Donaldson e Michael Westerman

(1986) chegaram a resultados semelhantes. De novo, as crianças ouviram histórias em que um acontecimento feliz sucedia a um acontecimento triste. Por exemplo: o gatinho de estimação do personagem era perdido e substituído por outro gatinho. As crianças de sete e oito anos muitas vezes disseram espontaneamente que o personagem teria dois sentimentos; por exemplo, "um pouco alegre e um pouco triste, pois o gatinho novo faria ele se lembrar de Bola-de-Neve (o gatinho perdido)"[2].

Note-se que o reconhecimento da ambivalência nestes dois estudos é precoce em relação às normas estabelecidas por Susan Harter e seus colegas, mas as histórias contêm dois episódios consecutivos e envolvem sentimentos que permanecem do primeiro para o segundo episódio. De acordo com a interpretação que acabei de dar, esta situação é fácil de analisar, uma vez que os dois acontecimentos estão, cada um deles, vivos e separadamente representados na memória, e cada um chega à mente como uma explicação distinta, mas plausível, para o estado emocional em vigor.

Conservando-se na linha desta análise, investigações posteriores de Donaldson e Westerman demonstraram que, embora as crianças de sete e oito anos afirmem que ambos os sentimentos podem ser vivenciados, elas negam que os sentimentos se misturem. Podem pensá-los como alternando-se no tempo:

Entrevistador: Será que os sentimentos tristes se misturam com os alegres, ou ficam separados?
Criança: Ficam separados.
Entrevistador: Quando Bill está alegre, os sentimentos tristes vão embora?
Criança: Sim.

Ou senão consideram uma curiosa fissão corpórea:

Entrevistador: Isso quer dizer que ele se sente ao mesmo tempo alegre e triste?
Criança: É.
Entrevistador: Como isso funciona?
Criança: Uma parte do corpo dele fica alegre e outra parte fica triste.

Uma tal segregação seria de se esperar no caso de a criança achar mais fácil concentrar-se em um vínculo situação/emoção por vez, em lugar de empreender uma interpretação global da mistura de sentimentos que é gerada.

Tendo percebido que dois acontecimentos consecutivos são capazes de despertar sentimentos simultâneos, a criança está agora preparada para a última etapa: o reconhecimento de que dois acontecimentos simultâneos ou mesmo uma única situação com dois componentes podem despertar sentimentos ambivalentes. A criança pode salientar sua ambivalência concentrando sua mente primeiro em um, e depois no outro vínculo plausível entre situação e emoção atual. Essa vacilação fenomenal – repetida com freqüência suficiente – deve aos poucos persuadir a criança de que os acontecimentos que ocorrem juntos na realidade, e não apenas os acontecimentos que são evocados simultaneamente na memória, são capazes de provocar sentimentos ambivalentes. Esta percepção deve ser mais fácil quando estão envolvidos dois acontecimentos separados, visto que, nesse caso, a criança pode identificar mais prontamente cada um dos vínculos causais, e já tem em mente que dois acontecimentos separados no tempo podem provocar ambivalência. A coisa deve ser mais difícil quando os acontecimentos estão entrelaçados, envolvendo, por exemplo, a mesma pessoa ou uma única ocorrência com duas conseqüências opostas, como Susan Harter e seus colegas observaram.

Uma vez entendida essa causalidade entrelaçada, podemos esperar que a criança finalmente admita que as próprias emoções se misturam. Sally Donaldson e Michael Westerman observaram exatamente esta mudança no desenvolvimento. À diferença das crianças mais novas, a maioria das crianças entre dez e onze anos reconheceram que dois sentimentos poderiam existir ao mesmo tempo e interagir um com o outro. A tristeza pela perda de Bola-de-Neve, por exemplo, poderia moderar a alegria quando o outro gatinho chegasse; de fato, a vacilação entre os dois sentimentos podia chegar a ser desconcertante:

Criança: Bom, pode ser que quando ela abrisse a porta (e visse o novo gatinho) ficasse muito, muito feliz, mas depois ela ficaria mais ou menos – ficaria

	feliz de ter um novo gatinho mas um pouquinho triste também.
Entrevistador:	Que sentimento isso dá por dentro?
Criança:	Bom, você não sabe como se sente realmente, você não tem certeza.
Entrevistador:	... Isso é confuso?
Criança:	Sim.

Conclusões

As pesquisas acerca da compreensão que as crianças têm dos sentimentos mistos produziram um quadro surpreendentemente regular. As crianças demoram bastante para admitir a ambivalência, embora a expressem desde uma idade muito tenra. A defasagem entre compreensão e expressão indica que a vida emocional da criança talvez opere em dois níveis distintos. Por um lado, a criança empreende uma análise completa num nível automático ou semiconsciente, que leva à expressão explícita da ambivalência no comportamento. Em contrapartida, a análise retrospectiva e consciente que a criança faz dos vínculos entre situação e emoção não é, ao menos em seus primeiros estágios, exaustiva. Tendo notado que as situações tipicamente provocam sentimentos positivos ou negativos, as crianças principiam por negar que os sentimentos mistos sejam possíveis. Aos poucos, reconceituam os vínculos que existem entre situação e emoção. Sua experiência fenomenal de sentimentos mutáveis impõe-se aos poucos e derruba sua insistência em que os dois tipos de sentimento são nitidamente separados.

Esta interpretação, se correta, nos mostra que podemos realmente dizer que a criança ganha percepção (*insight*) de sua própria vida emocional. O reconhecimento da ambivalência não é simplesmente a adoção, pela criança, de uma teoria popular mais sofisticada, mas equívoca, divulgada pelos adultos ou por toda a comunidade. Trata-se de um caso genuíno de uma volta que a criança faz sobre seus próprios esquemas, obtendo como resultado uma nova percepção interna.

6. Escondendo a emoção

"Ela não queria que as outras crianças soubessem que estava triste por ter caído."

(Criança de seis anos explicando o comedimento emocional)

Os chewong são um pequeno grupo aborígine de caçadores-coletores e agricultores nômades que habitam a floresta tropical da Malásia peninsular. Signe Howell, antropóloga social que viveu com eles por mais de um ano, descreve seu notável comedimento da seguinte maneira:

> Os chewong [não] empregam uma ampla gama de expressões corporais e faciais. É raro usarem gestos de qualquer tipo, e seus rostos apresentam poucas mudanças enquanto eles falam ou ouvem. O estrangeiro surpreende-se com seu comportamento comedido até mesmo em reuniões e festas, e com o fato de eles nunca parecerem "perder o controle" [Howell, 1981].

Os chewong possuem várias regras explícitas relativas à manifestação da emoção. *Punen*, por exemplo, estipula que não se deve "falar mal". O falar mal pode consistir em falar sobre um acontecimento prazeroso ainda por vir. O caçador que conseguiu matar um macaco não deve expressar seu prazer com a perspectiva de comer a iguaria naquela noite. Do mesmo modo, nenhuma emoção deve ser expressa após um acidente qualquer, tal como uma queda ou a perda de todas as posses. Uma outra regra, a regra de *Pantang*, chega a proibir a manifestação de prazer ou dor em grandes acontecimentos da vida, tais como o nascimento, o casamento e a morte. Os chewong afirmam que o não-cumprimento dessas regras, e de várias outras relativas à repartição de comida, e o ato de provocar ou rir de determinados animais podem provocar desgraças, seja uma doença ou o ataque de um tigre.

Michelle Rosaldo, outra antropóloga social, descreve a cultura bastante diferente dos ilongot, do norte de Luzon, Filipinas. Os ilongot são uma tribo de caçadores e agricultores nômades que, até meados dos anos 60, eram caçadores de cabeças. Várias pressões, entre as quais os esforços do governo e o zelo missionário, fizeram com que abandonassem essa prática. Não obstante, baseando-se num trabalho de campo feito no final dos anos 60 e em 1974, Rosaldo (1980) elaborou uma etnografia de seu modo tradicional de vida e situou a prática da caça de cabeças em seu contexto social mais amplo.

Uma das principais idéias que emergem de sua etnografia é a de que os ilongot têm um conceito particular do papel da ira, ou, de modo mais geral, da paixão, na vida dos homens. Os ilongot consideram a *liget*, traduzida *grosso modo* por energia/ira/paixão, como uma virtude positiva, uma força especialmente potente nos homens jovens e prontamente despertada por pequenos insultos e ressentimentos reais ou imaginários. Esta energia pode levar os homens a matar, não somente como um ato de vingança, mas como um meio de expressão emocional e como meio de igualar os feitos de seus pais e anciãos. Por meio de tais atos, eles adquirem um senso de orgulho e potência. Os anciãos da tribo deliberadamente encorajavam a expressão de *liget* pelos homens jovens, emprestando-lhes suas habilidades e suas experiências para o planejamento de uma incursão de caça de cabeças.

Os ilongot acreditam que a emoção precisa ser cultivada. Eles não vêem a paixão como uma capacidade natural do bebê; antes, ela é cultivada no decurso da vivência social. Eles também reconhecem que a tolerância e a paciência são cruciais dentro do círculo social imediato da família extensiva, para que a vida cotidiana não seja constantemente perturbada. Insistem que as crianças e sobretudo os adultos devem manifestar *adug* (tolerância). Lida-se com os insultos locais por meio da resignação, deixando-se que o tempo dissipe as paixões e faça com que os insultos sejam esquecidos. Considera-se que os jovens não possuem o conhecimento e o comedimento necessários para expressar essa paciência, de modo que se aceitam, chegando-se até a esperar, atos impensados de irritação por parte deles. Pensa-se que o adulto maduro combina a paixão (*liget*) e o conhecimento (*beya*) de maneira a permitir uma concentração planejada da energia, ou uma difusão gradual dessa energia quando isso se faz apropriado.

O contraste entre os chewong e os ilongot ilustra como as práticas culturais regulam a expressão da emoção. Estas práticas não significam que a manifestação de emoção pela criança pequena, que de outro modo seria espontânea, seja aos poucos inibida ou suprimida no curso do desenvolvimento. Os ilongot encorajam positivamente a exibição de *liget* entre seus homens jovens. Mesmo no que se refere aos chewong, seria errôneo dizer que toda manifestação emocional é desencorajada: as crianças tímidas que manifestam uma hesitação respeitosa são elogiadas pelos adultos chewong. Só a tempestuosidade e o desrespeito são criticados. Assim, as práticas culturais encorajam a supressão de certas emoções e a manifestação de outras; os temas emocionais particulares que serão amplificados ou abafados variam de cultura para cultura.

Qual é o impacto dessas regras de manifestação e supressão para os membros de uma determinada cultura? Uma possibilidade é que elas alterem não só o que é expresso exteriormente, mas também o que é sentido interiormente: a vivência da emoção alinha-se com a expressão cultivada. Outra possibilidade é que essas prescrições influenciem a manifestação exterior da emoção, deixando intocada a vivência interior. Neste capítulo, examinarei os elementos em favor da segunda possibilidade. Defenderei a idéia de que, mesmo que nossa cultura às vezes nos ensine o que sentir, como parece provável, ela também às vezes nos ensina qual a emoção a manifestar sem que, ao mesmo tempo, nossa vivência emocional seja transformada. Como resultado, há uma importante distinção a fazer entre a emoção aparente das pessoas e sua emoção de fato. As próprias crianças chegam a fazer essa distinção de modo bastante sistemático, e a fazem aproximadamente na mesma idade em várias partes do globo. Antes de apresentar os indícios em favor dessa asserção, examinaremos mais de perto o uso que os adultos fazem das regras de manifestação.

Estudos experimentais

A variação transcultural do uso de regras de manifestação da emoção foi poucas vezes estudada em laboratório, mas Paul Ekman e seus colegas demonstraram que isso pode ser feito (Ekman, 1973). Eles apresentaram dois filmes a adultos japoneses e norte-americanos, um filme neutro de viagens e um filme perturbador, sobre uma cirurgia no seio paranasal. Enquanto as pessoas assistiam aos filmes, suas expressões faciais foram filmadas, e depois analisadas. Como era de se esperar, os dois filmes provocaram reações diferentes. O filme sobre a cirurgia provocou mais expressões faciais de surpresa, nojo, tristeza e mesmo zanga, ao passo que o filme de viagens provocou mais expressões alegres. Os japoneses e os norte-americanos reagiram de modo bastante semelhante aos dois filmes – negativamente ao filme sobre a cirurgia e positivamente ao filme de viagens. A análise detalhada demonstrou que a freqüência com que seis emoções básicas eram expressas era bastante parecida nos dois grupos.

À primeira vista, essa similaridade entre as duas culturas é surpreendente. Acabei de dizer que as culturas são seletivas quanto ao modo de encorajar seus membros a expressar determinadas emoções e não outras. Por que, então, não surgiram diferenças, especialmente em vista da observação comum de que os japoneses são mais reticentes quanto à expressão da emoção negativa? Ekman e seus colegas haviam tomado a precaução de exibir os dois filmes na penumbra. Nestas circunstâncias, as regras normais e específicas da cultura que regem a manifestação da emoção parecem ter sido suspensas. Aparentemente, tanto os japoneses quanto os norte-americanos não sentiram a necessidade de suprimir suas expressões espontâneas de emoção quando puderam observar sem ser observados, de modo que suas expressões foram semelhantes.

As diferenças entre os japoneses e os norte-americanos emergiram quando, depois, eles foram entrevistados sobre os filmes por um membro de sua própria cultura. Os japoneses tendiam a ocultar o incômodo e o sofrimento que haviam manifestado ao assistir ao filme sobre a cirurgia, mantendo, inclusive uma expressão sorridente ou positiva ao descrevê-lo. Os norte-americanos, em contraposição, tendiam menos a esconder os sentimentos que haviam experimentado. Na verdade, suas expressões faciais tendiam a assemelhar-se mais às reações negativas que haviam demonstrado espontaneamente ao assistir aos filmes. Este estudo mostra como as regras culturais de manifestação podem regular a manifestação explícita da emoção – especialmente numa situação pública – sem que a vivência interior seja alterada.

As pessoas podem tentar ocultar suas emoções, mas até que ponto o conseguem? Paul Ekman e Wallace Friesen (1974) descobriram que normalmente se chega a um êxito parcial, mas não completo. Eles decidiram analisar estudantes de enfermagem, que às vezes têm como parte de sua tarefa ocultar sua ansiedade aos pais e parentes. As enfermeiras assistiram a um filme angustiante, que incluía imagens de amputações e do tratamento de queimaduras sérias. Depois, pediu-se que tentassem fazer um entrevistador pensar que elas haviam assistido a um filme agradável.

Os sujeitos a quem foram apresentadas amostras de comportamento honesto e enganoso por parte das enfermeiras mostraram-se bastante ineficientes em conseguir distinguir um do outro. Saíram-se melhor quando, em primeiro lugar, familiarizaram-se com o comportamento normal da enfermeira e depois assistiram a filmes dos movimentos de seu corpo, e não de seu rosto, quando ela tentava dissimular. As enfermeiras tinham mais facilidade de controlar suas expressões faciais do que sua postura e os movimentos de seus membros, de modo que, embora seus rostos muitas vezes pudessem enganar, seus movimentos corporais as entregavam. As próprias enfermeiras fundamentaram esta seletividade. Ao falar, depois, sobre suas tentativas de enganar, elas tendiam a mencionar especialmente as tentativas de controlar a expressão facial, e não a postura e os movimentos dos membros.

O desenvolvimento das regras de manifestação

Quando e como as crianças começam a seguir regras de manifestação, e especialmente regras de manifestação facial, ao expressar seus sentimentos? Num estudo pioneiro, Carolyn Saarni observou até que ponto as crianças procuram esconder seus sentimentos de decepção. Ela pediu a crianças de seis a dez anos de idade que a ajudassem olhando um livro didático, resolvendo uma de suas questões e depois dando sua opinião a respeito do livro (Saarni, 1984). Após fazerem isto, recebiam agradecimentos e um belo presente. Mais tarde, pediu-se que fizessem de novo a mesma coisa, só que, desta vez, receberam um brinquedo desinteressante, como uma chave de plástico passada num anel. Seu comportamento durante o desembrulhar do presente e imediatamente depois foi filmado em ambas as sessões.

Na primeira sessão, quando as crianças ganhavam um brinquedo atraente, as reações positivas – um largo sorriso e um entusiástico "obrigado" – foram comuns tanto entre meninos como entre meninas. Na segunda sessão, quando, presumia-se, as crianças estavam decepcionadas, a maioria delas evitou expressá-lo abertamente. Sem dúvida os meninos mais novos permaneceram muitas vezes sem sorrir, mas as outras crianças tipicamente produziam as chamadas expressões transicionais. Pareciam estar querendo suprimir sua decepção, mas não conseguiam substituí-la por uma reação completamente positiva. Rasgavam um tímido sorriso e murmuravam seus agradecimentos.

Pamela Cole deu continuidade a estas descobertas examinando crianças ainda mais novas, um grupo de meninas de três a quatro anos de idade (Cole, 1986; Estudo 2). Ela também observou as reações das crianças ao receberem um presente decepcionante, mas introduziu duas importantes mudanças no procedimento. Garantiu que o presente seria terminantemente decepcionante. Pediu às crianças que classificassem um conjunto de brinquedos segundo quanto estes lhes agradavam, e o presente que elas receberam foi o brinquedo de que menos gostavam. Também comparou as reações das meninas à decepção em duas situações diferentes. Em uma das situações, o entrevistador estava na sala quando a criança abria o presente. Na outra, o entrevistador se retirava, de modo que a criança abria seu presente sozinha.

Esta comparação é informativa porque, embora o presente e, presumivelmente, o grau de decepção sejam os mesmos em ambas as situações, a motivação a esconder a decepção tende a ser mais aguda quando o entrevistador permanece no local e pode observar a reação da criança. É possível comparar a reação espontânea ou natural da criança com a reação expressa quando uma regra de manifestação está sendo aplicada, assim como Paul Ekman e Wallace Friesen haviam feito em seu estudo de adultos japoneses e norte-americanos. O comportamento nas duas situações revelou-se perceptivelmente diferente. As meninas expressavam abertamente sua decepção quando a entrevistadora não estava lá para ver, mas a ocultavam com um meio sorriso quando ela continuava presente. Este elegante estudo nos dá as provas mais fortes que até agora temos em favor da idéia de que as crianças sejam capazes de controlar sua expressão emocional desde muito cedo. É provável que esse controle ocorra em todo tipo de situação e se torne cada vez mais potente.

Compreendendo as regras de manifestação

Se as crianças começam a ocultar suas emoções das outras pessoas por volta dos três ou quatro anos de idade, será que o fazem consciente e deliberadamente ou o fazem automaticamente, "sem pensar"? Para responder a esta pergunta, precisamos ser mais precisos no que se refere à diferença entre ocultamento deliberado e automático. Poderíamos dizer que as crianças sabem qual efeito suas expressões faciais podem ter sobre outras pessoas, de modo que deliberadamente manifestam uma expressão mais inócua, ou positiva, a fim de transmitir uma impressão enganosa do que realmente sentem. Poderíamos também dizer que essa interpretação é demasiado elaborada. Não seria possível que as crianças pequenas se dedicassem a algo tão complexo quanto uma estratégia deliberada de ocultar sua emoção de outras pessoas. O que elas aprenderam foi uma regra de boa educação. Ouviram dizer, talvez muitas vezes, que quando ganham um presente devem sorrir e dizer "obrigado", independentemente de como se sintam. É possível que tenham sido elogiadas por agir de modo cortês, e repreendidas por não o fazer. A aplicação desta regra será levada a efeito com maior ou menor êxito, dependendo de quanto ela seja perturbada por qualquer expressão espontânea de decepção. De acordo com esta versão, as crianças pequenas quase não têm consciência de terem manifestado uma emoção que não corresponde ao que sentem, e compreendem menos ainda o seu efeito potencialmente enganoso sobre as outras pessoas[1]. Simplesmente aprenderam a produzir uma determinada expressão na hora adequada.

Depois de receberem seu presente decepcionante, as crianças estudadas por Pamela Cole foram entrevistadas para se descobrir se possuíam qualquer compreensão explícita de regras de manifestação. Foi-lhes perguntado se o adulto que estava lá quando elas abriram o presente sabia como elas haviam se sentido a respeito. Nenhuma criança disse que o adulto não saberia porque elas não deixaram que o desapontamento transparecesse em seus rostos. A inferência é que as crianças pequenas não têm consciência de que revelam seus sentimentos pela expressão facial, e nem de que, inversamente, poderiam ocultá-los com uma manifestação enganosa[2]. Com efeito, são incapazes de distinguir entre sua emoção verdadeira e sua emoção aparente.

Nossos resultados confirmam esta conclusão. Descobrimos que as crianças só compreendem a diferença entre a emoção verdadeira e a emoção expressa por volta dos cinco ou seis anos de idade, isto é, *depois* de terem começado a colocar em prática as regras de manifestação. Criamos histórias em que um evento triste ou alegre acontecia ao personagem principal. Em cada uma das histórias, atribuíamos explicitamente ao personagem uma razão para esconder aquilo que sentia. Depois de ouvirem as histórias, podíamos fazer às crianças duas perguntas fundamentais: qual a emoção que o personagem sente *de fato*? – e qual emoção *aparece* no rosto do personagem? A história seguinte é típica: "Diana está jogando com sua amiga. No fim do jogo, Diana ganha e sua amiga perde. Diana tenta esconder como se sente, porque senão sua amiga não vai mais jogar com ela."

Note-se que, embora a história descreva explicitamente uma situação que deve deixar Diana alegre (isto é, ganhar o jogo), e também uma razão para que a emoção seja escondida, não se menciona pelo nome nem a emoção verdadeira nem a emoção que ela talvez manifeste. Isto significa que, para responder às nossas perguntas, as crianças não podiam limitar-se a repetir como papagaios aquilo que havíamos dito; precisavam descobrir a emoção verdadeira e a emoção aparente do personagem, e conservá-las distintas.

Também criamos histórias em que o personagem na verdade se sentia chateado mas tentava parecer alegre. Eis um exemplo: "David quer sair lá fora, mas está com dor de barriga. Ele sabe que, se contar à sua mãe que está com dor de barriga, ela dirá que ele não pode sair. Ele tenta esconder como se sente, para que sua mãe o deixe sair."

As crianças de seis e dez anos percebiam rapidamente a questão central das várias histórias. Percebiam que, em algumas delas, o personagem estaria na verdade triste mas tentaria parecer feliz, enquanto em outras estaria feliz mas procuraria parecer triste (Harris, Donnelly, Guz & Pitt-Watson, 1986). Nesta idade, portanto, elas entendem que a emoção nem sempre é visível no rosto da pessoa: a emoção verdadeira pode ser o oposto da emoção manifestada.

Em breve voltaremos a discutir, mais detalhadamente, o que as crianças dessa idade compreendem acerca da diferença entre emoção verdadeira e emoção aparente. Por enquanto, podemos nos perguntar acerca das crianças mais novas. Recorde-se que as crianças do estudo realizado por Pamela Cole tinham entre três e quatro anos de idade. Elas conseguiam esconder sua decepção em certa medida, mas não faziam uma distinção explícita entre seus sentimentos verdadeiros e sua expressão exterior. Desde então realizamos vários estudos em diversas partes do mundo, e os resultados demonstram que as crianças de três e quatro anos têm grande dificuldade de fazer aquela distinção.

Nosso primeiro estudo foi realizado na Grã-Bretanha. Para ajudar as crianças pequenas a mostrar o que sabiam, embutimos várias salvaguardas a fim de garantir que elas compreendessem e se lembrassem das histórias (1986; Experimento 2). Estas salvaguardas tiveram efeito, pois as crianças de quatro anos conseguiram responder a duas perguntas preliminares, mas decisivas, acerca do acontecimento que provocou o sentimento verdadeiro do personagem e da razão que ele tinha para esconder esse sentimento.

Quando lhes pedimos que dissessem quais seriam os sentimentos verdadeiro e expresso do personagem, elas tiveram muito mais dificuldade. Saíam-se bem ao julgar o que os personagens principais – David e Diana – verdadeiramente sentiriam, mas tendiam a errar quando o problema era dizer quais sentimentos eles mostrariam no rosto.

Nosso segundo estudo, realizado desta vez nos EUA, produziu resultados semelhantes (Gross & Harris, 1988). Como aconteceu antes, as crianças de seis anos distinguiam com êxito entre o que os personagens sentiriam e o que demonstrariam. As de quatro anos, por outro lado, apesar de entender as particularidades essenciais da história, não conseguiam descobrir qual a expressão facial enganosa que o personagem poderia adotar. Depois desses dois estudos, começamos a suspeitar que estávamos diante de uma limitação conceitual das crianças de quatro anos. Suas dificuldades pareciam brotar da exigência, confessamente complexa, de que descobrissem como as aparências podem ser usadas para enganar. Entretanto, à guisa de último esforço, realizamos mais um estudo no Japão.

Recorde-se que Paul Ekman e Wallace Friesen constataram diferenças claras entre norte-americanos e japoneses que descreviam uma vivência desagradável. Os japoneses tendiam a adotar uma expressão facial cândida ou positiva, embora tivessem de descrever um filme perturbador, que incluía imagens de várias operações cirúrgicas, e durante a exibição do qual eles haviam efetivamente manifestado sofrimento, ansiedade e nojo. No Japão, a instrução visando à adoção de tais regras de manifestação começa cedo na vida. Joy Hendry, antropóloga social que trabalhava no Japão, acompanhou seu filho ao jardim-de-infância para estudar a escola e o modo pelo qual as práticas japonesas se comparam às do Ocidente (Hendry, 1984; 1986).

Ela observou que as crianças aprendem a manter seus impulsos emocionais sob controle, em particular quando se referem a crianças mais novas: quando se dá uma disputa por brinquedos, as crianças mais velhas são encorajadas a ceder às mais novas como modo de demonstrar sua maior maturidade. Quando ocorre uma briga, espera-se que o instigador peça desculpas, e que o ofendido as aceite. O choro é desencorajado, mesmo tendo como causa um machucado, e as crianças que insistem em chorar podem ser marcadas pelos professores e provocadas ou isoladas pelas outras crianças. Em geral, ensina-se às crianças pequenas que devem ser *nakayoku*: devem permanecer às boas umas com as outras e brincar harmoniosamente no interior do grupo.

Esta pressão para que a criança controle a manifestação da emoção é acompanhada por uma atenção explícita ao modo como os outros podem se sentir. A criança é encorajada a imaginar como a vítima de seu comportamento anti-social se sente em conseqüência deste. Além disso, a distinção entre emoção verdadeira e emoção aparente é verbalmente assinalada para a criança japonesa pequena. Há várias palavras japonesas que podem ser usadas em referência ao eu interior – ao mundo dos pensamentos e sentimentos particulares – por oposição ao "rosto" que se mostra ao mundo.

Por fim, há provas convincentes de que a pressão para que as crianças exercitem o controle sobre a manifestação dos sentimentos se dá mais cedo do que no Ocidente. Robert Hess e seus colegas perguntaram a mães japonesas e norte-americanas com que idade elas esperavam que suas crianças dominassem diversas tarefas de desenvolvimento: algumas estavam ligadas ao controle da emoção, outras à auto-afirmação, e outras, ainda, relacionavam-se ao desenvolvimento intelectual da criança. Embora as mães japonesas e norte-americanas tivessem expectativas semelhantes quanto ao ritmo geral em que suas crianças se desenvolveriam, suas expectativas eram diferentes quanto a certos domínios específicos. As mães japonesas esperavam que suas crianças controlassem as emoções um ou dois anos antes do que as mães norte-americanas. Inversamente, as mães norte-americanas esperavam que seus filhos defendessem a si mesmos e os próprios direitos bem mais cedo do que esperavam as mães japonesas (Hess, Kashiwagi, Azuma, Price & Dickson, 1980).

Por todas estas razões – a exigência precoce de controle emocional, o registro dos sentimentos feridos das outras pessoas e a assinalação explícita da diferença entre interior e exterior –, esperávamos que a criança japonesa tivesse mais facilidade de conceituar a distinção entre emoção verdadeira e emoção aparente.

Assim, repetimos nosso estudo anterior em uma pré-escola de Hiroshima (Gardner, Harris, Ohmoto & Hamazaki, 1988), introduzindo poucas mudanças de menor importância. Em especial, seguindo um conselho de nossos colegas japoneses, alteramos o cenário das histórias, situando-as numa pré-escola, a fim de torná-las mais adequadas às crianças japonesas. Como antes, crianças de quatro e seis anos foram testadas. Os resultados foram bastante regulares. Embora ambos os grupos etários achassem que os personagens principais – Hiroshi e Yoshiko – sentiriam na verdade uma emoção mais intensa que aquela que estariam expressando, esta distinção foi mais uma vez feita de modo mais sistemático pelas crianças de seis do que pelas de quatro anos. A mudança relativa à idade que constatamos no Japão era muito semelhante à que havíamos constatado na Grã-Bretanha e nos EUA.

Juntando estas descobertas com aquelas, já descritas, referentes às regras de manifestação que as crianças efetivamente adotam, chegamos ao seguinte quadro. Por volta dos três ou quatro anos de idade, as crianças são capazes, em algum grau, de esconder seus sentimentos de decepção. É possível que não obtenham êxito completo na tarefa de enganar um observador, mas a emoção que manifestam é perceptivelmente mais positiva do que a expressão desinibida de decepção que mostram quando estão sozinhas. Não obstante, quando se pergunta às crianças desta idade acerca da distinção entre emoção verdadeira e emoção aparente, elas têm pouco discernimento quanto à distinção. Geralmente são capazes de descobrir o que alguém de fato sentiria numa determinada situação – se, por exemplo, acaba de levar um tombo, ganhar um jogo ou receber um presente. Mas o que acham difícil é perceber que a emoção expressa pode diferir da emoção de fato. Aos seis anos de idade, esta distinção é firmemente percebida. As crianças distinguem sistematicamente entre a expressão exterior da emoção e a vivência da emoção. Além disso, chegam a essa distinção por volta da mesma idade, quer estejam crescendo no Ocidente, quer no contexto de uma cultura oriental.

Esta conclusão implica que, quando as crianças de três e quatro anos começam a pôr em prática as regras de manifestação, elas o fazem com pouca percepção consciente e explícita da brecha que se cria entre a emoção verdadeira e a emoção aparente, e pouca percepção do efeito potencialmente enganoso que tais manifestações podem ter sobre um observador. É só depois que já começaram a seguir as regras de manifestação que elas percebem tais sutilezas. Podemos agora voltar à questão que havíamos apresentado há pouco: o que, exatamente, as crianças de seis anos descobriram acerca da distinção entre emoção verdadeira e emoção aparente?

Emoção verdadeira, aparente e atribuída

Para descobrir mais sobre como as crianças de seis anos conceituam a diferença entre emoção verdadeira e emoção aparente, examinamos de perto o modo pelo qual elas respondiam a questões relativas às razões de um tipo de emoção, em comparação às do outro tipo (Harris & Gross, 1988). Elas geralmente explicavam a emoção verdadeira do personagem de maneira franca, referindo-se à situação que causara a emoção. Suas explicações da emoção aparente do personagem eram mais complexas. As crianças concentravam-se nas razões que o personagem tinha para ocultar, e, assim fazendo, freqüentemente davam respostas em que uma afirmação se encaixava sucessivamente em outra. Considere-se a seguinte história: "Diana leva um tombo e se machuca. Ela sabe que as outras crianças vão rir se ela demonstrar como se sente. Então ela tenta esconder o que sente."

Uma criança, ao afirmar que Diana pareceria feliz, explicou sua decisão da seguinte maneira: "Ela não queria que as outras crianças soubessem que ela estava triste por ter caído." Esta justificativa contém várias cláusulas encaixadas. A cláusula "por ter caído" está encaixada na expressão mais longa "ela estava triste por ter caído"; esta cláusula, por sua vez, está encaixada na expressão ainda mais longa "que as outras crianças soubessem que ela estava triste por ter caído"; e assim por diante. Descobrimos que essas justificativas complexas eram bastante comuns. Quase 50% das crianças de seis anos apresentaram um encaixamento de três cláusulas ("Ela não *queria* que sua irmã *soubesse* que ela *tinha escondido* o seu brinquedo") ou de quatro cláusulas ("Ela não *queria* que sua amiga *soubesse* que ela na verdade *estava* feliz por *ter vencido*").

Estas frases encaixadas mostram que as crianças de seis anos são facilmente capazes de articular a estrutura *recursiva* das regras de manifestação: um determinado estado mental meu (p. ex., meus sentimentos) pode ser o objeto de um de seus estados mentais (p. ex., seus pensamentos), mas esse seu estado mental pode, por sua vez, ser o objeto de um estado mental meu (meu desejo de ocultar minha emoção). Assim, eu posso não *querer* que você *saiba* como *me sinto*.

Essa capacidade recursiva deve tornar as crianças de seis anos capazes de perceber a função e o efeito provável das regras de manifestação – de entender que a discrepância entre emoção verdadeira e emoção aparente tem a intenção de criar uma impressão falsa que levará os outros a ver a aparência exterior como a emoção verdadeira. Para verificar esta previsão, empregamos histórias semelhantes às que já havíamos usado, mas fizemos às crianças três perguntas em vez de duas (Gross & Harris, 1988). Como anteriormente, perguntamos acerca dos sentimentos verdadeiros e dos sentimentos aparentes ou expressos do personagem. Fizemos também uma nova pergunta acerca do efeito enganador da expressão facial do personagem. Por exemplo: "Como as outras crianças acham que Diana se sente?" As crianças de seis anos mostraram ser bastante sistemáticas nas respostas que deram às três perguntas. Não só percebiam que a expressão do personagem não estaria correspondendo a seus sentimentos de fato, como também entendiam que as outras pessoas seriam enganadas e levadas a pensar que os sentimentos expressos pelo personagem estariam mostrando aquilo que ele ou ela verdadeiramente sentiriam.

Essa percepção requer uma considerável sofisticação intelectual. Requer uma capacidade de trabalhar simultaneamente com duas visões do que está ocorrendo: uma visão do verdadeiro estado de coisas e uma visão do estado de coisas que é aparente a um observador. No verdadeiro estado de coisas, os sentimentos do personagem são corretamente diagnosticados e assinalados como genuínos. As coisas aparecem de modo bastante diferente para o observador enganado: de seu ponto de vista, são os sentimentos aparentes do personagem que recebem o diagnóstico de genuínos. Assim, para compreender as regras de manifestação, as crianças precisam compreender esses dois pontos de vista diferentes, e também a relação desejada entre eles. Precisam compreender que o protagonista deliberadamente criou condições que vão resultar em duas perspectivas diferentes. Não surpreende, portanto, que as crianças de quatro anos tenham dificuldade para compreender essa intenção e a conseqüente discrepância entre emoção verdadeira e emoção aparente.

Note-se que as crianças de quatro anos percebem que uma pessoa pode deliberadamente produzir uma expressão falsa, ou de faz-de-conta. Mesmo no segundo e terceiro anos de vida, elas produzem várias emoções de faz-de-conta em suas brincadeiras (Bretherton, Fritz, Zahn-Waxler & Ridgeway, 1986), e não há indício de que se confundam quando outras pessoas se juntam ao seu faz-de-conta. A compreensão do faz-de-conta ou da mímica, todavia, é menos complicada que a compreensão das regras enganosas de manifestação. A simulação e a mímica são realizadas como parte de um jogo ou de "um pouco" de faz-de-conta. Não têm a intenção de enganar ninguém. As regras de manifestação podem enganar e o fazem, e é precisamente esta intenção e este efeito de logro que as crianças de seis anos são capazes de expressar e diagnosticar.

Compreendendo a privacidade

A descoberta de que as emoções podem ser ocultadas é algo muito importante. Proporciona à criança uma barreira entre o mundo da vivência particular, conhecido apenas pelo eu, e o mundo público, no qual o comportamento e a expressão facial são visíveis aos demais. Como a criança chega a perceber a existência de tal potencial de privacidade? À primeira vista, parece fácil responder a esta questão. Sem dúvida, a criança vai progredindo na capacidade de entender os sinais de emoção nas outras pessoas – de perceber, por exemplo, que algo em seu sorriso não é inteiramente genuíno. De acordo com este argumento, a criança se torna uma observadora mais sutil ou perspicaz da emoção, uma observadora capaz de distinguir o genuíno da falsificação.

As provas disponíveis mostram que este argumento, embora pareça plausível, não funciona. As crianças pequenas, e até mesmo os adultos, são medíocres na capacidade de distinguir entre manifestações de emoção genuínas e falsas. Paul Ekman (1989) mostra que é possível fazer a distinção em seu laboratório, mas ele e seus colegas observam os sinais de emoção através do equivalente de um microscópio. Cada movimento muscular registrado em filme é minuciosamente analisado com o auxílio de reiteradas passagens em câmera lenta. Na vida cotidiana, nem os adultos nem as crianças têm oportunidade de fazer uma análise tão cuidadosa. Não surpreende que, quando se pede às crianças que distingam entre manifestações genuínas e falsas de emoção, elas poucas vezes sejam capazes de apontar a diferença (DePaulo & Jordan, 1982)[3].

Penso que a compreensão que as crianças têm da potencial privacidade de sua vivência emocional seja uma descoberta cognitiva, e não um refinamento de sua habilidade de observação. Trata-se de uma descoberta cognitiva que se realiza de modo incomum e intrigante. Consideremos mais uma vez as crianças de três ou quatro anos que aplicam com êxito uma regra de manifestação. De acordo com a análise apresentada no capítulo anterior, a criança procurará alguma explicação para seu estado emocional, e pensará sobre o que acabou de acontecer. Se a criança acabou de ganhar um presente desinteressante, abaixo de suas expectativas, esse episódio será tomado como explicação plausível de qualquer sentimento negativo que ela esteja sentindo.

As outras pessoas, porém, empreenderão um processo diferente de interpretação. Perceberão o sorriso da criança, talvez não notem que este não é muito caloroso, e reagirão como se a criança tivesse gostado do presente. Desse modo, mesmo que não tenha tido o intuito de enganar, a adoção de uma regra de manifestação por parte da criança pode ter um efeito enganoso. Estas vivências devem compor um cenário em que a criança pode aos poucos descobrir que as outras pessoas podem ser enganadas quanto ao que ela realmente sente. É evidente que, para fazer esta descoberta, não bastará à criança defrontar com uma pessoa que foi enganada. A criança terá de ser capaz de atribuir significado ao que aconteceu: ter em mente a emoção verdadeira, imaginar a emoção que é aparente para o observador e conservar distintas as duas representações. Ainda assim, esses embates parecem ser candidatos muito mais plausíveis ao posto de ensinar às crianças sobre a privacidade de sua própria vida mental do que qualquer suposta melhora na acuidade de observação.

Se este argumento estiver correto, ilustrará um ponto importante acerca do modo pelo qual as crianças chegam a compreender os estados emocionais. A fim de explicar o desenvolvimento dessa compreensão, podemos ser tentados a pensar que a criança adota uma perspectiva chamada pelos filósofos de perspectiva de primeira pessoa. A partir dessa perspectiva, a criança vagarosamente conferiria sentido a seus próprios estados emocionais por meio de um processo de introspecção, ignorando quaisquer ações ou comportamentos que possam ser discrepantes. A outra perspectiva que a criança pode adotar é a de terceira pessoa: a visão que um observador tem da emoção de outras pessoas, tal como revelada por suas ações e por sua expressão. Se a criança adota unicamente esta última perspectiva, parece ser necessário que ela se torne uma especialista na detecção de sinais enganadores daqueles estados – e, no entanto, essa capacidade nunca é adquirida. Se meu argumento estiver correto, a compreensão que a criança tem da emoção não pode basear-se em qualquer uma das duas perspectivas isoladamente. Precisa basear-se numa consideração de ambas. Por um lado, adotando uma perspectiva de primeira pessoa, a criança precisa estar consciente de seus próprios sentimentos. Por outro lado, levando em conta a perspectiva de um observador, a criança precisa começar a perceber que esses sentimentos talvez não sejam aparentes ao observador. Uma compreensão adequada da emoção e de sua privacidade potencial requer uma compreensão coordenada de ambos os pontos de vista.

A função das regras de manifestação

Parece provável que um cronograma cognitivo estável governe a percepção inicial que as crianças têm do fato de que a emoção verdadeira e a emoção aparente podem ser diferentes. Por outro lado, constatamos que as crianças diferem muito entre si em sua compreensão da função das regras de manifestação (Adlam-Hill & Harris, 1988; Taylor & Harris, 1984).

Em nosso primeiro estudo, conversamos com meninos emocionalmente perturbados que freqüentavam uma escola especial. Tais escolas aceitam crianças portadoras de uma larga gama de problemas emocionais. Algumas sofrem de ansiedade ou depressão, mas muitas têm acessos de irritação ou comportam-se de modo não-cooperativo ou desatencioso. Comparamos meninos de sete a onze anos que freqüentavam uma dessas escolas com meninos da mesma idade que freqüentavam escolas normais de período diurno. Durante as entrevistas, pedimos que se imaginassem em várias situações e dissessem como se sentiriam e com que cara ficariam. Uma situação, por exemplo, estava ligada a um presente decepcionante dado por um parente querido e bem intencionado. Esta situação hipotética era semelhante à situação criada por Carolyn Saarni e Pamela Cole, exceto por termos introduzido um parente no lugar de um adulto desconhecido. Perguntou-se aos meninos com que cara eles ficariam depois de descobrir que não gostavam do presente, e pediu-se-lhes que explicassem por que ficariam com essa expressão.

Revelou-se uma diferença clara entre os dois grupos. Cerca de três quartos dos meninos normais mencionaram a possibilidade de esconder sua decepção, ao passo que apenas pouco mais de um terço dos meninos emocionalmente perturbados fizeram o mesmo. No estudo seguinte valemo-nos de uma maior variedade de situações, mais uma vez comparando meninos emocionalmente perturbados e meninos normais. Embora freqüentassem escolas diferentes, os meninos dos dois grupos eram parecidos quanto a outros aspectos: todos tinham cerca de nove anos de idade, foram escolhidos por ter um mesmo nível de inteligência verbal e provinham de contextos familiais semelhantes.

Como já acontecera, constatamos uma aguda diferença entre os dois grupos. De novo, os meninos normais tenderam mais a afirmar que seus sentimentos verdadeiros e seus sentimentos expressos não seriam correspondentes. Por termos incluído mais situações neste estudo, pudemos verificar se a diferença era especialmente óbvia no caso de certas situações e não tanto em outras. Considere-se novamente o caso do presente decepcionante. Nesta situação, ocultar a decepção serve para evitar ferir os sentimentos da pessoa que deu o presente. Mas, às vezes, uma regra de manifestação pode ser adotada por razões mais egocêntricas. Pedimos aos meninos, por exemplo, que se imaginassem servindo de pajens no casamento de uma tia, e tendo de andar na igreja, à vista de todos, vestindo um ridículo terno vermelho com colarinho rendilhado. Nesta situação, pode ser útil parecer alegre, por mais desconfortável que a pessoa se sinta, para minimizar o embaraço na frente dos outros. Quando examinamos as várias situações, constatou-se que os meninos emocionalmente perturbados tinham probabilidade igual à dos meninos normais de adotar voluntariamente uma regra de manifestação em situações que exigissem a proteção de seus próprios sentimentos. Só diferiam do grupo normal quando eram os sentimentos alheios que estavam em causa.

A distinção entre proteger o eu e proteger os sentimentos de outra pessoa também mostrou ser decisiva quando pedimos aos meninos que explicassem suas razões para adotar uma regra de manifestação. Os dois grupos tinham a mesma probabilidade de afirmar que, escondendo os próprios sentimentos, era possível evitar repreensões ou não se expor demais. Os meninos normais, por outro lado, tinham muito maior probabilidade de mencionar os pensamentos ou sentimentos de outras pessoas; ou diziam explicitamente que os outros ficariam menos chateados se eles escondessem seus sentimentos, ou explicavam que os outros seriam poupados de conhecer os seus sentimentos – e, por conseqüência, ficariam menos chateados – se estes fossem escondidos.

Por que os grupos se diferenciaram desse modo? Uma explicação plausível é que as crianças emocionalmente perturbadas têm menos discernimento das causas das emoções alheias. Sabem como esconder seus sentimentos – pois, afinal, explicam como fazê-lo a fim de proteger a si mesmas –, mas estão menos sintonizadas no diálogo emocional que se desenrola entre as pessoas, e por meio do qual a expressão de emoção por parte de uma pessoa desencadeia pensamentos e conseqüentemente sentimentos em outra. O discernimento desse diálogo leva a estrutura recursiva das regras de manifestação a um nível mais profundo do que o anteriormente descrito. A criança que adota uma regra de manifestação para proteger os sentimentos de outra pessoa não está dizendo apenas: Eu não *quero* que você *saiba* como *me sinto*; mas está prevendo as repercussões emocionais desse saber, e, com efeito, diz: Eu não *quero* que você *se entristeça* por *saber* como *me sinto*.

Sumário e conclusões

As culturas ensinam os seus membros a expressar certas emoções e suprimir outras. As provas experimentais demonstram que ao menos certa parte da variedade entre culturas é atribuível às diferenças no tocante às regras de manifestação que governam a expressão de emoção. Os membros de diferentes culturas expressam emoções diferentes em público, embora as emoções expressas quando estão sozinhos sejam muito semelhantes. A existência de tais regras de manifestação significa que a emoção verdadeira e a emoção aparente podem não coincidir.

As crianças parecem passar por dois estágios diferentes em seu processo de adoção e compreensão das regras de manifestação. De início, por volta dos três ou quatro anos de idade, aprendem a disfarçar seus sentimentos sob certas condições, mas parecem fazê-lo de maneira semi-automática, talvez sob a instigação dos adultos para que sejam boazinhas e bem-educadas. Nesta idade, demonstram pouco entendimento explícito da potencial discrepância entre emoção verdadeira e emoção expressa, e não compreendem que a manifestação deliberada de emoção pode ser usada para enganar outras pessoas e não apenas para conformar-se às expectativas dos adultos quanto ao que seja um comportamento aceitável. Por volta dos seis anos de idade, a compreensão do efeito enganador das regras de manifestação já fixou raízes. Essa compreensão é atingida nessa idade em diversas culturas – na Grã-Bretanha, no Japão e nos Estados Unidos. Também é claramente expressa pelas crianças de seis anos na forma de justificativas complexas e encaixadas, nas quais elas fazem um movimento de vaivém entre o estado mental do protagonista e o estado mental de observadores.

Providas desse discernimento, as crianças estão prontas a perceber que as regras de manifestação podem servir a diferentes funções. Podem ajudar a proteger o eu do riso ou da zanga de outras pessoas. Podem também ajudar a proteger outras pessoas de um conhecimento que as faria sofrer.

A percepção de que os sentimentos de uma pessoa não precisam ser comunicados a outra constitui uma apreciação da privacidade potencial do mundo emocional do indivíduo. Essa percepção pode surgir como conseqüência de um exame mais refinado e especializado do comportamento alheio. Esta suposição não parece provável, pois essa capacidade quase nunca é atingida. Até os adultos têm dificuldade de distinguir entre manifestações genuínas e enganosas de emoção. É mais provável a explicação de que, ao seguirem regras de manifestação, as crianças descubram que as outras pessoas podem não saber como se sentem. Se esta suposição estiver correta, a privacidade é reconhecida como uma propriedade do eu antes de ser atribuída a outros.

7. O controle da emoção

"Estudar muito e brincar no gramado."
"Como é que isso estimula você?"
"Bom, você fica o tempo inteiro fazendo alguma coisa – se você está fazendo alguma coisa, você na verdade não percebe que está com saudades de casa."
"Como é que você não percebe?"
"Bom, o seu cérebro simplesmente fica ligado naquilo que você está fazendo e você na verdade simplesmente não percebe."

(Entrevista com um menino de oito anos recém-chegado a um internato)

Os chewong – o pequeno grupo de caçadores-coletores e agricultores nômades descritos no capítulo anterior – causavam forte impressão em Signe Howell por seu comedimento emocional. "Eles nunca parecem perder o controle", comentou ela. Será que os chewong se entusiasmam e se angustiam tão intensamente quanto nós por baixo de seu comedimento exterior, ou será que seu controle conduz a uma moderação interior? Já se insinuou, por vezes, em psicologia, que o estabelecimento de uma distinção nítida entre nosso estado emocional subjetivo e sua manifestação exterior é enganoso, uma vez que é nosso estado exterior que nos diz o que estamos sentindo. William James, por exemplo, um dos primeiros psicólogos a se perguntar como sabemos o que estamos sentindo, afirmava que o comportamento emocional que manifestamos nos fornece um importante sinal de como nos sentimos. Fica implícito que, se conseguíssemos manifestar com sucesso uma conduta comedida, julgaríamos a nós mesmos como estando calmos.

Embora o comedimento exterior possa às vezes ser usado para abafar nossa vivência subjetiva, parece essencial conservar a distinção entre a expressão exterior da emoção e a emoção em si. Uma das provas em favor disso é nossa vivência social cotidiana. É freqüente termos consciência de nos sentirmos mais aborrecidos, decepcionados ou impacientes do que demonstramos. A brecha detectável e persistente entre o comedimento emocional que talvez mostremos aos outros e o sofrimento que sentimos intimamente deixa claro que, por mais circunspecta que seja nossa expressão de emoção, ela não abranda nossa vivência subjetiva. As crianças pequenas também traçam esta distinção entre expressão e vivência. Recorde-se, do capítulo anterior, que elas distinguem entre a aparência que alguém pode expressar no rosto e aquilo que alguém pode estar realmente sentindo; elas percebem que a expressão facial proporcionará uma indicação enganosa, e não correta, daquilo que a pessoa sente[1].

Cônscios da distinção entre manifestação exterior e vivência, é típico dos adultos adotarem diferentes estratégias para lidar com situações de acordo com aquilo que desejam mudar. Como vimos no capítulo anterior, as regras de manifestação objetivam apenas manter as aparências, e em particular a aparência do rosto. Outras estratégias têm a finalidade de mudar a emoção que está sendo sentida. As estratégias para lidar com situações deste segundo tipo podem ser subdivididas ainda mais. Às vezes procuramos mudar a situação que causou a emoção: fazemos reparações de vários tipos. Às vezes, porém, particularmente quando a situação é inevitável ou inalterável, não dirigimos nossos esforços para os fatores externos que deram ensejos a nossos sentimentos, mas sim ao processo emocional decorrente. Esse processo possui um ponto de partida cognitivo: é desencadeado pelo modo segundo o qual pensamos acerca da situação que nos está afetando. A partir daí, podemos tentar ocasionar um curto-circuito no processo valendo-nos de estratégias cognitivas. Tentamos mudar o modo pelo qual pensamos acerca da situação, seja reavaliando-a, seja concentrando nossa atenção apenas em certos aspectos, seja não pensando mais nela. Estas técnicas para lidar com situações revelam-se bastante eficientes nos adultos[2]. Com efeito, quando os adultos estão diante de uma situação sobre a qual têm pouco controle, como, por exemplo, quando enfrentam o dentista ou uma cirurgia, a evitação cognitiva ou "abafamento" pode ser uma estratégia mais eficaz que uma monitorização vigilante da situação (Miller & Green, 1985).

Ao nos perguntarmos sobre a percepção que as crianças têm dessas técnicas de lidar com a vivência da emoção, duas questões surgem imediatamente. Em primeiro lugar, será que captam a distinção entre mudar a expressão exterior da emoção e mudar a vivência? Em segundo lugar, será que percebem que seu estado emocional pode ser mudado por estratégias intrapsíquicas ou cognitivas, e não somente por aquelas dirigidas ao ambiente em si?

Na primeira investigação que fizemos acerca deste assunto, procuramos obter uma larga visão em corte transversal da compreensão das crianças. Conversamos com crianças de seis, onze e quinze anos acerca de diversos aspectos diferentes da emoção, inclusive o controle estratégico desta (Harris, Olthof & Meerum Terwogt, 1981). Para verificar se as crianças eram capazes de distinguir entre mudar a *manifestação* e mudar a *vivência* da emoção, apresentamos vários pares de perguntas. O par seguinte ilustra as perguntas que fizemos sobre a tristeza. Primeiro, perguntamos acerca do controle da manifestação exterior: "Imagine que você saiu de férias e agora está de volta em casa. Você está triste porque as férias acabaram. Você seria capaz de fingir estar feliz?" Depois perguntamos acerca do controle da vivência: "É claro que seria melhor se você estivesse *realmente* feliz. Você poderia fazer algo para garantir que ficasse *realmente* feliz?" Ao responder a primeira pergunta, acerca da manifestação da emoção, muitas crianças dos três grupos etários afirmaram ser possível manifestar uma emoção simulada por meio da expressão das reações verbais, comportamentais ou faciais apropriadas. Na resposta à segunda pergunta, acerca da vivência da emoção, tais respostas foram incomuns até mesmo no grupo mais novo. Em lugar disso, as crianças concentravam-se na mudança da situação: "Então você deve chamar os seus amigos e brincar com eles." Alternativamente, recomendavam a mudança dos processos mentais normalmente causados pela situação: "Você não deve pensar mais nisso, senao vai ficar triste de novo."

Estas respostas coadunam-se bem com as conclusões a que chegamos no capítulo anterior. Até as crianças de seis anos percebem que a expressão exterior e o estado emocional não precisam coincidir, e, de conformidade com essa diferenciação, entendem que seu estado emocional não pode ser alterado pela mera mudança de seu comportamento ou expressão exterior. Para mudar seu estado emocional, elas se concentram na mudança da situação imediata ou dos processos de pensamento associados à emoção.

Embora a distinção entre expressão e vivência já esteja estabelecida aos seis anos de idade, as crianças, à medida que ficam mais velhas, sugerem diferentes estratégias para mudar essa vivência. Todos os três grupos etários propuseram a mudança da situação, mas só os dois grupos mais velhos mencionaram com alguma freqüência a técnica mais mentalista de redirecionar os pensamentos. Este padrão ressurgiu em nossa pesquisa posterior. Num estudo de como as crianças lidam com a doença, mencionado no capítulo 5, Mark Lipian perguntou a crianças saudáveis de seis, dez e quinze anos a respeito de como se sentiam quando estavam doentes, e se eram capazes de fazer alguma coisa para mudar aqueles sentimentos (Harris & Lipian, 1989; Lipian, 1985).

Algumas das crianças de seis anos eram bastante pessimistas. Negavam ser possível fazer qualquer coisa. Mas mesmo aquelas crianças de seis anos que pensavam haver algo que poderiam fazer formularam suas sugestões de modo um pouco diferente dos grupos mais velhos. A estratégia mais popular consistia em mudar a situação imediata por meio da dedicação a alguma atividade ou jogo; nem mesmo com perguntas mais inquiridoras houve menção a uma explicação mentalista em termos de esquecimento ou distração. O vínculo entre atividade e mudança de emoção era visto como imediato e direto. Eis um diálogo típico:

Entrevistador:	Digamos que você estivesse doente e se sentisse triste. Há algo que você pudesse fazer para *mudar* o modo como se sentia, para mudar esse sentimento de tristeza?
Criança:	Tentar ficar feliz.
Entrevistador:	Como?
Criança:	Brincando por aí.
Entrevistador:	O que isso causaria?
Criança:	Ficar feliz – me fazer ficar feliz.

Só muito raramente as crianças mais novas tentavam introduzir, à guisa de explicação, um processo cognitivo intermediário qualquer. Eis uma das raras tentativas, por parte de uma menina de seis anos:

Criança: Você poderia sair lá fora e tentar esquecer isso.
Entrevistador: O que aconteceria então?
Criança: Eu me sentiria um pouco feliz.
Entrevistador: Como você tentaria esquecer? – O que você faria?
Criança: Eu não sei... só... eu não sei como, só tentar e esquecer.

As crianças de dez anos, em contraposição, estavam mais conscientes do papel dos processos cognitivos. Suas propostas dividiam-se em duas estratégias – a estratégia direta do jogo ou da atividade, que acabamos de mencionar, desacompanhada de qualquer explicação cognitiva, e uma estratégia mais evidentemente cognitiva ou mentalista. Explicavam como uma atividade poderia "afastar os pensamentos" da emoção negativa.

Eis uma resposta dada por um menino de dez anos:

Criança: Bom, eu poderia parar de pensar sobre a dor ou sobre o que iria acontecer, e tirar do armário meu brinquedo ou minha coisa favorita.
Entrevistador: E o que isso faria?
Criança: Me faria não pensar sobre estar triste e me animaria.

E uma outra resposta igualmente típica:

Criança: Bem, se você lesse bastante.
Entrevistador: O que isso faria?
Criança: Bom, provavelmente aumentaria um pouquinho o meu moral – ler alguma coisa; me levaria pra longe de me sentir muito triste, e me levaria pra dentro do livro.
Entrevistador: Mais alguma coisa?
Criança: Bom, qualquer coisa que me levasse pra longe – ver TV ou jogar baralho com o meu pai...
Entrevistador: Levar você pra longe?
Criança: É, você sabe, me distrair – assim eu não fico pensando naquilo o tempo inteiro.

Entre os de quinze anos, a estratégia de distração cognitiva era quase universal. Por exemplo:

Criança: Bom, qualquer coisa que ocupasse plenamente a minha cabeça.
Entrevistador: O quê, por exemplo?
Criança: Ler, fazer palavras cruzadas – manter a mente em coisas de que eu gosto. Um panorama mais alegre do que o fato de estar doente!

E, por fim, uma resposta que é mais idiossincrática, mas que toca na mesma questão:

Criança: Bom, eu sempre acho um livro – sou sempre aquele que tem uma imaginação viva... e às vezes, sabe, eu simplesmente me esqueço por completo de que estou doente. Acho que, em muitos aspectos, os sentimentos têm a ver com a imaginação – se você simplesmente esquece que está infeliz você não se sente nem um pouco infeliz, e eu simplesmente tento esquecer tudo o que diz respeito a isso, e fazer coisas para ocupar a minha mente, me levar para longe disso.

Estes resultados confirmaram a mudança em função da idade que ficara aparente em nossa investigação anterior. As crianças pequenas tendem a mencionar a criação de uma nova situação ou de uma distração agradável. As crianças mais velhas tendem mais a referir-se a estratégias cognitivas. Quando se referem a atividades divertidas ou agradáveis, indicam qual o processo cognitivo que as torna eficazes. Os resultados de Mark Lipian documentam esta mudança no desenvolvimento de modo especialmente claro, visto que suas perguntas eram bastante penetrantes. Ele foi particularmente capaz de distinguir entre aquelas crianças – tipicamente, as de seis anos – que se referiam a atividades e não conseguiam proporcionar uma explicação mentalista nem mesmo com perguntas adicionais, e aquelas crianças – tipicamente, as de dez ou quinze anos – que se referiam a atividades mas depois eram capazes de explicar o seu efeito cognitivo[3].

Como as crianças aprendem a usar as distrações para se alegrar, e como chegam a pôr em foco os processos mentais que sustentam a emoção? Minha opinião é a de que as crianças não estão simplesmente emprestando idéias ou explicações de outras pessoas. Ao longo do desenvolvimento, elas também são capazes de fazer descobertas a respeito das regularidades causais inerentes à sua experiência emocional, e, usando essas descobertas, são capazes de mudar deliberadamente seu estado emocional.

Para tornar mais claro este processo autodidático, precisamos diferenciar quais os tipos de vivência que teriam virtude instrutiva. Há duas vivências recorrentes que parecem ser prováveis candidatas a esse papel. Em primeiro lugar, a intensidade de uma emoção varia segundo os acontecimentos que sucedem a essa emoção: uma vivência triste pode ser menos angustiante se vem seguida imediatamente por algo positivo. Em segundo lugar, uma vez gerada uma emoção, sua intensidade normalmente se dissipa com a passagem do tempo. Assim, quando os acontecimentos posteriores proporcionam uma distração, ou quando o tempo passa, a situação original, emocionalmente carregada, perde algo de sua potência. Essas mudanças na intensidade da emoção sentida vêm geralmente acompanhadas de mudanças cognitivas. Os pensamentos a respeito do acontecido tornam-se menos intensos às medida que a atenção é tomada pelos acontecimento posteriores, ou à proporção que o acontecimento original se distancia no tempo. A partir de tais vivências, as crianças seriam capazes de descobrir que a supressão de pensamentos associados ao acontecimento original, emocionalmente carregado, proporciona um alívio emocional. Procuraremos agora provas em favor destas percepções.

Distraindo-se da emoção

O que as crianças sabem a respeito do modo pelo qual episódios sucessivos influenciam o estado emocional de uma pessoa? Consideramos um dos aspectos desta questão no capítulo 5, ao nos perguntarmos se as crianças percebem que uma emoção anterior pode persistir ao lado de uma emoção ativada posteriormente. Aqui, perguntamo-nos se as crianças percebem também que uma emoção posterior pode moderar outra emoção, suscitada anteriormente.

Para investigar este assunto, contamos a crianças de seis e dez anos histórias nas quais uma vivência angustiante era seguida por uma vivência alegre (Harris, 1983; Experimento 3). Por exemplo, o personagem poderia ter tido uma briga com alguns colegas de escola enquanto ia para casa, mas, ao chegar lá, ter recebido um presente inesperado. Tanto as crianças mais novas quanto as mais velhas perceberam que, se um acontecimento positivo posterior compensasse a briga, o personagem se alegraria, ao passo que permaneceria triste se nada de positivo ocorresse. As crianças também perceberam que o acontecimento posterior talvez não eliminasse todo o sofrimento – o protagonista só se sentiria puramente feliz com o presente inesperado se sua ida para casa não houvesse sido marcada por qualquer ocorrência. Aparentemente, até as crianças de seis anos de idade percebem que as situações que ocorrem após um acontecimento perturbador e emocionalmente carregado são capazes de mitigar a emoção anterior, embora não possam aboli-la totalmente.

Esta percepção proporciona uma base evidente para o autocontrole da emoção: quando sentimentos tristes aparecem, podem ser moderados pela dedicação deliberada a uma atividade normalmente associada a sentimentos alegres. Em vez de simplesmente aceitar o rumo que as coisas tomam, a criança precisa tomar a questão em suas próprias mãos e criar uma situação que sabe ser agradável. Tendo aprendido que as mudanças nas circunstâncias estão vinculadas a mudanças marcantes de emoção, mesmo quando as mudanças de circunstância não têm nada a ver com o sofrimento original, as crianças são capazes de pôr esta descoberta em ação de modo bastante oportuno, no sentido de mudar deliberadamente o seu estado de espírito.

A dissipação da emoção

As crianças não apenas propõem o uso de atividades agradáveis como modo de alegrar-se, mas também tornam cada vez mais complexo seu entendimento do modo pelo qual pensamentos e sentimentos interagem. Em particular, dão a entender que fazer alguma coisa pode alegrar você porque faz você parar de pensar a respeito de sua tristeza, ou esquecê-la. Um dos modos mais óbvios pelos quais as crianças poderiam descobrir esse vínculo entre pensamentos e sentimentos seria pela percepção de que, à medida que o tempo passa, elas vão deixando de pensar sobre um acontecimento que as aborreceu, e também, aos poucos, vão-se sentindo mais positivas. Será que as crianças compreendem este vínculo entre pensamento e emoção?

Para investigar estas questões, contamos a crianças histórias sobre um personagem que depara com alguma situação emocionalmente carregada; depois, perguntamos a elas como esse personagem se sentiria imediatamente após o surgimento da situação – e em vários momentos do tempo depois disso. O personagem poderia, por exemplo, perder uma briga com o valentão da escola logo antes do início das aulas da manhã. Perguntamos como o personagem se sentiria imediatamente depois da briga, em vários momentos naquele mesmo dia, e na manhã seguinte (Harris, 1983; Harris, Guz, Lipian & Man-Shu, 1985; Taylor & Harris, 1983).

Descobrimos que, desde muito cedo – até mesmo com quatro anos –, as crianças percebem que uma reação emocional começa forte e aos poucos vai perdendo sua força. Não faz diferença o fato de a emoção ser positiva ou negativa – tanto num caso como no outro, as crianças consideram que ela se esvai com o tempo. Além disso, afirmam a mesma coisa ao serem questionadas sobre vivências de seu próprio passado. Por fim, quando realizamos um estudo semelhante na China, constatamos que crianças que vivem em Xangai faziam juízos praticamente idênticos aos produzidos por crianças no Ocidente. Ficava implícito que o gradual esvaziamento da emoção intensa é um universal da experiência humana, e que as crianças pequenas de todos os lugares rapidamente descobrem essa regularidade.

Se as crianças percebem que a emoção vai perdendo força à medida que passa o tempo, talvez também percebam que a intensidade de uma emoção depende do fato de se continuar pensando a respeito do acontecimento que a desencadeou. Perguntamos às crianças como se sentiria um personagem que acordasse e começasse a pensar sobre um acontecimento emocionalmente carregado que ocorrera no dia anterior; ou, alternativamente, que esquecesse o acontecimento. Os juízos feitos por crianças de dez e seis anos foram notavelmente coerentes: afirmaram que, se o acontecimento anterior tivesse sido feliz, o personagem ficaria mais feliz se pensasse a respeito dele do que se o esquecesse. Inversamente, se o acontecimento tivesse sido triste, o juízo das crianças era o oposto: o personagem ficaria mais feliz se o esquecesse do que se se lembrasse dele (Harris, Guz & Lipian, 1985; Harris, Guz, Lipian & Man-Shu, 1985). Assim, respondendo a perguntas explícitas, as crianças de seis anos de idade demonstram ter alguma percepção do vínculo entre cognição e emoção.

Se as crianças compreendem que a emoção se esvai com o tempo e que esquecer um acontecimento diminui o seu impacto emocional, será que chegam a relacionar essas duas regularidades? Percebem que a emoção normalmente declina em intensidade porque aos poucos se deixa de pensar tanto sobre o acontecimento que a desencadeou? Para responder a esta pergunta, pedimos a crianças que explicassem como um personagem poderia estar muito alegre ou muito triste a princípio (depois de um acontecimento emocionalmente carregado), mas sentir-se menos alegre ou menos triste depois.

As respostas das crianças podiam ser divididas em duas grandes categorias: aquelas que se referiam a fatores situacionais e aquelas que se referiam a fatores mentais. As respostas situacionais descreviam alguma mudança na situação emocionalmente carregada. Por exemplo: depois de ouvir uma história sobre um cachorro de estimação que morrera, as crianças talvez explicassem que o personagem acabaria por ganhar outro cachorro, ou, de modo mais fantasioso, que o primeiro cachorro "melhoraria". Às vezes, inseriam alguma situação bastante diferente que não fora nem mencionada nem insinuada pelo entrevistador – o personagem sairia para brincar, ou faria alguma outra coisa –, mas a maior parte de suas respostas estava ligada à restituição, parcial ou total, daquilo que fora perdido. A outra categoria de respostas incluía uma referência ao processo cognitivo do personagem. As crianças contavam como o personagem esqueceria, pararia de pensar a respeito ou se acostumaria à situação original. À diferença das respostas situacionais, estas continham implicitamente a suposição de que a situação original permaneceria inalterada. Por exemplo: ao explicar as reações ao roubo de uma bicicleta, as crianças afirmavam que o personagem acabaria por sentir-se menos triste: "Porque ele esquece que ela foi roubada", ou, de modo mais ativo, "Porque ela queria esquecer. Ela simplesmente não queria mais pensar no assunto". Ao compararmos as respostas dos diferentes grupos etários, constatamos que as crianças mudam no decorrer do desenvolvimento. As de quatro anos concentram-se em explicações situacionais, e as de dez anos, em explicações mentalistas (Harris, Guz & Lipian, 1985; Harris, Guz, Lipian & Man-Shu, 1985).

Trançando num mesmo fio todos esses indícios, revela-se o seguinte padrão de desenvolvimento: aos quatro anos de idade, as crianças já vivenciaram repetidamente o modo pelo qual a emoção intensa, seja positiva, seja negativa, se desvanece no decorrer do tempo. Elas prestam atenção nesse declínio regular da intensidade, elas o relatam com referência às próprias vivências e o projetam sobre outras pessoas, inclusive personagens de histórias. Aos seis anos de idade, as crianças também notaram uma outra regularidade: a emoção fica menos intensa quando se deixa de pensar no acontecimento que a desencadeou. Chega uma hora em que as crianças começam a ver a ligação entre essas duas regularidades: a intensidade da emoção se esvai com o tempo *porque* aos poucos se deixa de pensar no acontecimento que desencadeou a emoção. A julgar pelas explicações que dão do decurso da emoção no tempo, entre os quatro e os dez anos de idade elas se tornam cada vez mais conscientes dessa conexão causal. As crianças mais novas freqüentemente concentram-se em mudanças fortuitas na situação que se depara a uma pessoa após um acontecimento emocionalmente carregado, ao passo que as crianças mais velhas prestam mais atenção às mudanças mentais subseqüentes.

Estas descobertas, por sua vez, proporcionam uma técnica para lidar com a emoção. Como ocorre com a distração, a criança precisa colocar deliberadamente em movimento um processo que de ordinário ocorre involuntariamente. Esquecendo-se deliberadamente de um acontecimento emocionalmente carregado, ou deixando de pensar sobre ele, a criança pode tentar acelerar o processo de esvaziamento que ocorreria normalmente.

Ingressando num internato britânico

Nas entrevistas já descritas, constatamos que as crianças mais velhas não passam a adotar uma estratégia exclusivamente cognitiva. Embora às vezes recomendem simplesmente que se pare de pensar sobre o acontecimento emocionalmente carregado, ou que se tente esquecê-lo, elas não abandonam o uso de estratégias de distração. Antes, unem os dois tipos de estratégia (Harris, Olthof & Meerum Terwogt, 1981; Lipian, 1985). Por um lado, afirmam ser importante dedicar-se a uma atividade interessante ou agradável. Por outro, são capazes de justificar essa afirmação em termos do vínculo entre pensamento e sentimento. Elas detalham o modo pelo qual a concentração numa atividade de distração permite que, ao menos por certo tempo, a pessoa pare de pensar sobre aquilo que a está deixando preocupada ou triste.

Num outro estudo da compreensão que as crianças têm das estratégias de controle, obtivemos algumas descrições surpreendentes dessa estratégia de supressão cognitiva por meio da distração. As descrições são de particular interesse por terem sido feitas por crianças que falavam a respeito de uma vivência emocionalmente carregada que elas mesmas haviam tido, em vez de estarem respondendo a perguntas sobre um personagem que defronta com um dilema hipotético. As crianças haviam chegado fazia pouco tempo a um internato, e foram inquiridas acerca de seus sentimentos de saudades de casa. Antes de descrever os resultados, será útil dar algumas informações de respaldo ao estudo.

Os internatos têm sido elogiados e criticados pelas vantagens educacionais que supostamente oferecem. Os professores geralmente são bem qualificados, as instalações e os equipamentos da escola são freqüentemente superiores aos encontrados em escolas mantidas pelo Estado; as aulas, os jogos, o estudo individual e o culto religioso são regulados pela rotina e por aspirações explicitamente assinaladas. Pelo fato de essas escolas atenderem a uma minoria, os comentários e pesquisas têm sido direcionados principalmente para os privilégios sociais que elas podem proporcionar.

Todavia, o impacto emocional de ser enviado para um internato também é algo digno de estudo. O costume de tirar as crianças de casa e enviá-las a instituições que podem estar situadas a centenas de quilômetros de distância, no interior das quais elas comem, dormem, estudam, brincam e prestam culto religioso, supervisionadas e ensinadas por adultos que em sua grande maioria são do mesmo sexo que elas, e que muitas vezes passaram a própria infância em instituições desse tipo, não é um fato comum nas culturas do mundo. Não seria surpreendente se isto exigisse das crianças várias estratégias para lidar com a situação, principalmente quando da chegada.

Entrevistamos dois grupos de meninos, de oito e treze anos de idade, logo após sua chegada a um internato (Harris & Guz, 1986). Os meninos de oito anos haviam acabado de chegar a internatos preparatórios. Para quase todos, aquela era a primeira experiência de escola interna. Os meninos de treze anos haviam acabado de chegar a internatos públicos. Para a maioria, aquela não era a primeira experiência de colégio interno, pois já haviam freqüentado um internato preparatório. Não obstante, à semelhança dos meninos de oito anos, estavam num ambiente novo e estranho, separados de seus pais e cercados de poucos rostos conhecidos.

Falamos com a metade dos meninos de cada grupo etário quando já haviam estado na escola por uma ou duas semanas, ao passo que conversamos com a outra metade em sua quinta ou sexta semana. Dividimos os meninos desta maneira porque as conversas com os diretores e mestres-de-alojamento nos indicaram que os meninos apresentam os sinais mais evidentes de saudades de casa, sofrimento e ansiedade nas primeiras duas semanas que passam na escola. Depois disso, a maioria, ao menos exteriormente, adapta-se à escola. Independentemente de quando foram entrevistados, pedimos aos meninos que pensassem na primeira ou segunda semana que passaram na escola, e que nos contassem sobre suas reações emocionais e as dos outros meninos no decorrer daquelas duas semanas. Na prática, portanto, conversamos com metade dos meninos a respeito de suas reações emocionais atuais à nova escola, e conversamos com a outra metade a respeito de suas reações emocionais no passado recente. Fazendo isso, poucas diferenças surgiram entre os dois grupos, e pretendo concentrar-me nos temas que apareceram em ambos.

Os meninos foram entrevistados acerca de vários dos assuntos investigados nos capítulos precedentes: era possível ter sentimentos mistos em relação à escola? Quanto tempo durariam suas reações emocionais iniciais? Ater-nos-emos aqui às respostas que os meninos deram a duas questões: Os sentimentos de sofrimento ou ansiedade podiam ser escondidos dos outros meninos? E os sentimentos de saudade podiam ser modificados?

Como seria de esperar a partir dos resultados discutidos até aqui, as respostas que os meninos deram a estas duas questões variaram. Quando perguntados sobre a possibilidade de esconder seus sentimentos, a resposta mais comum consistia em concordar que era possível agir de modo alegre mesmo sem sentir-se verdadeiramente alegre. Um menino de oito anos expôs a coisa da seguinte maneira: "Se você sorri e age com alegria, não dá a impressão de que você, na verdade, está com medo e preocupado." Outro menino de oito anos acrescentou uma dimensão social: "Bem, você teria que agir alegremente e tentar fazer amizade com todo o mundo." Os meninos mais velhos também sublinharam a diferença entre os sentimentos reais e a aparência exterior, embora suas respostas às vezes fossem mais cuidadosas: "Você consegue esconder seus sentimentos de dia, se eles não são muito fortes, quando todo mundo está vendo você, e você faz isso se agrupando, sorrindo e convivendo com as outras pessoas. Mas à noite, quando ninguém está vendo, você pode voltar a ser normal. Se você está chateado, você simplesmente está chateado." "É possível, mas é bastante difícil, se você sorrir o tempo inteiro. Normalmente é possível enxergar através de um sorriso forçado."

Respondendo a perguntas acerca da mudança da emoção, nenhum dos meninos recomendou espontaneamente a simples exibição de uma aparência alegre; e, mesmo quando perguntávamos se seria de algum auxílio sorrir, a resposta mais freqüente consistia numa reiteração da distinção fundamental entre manifestação exterior e emoção verdadeira. Um menino de oito anos explicou: "Você conserva os seus pensamentos. O sorriso não faz você perder os seus pensamentos." Um outro salientou: "Eu ainda me sinto triste – porque isso não está fazendo nada que me faça parar de pensar em mamãe e papai." Mais uma vez, os meninos mais velhos referiram-se à mesma questão principal, embora de modo mais bem formulado: "Bem, isso é só uma ação. Eu não consigo ver como uma ação oposta possa ajudar. Não acho que o sorriso, que é um movimento da sua boca, possa ajudar as coisas na sua mente." Ou: "Porque isso é só um movimento dos músculos; não é um movimento de qualquer coisa lá dentro." Muitas vezes os meninos que admitiam que o simples sorriso poderia servir para alegrar limitavam suas conclusões ou introduziam outras considerações. Um dos meninos mais novos, por exemplo, disse: "Ajuda um pouquinho, mas não acho que ajude tanto. Ajuda porque o sorriso faz as outras pessoas pensarem que você está de bom humor." Um menino mais velho reconheceu que o sorriso pode ajudar, distinguindo ao mesmo tempo a aparência da realidade: "Sim, parece que sim. Se você parece mais feliz, então você se sente mais feliz por dentro. Se você sorri, você diz para si mesmo que está mais feliz, e você acredita nisso, e você começa a agir de modo feliz."

Visto que os meninos em geral eram céticos quanto à validade de simplesmente parecer alegre, quais as estratégias que recomendavam para contornar as saudades de casa? Muitas vezes, que se tentasse mudar a situação que estava causando o sentimento de saudade. Sugeriam, por exemplo, que se ligasse para casa, que se escrevesse uma carta ou que se fizessem amigos. Com mais freqüência, porém, propunham várias formas de distração – brincar com os outros meninos, praticar esporte ou assistir a um filme. A seguinte resposta, dada por um menino de oito anos, nos dá uma idéia do tom de tais respostas: "Se naquela noite estivesse passando um filme, você poderia ir vê-lo e se distrair, ou poderia ir nadar, ou jogar bolinha de gude, ou alguma outra coisa." Como nos estudos descritos anteriormente, os meninos muitas vezes eram capazes, sobretudo quando instigados a tal, de explicar como tais distrações poderiam ajudar. Suas explicações geralmente se expressavam em termos de supressão cognitiva: uma atividade interessante poderia evitar que se pensasse a respeito de casa ou da saudade de casa. Um menino de oito anos expôs a coisa da seguinte maneira: "Bem, se você estivesse no dormitório, poderia ler um livro; se as luzes estivessem apagadas, você poderia tentar dormir; se estivesse no meio de uma lição, poderia simplesmente se ocupar." [*Entrevistador:* "O que isso faz?"] "Bem, quando você já começou e está mesmo fazendo a coisa, você esquece que está sentindo saudades e não pensa mais nisso." Um outro menino opinou: "Eu tentaria esquecer tudo isso ou tentaria tirar minha cabeça disso indo brincar com os meus amigos... ou me afundando no estudo ou qualquer coisa assim." Um outro sugeriu: "Participar mais das coisas. [*Entrevistador:* "Como isso ajuda?"] Bem, desvia sua mente daquilo e faz com que você pare de pensar na sua casa."

Estas respostas apreendem a força propulsora de muitas réplicas. Os meninos pareciam estar baseando-se na suposição implícita de que a consciência possui uma capacidade limitada: ocupando-a com um tipo de conteúdo mental, nega-se o acesso a outros conteúdos mais dolorosos. Como explicou um menino de oito anos, pensar sobre outras coisas que não a sua casa ajuda "... porque desvia a sua mente da tristeza. Ocupa a sua mente. Acho que não dá para pensar em duas coisas ao mesmo tempo".

As respostas dos meninos de treze anos seguiam o mesmo tema: "Fazer alguma coisa ativa, para esquecer isso – como jogar pingue-pongue, ou ficar membro de alguma associação, ou jogar *squash*. Enquanto você estiver fazendo alguma coisa, não vai se preocupar com aquilo – vai estar fazendo outra coisa." "Eu tentaria enfiar tanta coisa quanto pudesse no meu dia, para não ter tempo de pensar sobre o pessoal lá de casa." "... Só tentar jogar alguma coisa de modo que, com sorte, você dedique toda a sua mente a isso."

Algumas respostas se fizeram notar por conterem tanto conselhos positivos quanto negativos. Incluíram uma exortação a manter-se ocupado, mas também preveniam contra o perigo ou a futilidade de pensar sobre a família ou tentar entrar em contato com ela. "Eu não tentaria me alegrar. Tentaria afastar minha cabeça disso. Não iria escrever cartas. Eu provavelmente iria fazer alguma coisa ativa, ou fazer alguma coisa com alguém." "A única coisa que você pode fazer é tentar esquecer, tentar se divertir. Se você quiser, pode ficar realmente triste nas duas primeiras semanas por pensar sobre a sua casa. Você pode fazer isso, mas já sou interno há tanto tempo que agora sei que isso não tem sentido. É melhor tentar ir levando... Simplesmente entrar na rotina das coisas, os esportes e todas as atividades. Simplesmente se divertir com elas."

A crença dos meninos na capacidade limitada da consciência transpareceu num outro conjunto de perguntas acerca do efeito da emoção sobre a concentração. Em particular, com relação a fazer um trabalho extra para a escola (aprender o vocabulário de francês), perguntamos: "Digamos que você estivesse se sentindo preocupado com o fato de estar começando esta escola nova; você acha que se sentir preocupado torna mais fácil ou mais difícil ficar concentrado, ou não faz diferença nenhuma?" A maioria afirmou que a ansiedade os distrairia. Eis algumas explicações típicas dadas por meninos de oito anos: "Porque quando você está preocupado você pensa sobre coisas, outras coisas, como estou com saudade da minha mãe, por exemplo, e você não se concentraria de verdade na sua lição." "Porque você fica pensando em outras coisas quando você deveria estar pensando sobre o assunto, e é difícil pensar em duas coisas ao mesmo tempo." "Bem, você não ficaria bem concentrado; você ficaria pensando na sua casa o tempo todo."

Os meninos de treze anos chegaram a conclusões semelhantes: "Se você ficasse pensando em alguma coisa que estivesse preocupando você, talvez ficasse pensando nisso e esquecesse coisas." "Definitivamente torna mais difícil. Se você fica preocupado enquanto está tentando aprender as palavras francesas, você só fica se lembrando de como você está preocupado. Você pode sentir que está preocupado e isso simplesmente afeta a sua concentração, você não consegue pensar, e assim não aprende muito bem."

Superficialmente, há uma contradição nas respostas dadas pelos meninos aos dois conjuntos de perguntas. Quando lhes perguntamos como fariam para se alegrar se estivessem sentindo saudades de casa, eles opinaram que a absorção em alguma atividade sustaria os pensamentos dolorosos. Inversamente, quando perguntamos sobre o estudo, eles opinaram que os pensamentos dolorosos os impediriam de estudar.

Apesar da contradição aparente, os meninos provavelmente estão certos: quando atividades e pensamentos dolorosos competem entre si, haverá diferentes resultados. Às vezes, será a atividade que atrairá mais a atenção; outras vezes, os pensamentos dolorosos o farão. Quando a tarefa é imposta e não escolhida pela própria pessoa, e quando os estímulos exteriores são poucos, a concentração pode desviar-se e voltar-se para assuntos preocupantes ou angustiantes. Lições extras ou a preparação destas geralmente são feitas na sala de aula ao lado de outros meninos, todos sentados e em silêncio por 45 minutos ou mais. É uma atividade imposta, e poucos os estímulos exteriores. Em contraposição, quando os meninos falavam de atividades que proporcionariam um alívio emocional, freqüentemente referiam-se a vigorosas atividades de lazer, como o *squash*, o pingue-pongue ou o futebol, jogos que eles consideram tão agradáveis quanto envolventes. Não obstante, um ou dois meninos afirmaram que até o estudo aliviaria as saudades de casa: "O trabalho tira sua mente da saudade de casa. Você simplesmente põe a sua mente na preparação da lição", afirmou um menino de oito anos. De modo mais hesitante, um de treze anos opinou: "Você tentaria evitar pensar sobre a sua tristeza dedicando-se ainda mais ao estudo, mas não sei se isso funcionaria." Outro lembrou-se de que, quando acabara de chegar à escola, "ao me sentir com um pouco de saudades de casa, eu começava a resolver problemas matemáticos".

Como estes meninos descobriram as qualidades anestésicas de atividades distrativas tais como os jogos, os esportes, os filmes e até mesmo o estudo? Há duas prováveis fontes de conhecimento. Por um lado, é possível que os meninos percebam por si mesmos. Tendo alguma idéia da capacidade limitada da consciência, eles talvez infiram que uma distração ou atividade obstrutiva possa ter efeito, tentem colocá-la em prática e se convençam de sua utilidade.

Uma outra possibilidade é a de que os meninos não façam a descoberta por si mesmos. É possível que os professores dos internatos digam a seus alunos, de modo mais ou menos explícito, que, mantendo-se ocupados, deixarão de sentir saudades de casa. Dois indícios sugerem que isto ocorre. De um lado, Shirley Fisher e seus colegas descobriram que os professores dos internatos afirmam ser melhor manter os meninos ocupados porque assim eles têm "menos tempo para pensar" (Fisher, Frazer & Murray, 1986). É possível, assim, que os professores recomendem explicitamente tal estratégia a seus alunos. Depois, ao pedir permissão para entrevistar os meninos em internatos, deparamos com várias recusas.

Estas eram justificadas pelo pretexto de que as conversas com os meninos corriam o risco de mexer com seus sentimentos durante um período que era reconhecidamente um período de experiência. O pressuposto era de que o melhor para os meninos seria não falar sobre seus sentimentos. Não há um grande passo a ser dado entre este pressuposto e a conclusão de que os meninos ficarão melhor se não tiverem oportunidade de pensar sobre seus sentimentos; neste caso, uma recomendação explícita para que se mantenham ocupados pode ser considerada apropriada.

Minha opinião é a de que nenhuma destas duas explicações alternativas para a percepção dos meninos conta toda a história. Uma explicação mais plausível é a de que o uso da supressão cognitiva depende tanto dos meninos quanto da instituição. A instituição proporciona uma tabela regrada de horários que governa a maior parte das horas de vigília. Essa tabela de horários inclui um grande número de atividades coletivas, tais como lições, jogos, culto religioso, estudo extra (preparação de lição) e competições. Essa rotina de atividades não deixa muito tempo livre. Um dos personagens de uma peça de William Boyd (1985), livremente baseada na própria experiência do autor como aluno de colégio interno, expõe a coisa da seguinte maneira:

> Se você viveu uma vida pública ao longo de dez anos, se tudo o que você fez – tomar banho, comer, dormir, tudo – foi feito na companhia de outras pessoas ao longo de dez anos... será extremamente difícil aprender a ser solitário novamente ao sair de lá... Quando você está lá, são vinte e quatro horas por dia. Uma vida completamente pública, compartilhada por todos. Todo o mundo sabe tudo a seu respeito. Você não consegue esconder nada.

Dedicados a essa roda-viva de atividade pública, é provável que os meninos descubram que isso proporciona um alívio a seus sentimentos de tristeza ou saudades, e que, naqueles momentos em que eles ficam à vontade, quando não há uma atividade para ocupar seus pensamentos, seus sentimentos de angústia vêm à tona. Como disse um menino de treze anos: "Durante o dia, sim [há um modo de se alegrar], porque há tantas coisas para se pensar e tantas outras coisas para se fazer, que você não teria tempo de pensar sobre isso [saudades de casa]. À noite, você fica muito mais chateado, porque começa a pensar sobre a sua casa."[4] Parece provável que os meninos acompanhem tais flutuações na intensidade de seu sentimento. Afinal, como vimos há pouco neste mesmo capítulo, até crianças de quatro anos têm consciência de que a intensidade dos sentimentos pode variar. Esse acompanhamento, após um curto período de tempo, os encorajaria a adotar deliberadamente a estratégia de supressão em vez de serem apenas os beneficiários passivos dela. Isso os encorajaria, durante os períodos de lazer ou tempo livre, a se manterem ocupados, em vez de se entregarem à solidão ou ao silêncio. Em suma, a estratégia de supressão ou distração provavelmente floresce como resultado de duas pré-condições: por um lado, os meninos têm suficiente autoconsciência – decerto, aos oito anos de idade – para medir as mudanças de intensidade em seus sentimentos de saudades de casa e para diagnosticar as causas dessas mudanças; por outro lado, a cultura altamente organizada do internato proporciona a seus membros muitas oportunidades de descobrir o analgésico da distração.

A estratégia de distração tem diversas características em comum com o clássico mecanismo de defesa freudiano da repressão. Ela pressupõe que a capacidade da consciência seja limitada e que certos conteúdos possam ser impedidos de aparecer lá. Isto inevitavelmente gera a questão de como as crianças de treze anos, e até mesmo de oito, podem ter tanta percepção de seus processos mentais. Há duas coisas importantes a dizer aqui. Em primeiro lugar, existe uma importante diferença entre o modo pelo qual os meninos no colégio interno formulam a estratégia de distração e o modo pelo qual o mecanismo de defesa da repressão é concebido na teoria psicanalítica clássica. Imagine-se que a repressão recanalize um suprimento supostamente constante de energia psíquica, ao passo que os meninos só falam da supressão cognitiva de determinados conteúdos mentais. Em segundo lugar – e esta diferença está relacionada à primeira –, o conhecimento que os meninos têm está restrito à sua vivência consciente. A partir da observação pessoal, eles notam que, quando estão absorvidos numa atividade, não pensam em seu lar e sentem menos saudades de lá; inversamente, quando estão sozinhos ou desocupados, seus pensamentos vagueiam de volta para casa e eles se sentem pior. Sua formulação da estratégia da distração é inteiramente coerente com esta descrição.

A explanação freudiana dos mecanismos de defesa, em contraposição, não se preocupa simplesmente com os resultados conscientes da defesa, a saber, a anestesia dos sentimentos. Preocupa-se também com as seqüelas inconscientes de não se deixar a energia psíquica vir à consciência: a panóplia de sintomas, sejam eles a hostilidade, a histeria ou o erro involuntário que resultam de tal recanalização. Os meninos de modo algum adotam tal modelo hidráulico da mente; não postulam nenhum mecanismo inconsciente e não vêem quaisquer efeitos da estratégia de bloqueamento que não sejam aqueles que procuram obter, o fim dos pensamentos conscientes a respeito de casa e uma conseqüente diminuição do sofrimento. Em suma, a clareza que os meninos têm a respeito de seus processos de defesa restringe-se a uma descrição do que ocorre acima do limiar da consciência; eles não procuram, como fazem os analistas, penetrar o inconsciente. Nossos dados não oferecem qualquer indicação de que eles sequer cheguem a postular tal domínio da mente.

Será que isso quer dizer que a conceitualização que os meninos nos dão de seus processos mentais é demasiado oportuna e simplista? Será que eles simplesmente conseguem anestesiar a dor que sentem ao separar-se de suas famílias e amigos, ao passo que deixam de reconhecer as cicatrizes emocionais que inevitavelmente ficarão? A partir de nossos dados, não somos capazes de responder a esta questão. O que parece ser possível, ao menos para alguns meninos, é que a estratégia evitativa que descrevem pode se tornar uma estratégia generalizada para se lidar com a emoção dolorosa. Em vez de comunicar seu sofrimento a seus pais ou a alguém a quem se liguem na escola, eles aprendem a manter-se ocupados e não-comunicativos em situações que levariam outros meninos a buscar consolo.

É surpreendente notar que a estratégia de manter-se ocupado e evitar os pensamentos relativos aos pais e mesmo a comunicação com eles, estratégia essa proposta por alguns meninos, é uma perfeita analogia cognitiva da estratégia comportamental que pode ser observada numa minoria de bebês de um ano após um período de separação da mãe. Ao voltarem a vê-la, esses bebês não se movimentam na direção da mãe, e fazem poucos pedidos de atenção. Ao contrário, evitam a mãe, ocupando-se do ambiente físico (Ainsworth, Blehar, Waters & Wall, 1978). Os teóricos do apego afirmam que, quando os pais não estão constantemente disponíveis para dar segurança a seu filho, o ato de evitar pode desenvolver-se e transformar-se numa estratégia estável para lidar com o sofrimento. Do mesmo modo, é possível que os internatos tenham um efeito de longo prazo sobre a vida emocional de seus alunos, não apenas porque obrigam crianças pequenas a suportar uma longa e dolorosa separação dos pais, mas porque – para o bem ou para o mal – criam em algumas crianças um determinado estilo de lidar com o sofrimento, no qual este – em particular, o sofrimento da separação – é ativamente suprimido da consciência, e não confessado a outrem[5].

Sumário e conclusões

Neste capítulo, examinamos dois aspectos, distintos mas inter-relacionados, da compreensão que as crianças distinguem entre os sinais exteriores da emoção e a vivência da emoção. De posse dessa distinção mostram-se capazes de captar dois tipos diferentes de controle estratégico: o controle da expressão exterior da emoção e o controle da vivência. A percepção de que a manifestação exterior da emoção pode ser deliberadamente modificada de modo a iludir um observador quanto à verdadeira natureza da emoção da pessoa é uma percepção que as crianças de seis anos já têm.

Para controlar a vivência da emoção, não é suficiente "fazer uma cara alegre". As crianças sugerem estratégias mais ativas. A estratégia mais popular entre as crianças mais novas consiste em mudar de situação – entrar em ou criar uma situação que seja mais agradável. Tal técnica parece proceder muito prontamente do reconhecimento que as crianças têm de que um acontecimento positivo posterior pode mitigar uma emoção negativa anterior. As crianças mais velhas não abandonam esta técnica básica. Em vez disso, refinam-na e identificam o mecanismo causal decisivo. Percebem cada vez mais que a emoção vai perdendo intensidade porque a pessoa aos poucos deixa de pensar nos acontecimentos que originalmente geraram a emoção. Também começam a descrever como entrar em outra situação ou dedicar-se a uma atividade alternativa pode bloquear uma emoção anterior pela supressão dos pensamentos que mantêm aquela emoção. Supõem, posto que implicitamente, que a consciência tenha uma capacidade limitada. Assim, a absorção da mente por uma atividade alternativa é suficiente para evitar que outros pensamentos, mais dolorosos, voltem à consciência. De modo mais geral, as crianças passam a perceber que a capacidade limitada da consciência é ao mesmo tempo um peso e uma vantagem; percebem que os sentimentos de dor podem impedir a concentração, mas que a concentração pode banir os sentimentos dolorosos.

8. A experiência da emoção

Neste capítulo, consideramos crianças que estão passando por uma experiência emocionalmente carregada, e perguntamo-nos que sentido elas conferem a suas reações emocionais. Até aqui, freqüentemente descrevi crianças entrevistadas fora da situação, a alguma distância da vida real. Perguntou-se-lhes a respeito de um personagem de história que depara com algum acontecimento hipotético, ou pediu-se-lhes que se lembrassem de suas próprias vivências passadas. Não seria prudente supor que a compreensão das crianças nestas circunstâncias seja exatamente igual à compreensão que terão quando depararem com uma situação emocionalmente carregada.

No capítulo anterior descreveu-se uma investigação a respeito deste tema. O ingresso num novo internato é sem dúvida um acontecimento emocionalmente carregado. As crianças são separadas dos pais e dos amigos e vêem-se frente a frente com um ambiente desconhecido. Recorde-se que metade dos meninos entrevistados no internato haviam chegado só uma ou duas semanas antes, embora a outra metade já estivesse lá há cinco ou seis semanas, estando, assim, provavelmente mais acostumados à escola. Perguntamo-nos se as respostas dadas pelos dois grupos seriam influenciadas pelas circunstâncias imediatas, em particular no caso daquele grupo que estivera lá por apenas uma ou duas semanas e que, portanto, talvez estivesse mais angustiado ou com mais saudades de casa. Ao compararmos os dois grupos, porém, não havia indícios de que a experiência recente da separação, ou a ansiedade provocada por um ambiente estranho e um tanto desafiador, houvesse tolhido ou ampliado a percepção que os meninos tinham de suas reações emocionais ou dos meios de que dispunham para lidar com elas. Independentemente da época da entrevista, a maioria dos meninos forneceu respostas consoantes com a sua idade. A conclusão óbvia a ser extraída desse estudo é de que a conceitualização que a criança faz da emoção é em grande parte determinada por sua idade e pela correspondente capacidade cognitiva. Não varia marcadamente com a entrada da criança num ambiente emocionalmente carregado. Do ponto de vista teórico, esta conclusão é encorajadora. Ela implica que a interpretação infantil da emoção seja razoavelmente estável e possa ser prevista a partir do nível cognitivo da criança, quaisquer que sejam as suas circunstâncias emocionais.

Entretanto, descobrimos por outras pesquisas que esta solução simples e teoricamente atraente não é sustentável. A compreensão que a criança tem da emoção nem sempre é uma função simples da idade ou do desenvolvimento cognitivo; pode variar dependendo das circunstâncias da criança. Tiramos esta conclusão a partir de um estudo realizado por Mark Lipian com um grupo de crianças hospitalizadas e um grupo de crianças sadias (Harris & Lipian, 1989; Lipian, 1985). As crianças hospitalizadas dividiam-se em dois grupos etários, de seis e de dez anos. Sofriam de diferentes moléstias agudas, todas elas sérias o suficiente para exigir a hospitalização, mas nenhuma delas perigosa a ponto de colocar em risco a vida. Entre as queixas registradas incluíam-se um cotovelo quebrado, problemas respiratórios, suspeita de desordem endócrina, suspeita de apendicite, uma unha encravada, ingestão acidental de medicamento antidepressivo, queimaduras múltiplas e daí afora. Não se procurou selecionar crianças portadoras de qualquer condição médica específica.

No segundo ou terceiro dia de sua estada no hospital, cada criança foi entrevistada a respeito de suas reações emocionais ao fato de estar doente. As crianças que haviam sofrido uma operação foram entrevistadas um ou dois dias depois da cirurgia. Nenhuma das crianças estava muito sedada ou sofrendo de dores fortes na hora da entrevista.

A entrevista abraçava muitos dos tópicos discutidos nos capítulos precedentes: sentimentos ambivalentes; estratégias para esconder a emoção; e estratégias para mudar a emoção. Levantaram-se também um ou dois assuntos novos, de especial relevância para a questão da enfermidade. Assim, perguntou-se às crianças a respeito da causalidade psicossomática, em particular a respeito da medida em que a recuperação estaria ou não na dependência de se permanecer alegre e de bom humor.

Para fins de comparação, também foram entrevistados dois grupos de crianças sadias, um grupo de seis anos e um grupo de dez anos, a respeito de suas reações emocionais ao fato de estar doente[1]. Estas crianças sadias foram entrevistadas na escola. Pediu-se a elas que se lembrassem da última vez em que haviam estado doentes; depois, como às crianças hospitalizadas, foram feitas várias perguntas acerca de suas reações emocionais ao fato de estarem doentes.

É importante salientar que as crianças hospitalizadas e as crianças sadias eram comparáveis dos pontos de vista intelectual e social. Vinham de um mesmo contexto social, e os professores avaliaram suas realizações educacionais como estando no mesmo nível. Por outro lado, a situação que se deparava aos dois grupos era muito diferente. As crianças hospitalizadas estavam temporariamente longe de casa; encontravam-se num ambiente estranho e um tanto assustador; estavam doentes e, não raro, desconsoladas. As crianças sadias estavam vivendo em casa; foram entrevistadas no ambiente familiar da escola; não estavam doentes nem visivelmente infelizes. Estas várias diferenças entre os dois grupos serão focalizadas à medida que considerarmos os modos pelos quais esses dois grupos reagiram à entrevista.

Sentimentos mistos

Várias perguntas versavam acerca das idéias que as crianças tinham sobre a coexistência e a interação de determinadas emoções. Algumas perguntas referiam-se à situação de enfermidade em si mesma. Um segundo conjunto punha em foco uma situação inteiramente desconectada da doença: pediu-se às crianças que imaginassem um dia passado no parque de diversões e que contassem como se sentiriam durante e depois do passeio. Por fim, um terceiro conjunto de perguntas combinava a primeira situação com a segunda, de modo a criar um panorama complexo e emocionalmente ambíguo: pediu-se às crianças que imaginassem um dia em que estivessem doentes mas mesmo assim fossem ao parque de diversões, e que mais uma vez nos contassem como se sentiriam durante e depois do passeio.

Como era de esperar, poucas foram as crianças que afirmaram espontaneamente terem tido sentimentos positivos e também negativos em reação ao fato de estarem doentes. A maioria referiu-se exclusivamente a sentimentos negativos. Com freqüência afirmavam estar tristes, infelizes ou aborrecidas. Por vezes, eram mencionados também os sentimentos negativos de medo, zanga e tédio, entre outros.

Numa questão posterior, as crianças foram investigadas mais a fundo para saber se consideravam os sentimentos mistos como uma reação possível à doença. Perguntou-se a elas se estarem doentes podia fazer com que sentissem uma emoção de sinal contrário à que haviam acabado de mencionar. Por exemplo: a uma criança que afirmara sentir-se triste por estar doente, perguntou-se se o fato de estar doente podia de algum modo fazer alguém ficar alegre, e pediu-se a ela que explicasse como isso poderia ocorrer. Em resposta a esta pergunta, revelou-se um padrão que se repetiria muitas vezes ao longo da entrevista: as crianças hospitalizadas – em particular as de dez anos de idade – deram respostas menos complexas e mais típicas de crianças pequenas do que o fizeram as crianças sadias com as quais estavam sendo comparadas. Entre as crianças sadias, havia uma tendência de desenvolvimento conhecida e clara. Aproximadamente um quarto das crianças sadias de seis anos concordou que seria possível sentir-se tanto alegre quanto triste por estar doente, mas esta proporção subiu para cerca de três quartos entre as crianças sadias de dez anos. Ao explicar essas emoções mistas, as crianças sadias referiam-se em geral a alguma característica compensatória de se estar doente ou internado. Um menino de dez anos, por exemplo, explicou: "É... quando você está no hospital, às vezes eles têm um monte de jogos, e você está doente, mas está brincando, e isso faz você ficar feliz."

Esta tendência de desenvolvimento foi muito menos óbvia nas crianças internadas. Embora 25% das crianças de seis anos concordassem que os sentimentos mistos eram possíveis, a proporção subiu para menos da metade entre as de dez anos.

Há uma interpretação óbvia para estes resultados. Talvez não estejamos deparando com uma diferença de conceituação entre os dois grupos, mas simplesmente com diferentes interpretações da mesma pergunta. É presumível que o grupo hospitalizado tenha referido a pergunta à própria doença de que estavam sofrendo, a qual era, afinal, séria o suficiente para mandá-los para o hospital. As crianças sadias, em contraposição, talvez estivessem pensando em algo muito menos sério – seu último resfriado ou crise de gripe. Esta diferença poderia explicar por que as crianças hospitalizadas estavam menos dispostas a admitir sentimentos positivos, além dos negativos, com relação a estarem doentes.

Quanto a este aspecto, uma questão posterior é especialmente importante. Recorde-se que se perguntou às crianças sobre ir ao parque de diversões apesar de estarem doentes. Nesta questão, perguntou-se às crianças explicitamente acerca do efeito de uma doença específica, e não se deixou que ficassem a imaginar uma doença de variados graus de seriedade. Quando elas diziam que, se fossem ao parque de diversões estando doentes, sentiriam uma emoção negativa – "triste", "cheio", "decepcionado", e assim por diante –, o entrevistador aparteava: "Bem, digamos que fosse só uma doencinha de nada – um resfriado ou um pouquinho de dor de garganta. Quais os sentimentos que você então teria no parque de diversões?"

O mesmo padrão apareceu novamente, apesar desse aparte. Entre as crianças sadias, cerca de um terço das de seis anos e quase três quartos das de dez anos reconheceram que teriam sentimentos mistos. Esta tendência de desenvolvimento não ocorreu entre as crianças hospitalizadas. Só um pequeno número de crianças em ambos os grupos etários (4% das de seis anos e 16% das de dez anos) admitiram a possibilidade de ter sentimentos mistos.

Em suma, a disposição das crianças para conceber sentimentos mistos em uma situação de doença dependia de seu estado. As crianças hospitalizadas duvidavam de que sua reação negativa pudesse ser de qualquer modo temperada por sentimentos positivos, ao passo que as crianças sadias, em particular as de dez anos, eram mais otimistas.

Estratégias para lidar com situações

Apresentaram-se várias questões a respeito da possibilidade de esconder ou mesmo modificar sentimentos, em particular os sentimentos de tristeza ou angústia que muitas crianças haviam admitido ter no início da entrevista. Com respeito à mudança de emoção, fez-se a seguinte pergunta: "Digamos que você estivesse doente e se sentisse triste [ou outro sentimento qualquer que a criança houvesse referido inicialmente]. Existe alguma coisa que você pudesse fazer para *mudar* o jeito que se sentia, ou mudar aquele sentimento de estar triste?"

Entre as crianças sadias, revelou-se uma mudança em função da idade nitidamente delimitada. Embora muitas crianças de seis anos – mais da metade – negassem que alguma coisa pudesse ser feita, as crianças de dez anos foram muito mais otimistas: quase todas afirmaram haver algo que se pudesse fazer para levantar o ânimo. Recomendavam a estratégia de distração descrita no capítulo anterior; ou propunham alguma atividade agradável sem considerações ulteriores acerca de como esta poderia funcionar, ou propunham tal atividade ao lado de uma explicação do modo pelo qual ela faria com que a pessoa parasse de pensar sobre a doença e o sofrimento que a acompanhava.

Entre as crianças hospitalizadas, pouca foi a mudança relativa ao desenvolvimento: mais da metade das crianças de ambos os grupos etários chegaram à sombria conclusão de que nada havia a ser feito. Além disso, chegaram a essa conclusão apesar da insistência do entrevistador. Apresentamos aqui dois exemplos. O primeiro é tomado da entrevista com uma menina de dez anos, e o segundo, com um menino da mesma idade; a menina estava prestes a sofrer uma apendicectomia, e o menino sofrera a mesma operação havia dois dias.

Entrevistador: Há alguma coisa que você poderia fazer para *mudar* o modo como se sentiu?
Menina: Não, na verdade não.
Entrevistador: Qualquer coisa que você possa tentar fazer para mudar o sentimento que tem?
Menina: Não.
Entrevistador: Se você se sente de determinado modo, esse sentimento vem para ficar, e é impossível fazer qualquer coisa para mudá-lo?
Menina: É, é impossível.

Entrevistador: ...Há alguma coisa que você poderia fazer para *mudar* o modo como se sentiu?
Menino: Não, na verdade não.
Entrevistador: Se você está amedrontado ou triste, é assim e só assim que você se sente e não há nada que você possa fazer a respeito?
Menino: É, é bem assim.
Entrevistador: Não há nada que possa tentar?
Menino: Não, na verdade não.

Às crianças hospitalizadas que concordaram com a possibilidade de fazer algo para mudar seus sentimentos, pediu-se que explicassem o que podiam fazer. Nestes casos, suas respostas ilustravam a costumeira mudança em função da idade. Entre as crianças de seis anos, a estratégia mais popular consistia em recorrer a atividades normalmente associadas a emoções positivas. Ou sugeriam o uso de "apoios materiais" (brinquedos e jogos), ou a dedicação a movimentadas atividades físicas (correr por aí, pular, e assim por diante). Poucas vezes justificaram suas propostas com explicações mentalistas, mesmo quando induzidas a tal. Eis o exemplo de uma menina de seis anos, hospitalizada com suspeita de apendicite:

Menina: Eu podia chamar alguém para brincar comigo.
Entrevistador: E o que isso faria?
Menina: Faria eu ficar mais alegre.
Entrevistador: Como?
Menina: Porque eu poderia brincar com elas – um jogo.
Entrevistador: E se você estivesse sozinha?

Menina:	Eu podia brincar com meu bambolê.
Entrevistador:	E isso, o que faz?
Menina:	Eu fico mais feliz.
Entrevistador:	E como?
Menina:	Porque meu bambolê é divertido.
Entrevistador:	Tem alguma outra coisa que você poderia tentar?
Menina:	Não.

Algumas crianças de dez anos, no hospital, também propuseram um jogo ou atividade sem a explicação de qualquer componente mental associado. Com igual freqüência, porém, sugeriam estratégias em que o componente mentalista era expresso de modo mais claro. Em vez de simplesmente referir-se a uma atividade agradável, elas explicavam seu efeito de distração.

Eis o exemplo de uma menina de dez anos, hospitalizada devido à suspeita de uma infecção óssea em seu quadril:

Menina:	Você poderia fazer alguma coisa – jogar um jogo ou ler alguma coisa.
Entrevistador:	O que isso faria?
Menina:	Bem, tiraria sua mente daquilo que você estava pensando.
Entrevistador:	E isso te alegraria?
Menina:	É.
Entrevistador:	O que quer dizer "tiraria a mente"?
Menina:	Bem, você sabe – parar de pensar sobre a dor ou sobre o que vai acontecer depois.

Na mesma linha, as crianças às vezes recomendavam pensar sobre acontecimentos ou idéias alegres. Um menino com um ataque de asma fez a seguinte sugestão:

Menino:	É só pensar sobre outra coisa – sobre o que você ganhou de Natal, e ficar feliz.
Entrevistador:	Isso funcionaria?
Menina:	Às vezes funciona.

Resumindo, constatamos que as crianças recomendam técnicas de lidar com a doença semelhantes àquelas que recomendam para lidar com as saudades de casa no colégio interno: procuram distrair-se de sua angústia, dedicando-se a outras atividades ou outros pensamentos. Além disso, tanto em relação às crianças hospitalizadas quanto às crianças saudáveis na escola, o desenvolvimento se dá do mesmo modo: as crianças de seis anos concentram-se em atividades agradáveis, com poucas explicações a respeito de como funcionam, a não ser por uma insistência de que alegrarão a pessoa; enquanto isso, as crianças de dez anos tendem a aludir à importância de esquecer a doença e a angústia e introduzir pensamentos mais positivos.

Apesar dessa similaridade geral quanto ao conteúdo das estratégias, as crianças hospitalizadas são mais pessimistas com respeito a tais estratégias do que as crianças sadias. Tendem muito mais a rejeitar a opinião de ser possível alegrar-se. Esta concepção alterada da emoção se faz particularmente evidente entre as crianças de dez anos, em ressonância com as descobertas sobre sentimentos mistos. A diferença costumeira entre crianças de seis a dez anos é parcialmente eliminada entre as crianças hospitalizadas, porque as crianças mais velhas muitas vezes chegam a conclusões características de crianças mais novas.

Escondendo sentimentos negativos

Fizeram-se às crianças várias perguntas a respeito de suas estratégias de esconder sentimentos, e também de modificá-los. A primeira pergunta era bastante aberta: "Digamos que você estivesse com sua mãe ou seu pai, e estivesse doente. Poderia acontecer que sua mãe ou seu pai não soubessem que você estava triste [ou qualquer outro sentimento que a criança afirmara sentir de início]?" Entre as crianças sadias, havia uma bem-definida mudança em função da idade: menos da metade das crianças de seis anos, mas quase todas as de dez anos, afirmaram que a manifestação de uma aparência enganosa seria possível. Em contrapartida o conhecido padrão de regressão reapareceu entre as crianças hospitalizadas. Um punhado de crianças de seis anos e não mais que cerca de um terço das de dez anos afirmaram que alguém poderia esconder seus sentimentos agindo ou falando de uma maneira que não correspondesse a seus sentimentos verdadeiros.

Obtiveram-se resultados semelhantes quando se perguntou mais explicitamente às crianças acerca da possibilidade de esconderem seus sentimentos: "Digamos que você não quisesse que sua mãe ou seu pai soubessem que você estava triste. O que você poderia fazer para que eles não soubessem?" Embora a proporção de crianças que propuseram alguma forma de ocultamento emocional tenha crescido acompanhando a idade em ambos os grupos, essa proporção foi muito menor entre as crianças hospitalizadas.

Uma explicação plausível desses resultados é que a condição emocional das crianças no hospital e das crianças sadias é nitidamente distinta. É provável que as crianças hospitalizadas se encontrem mais angustiadas, de modo a estarem mais céticas quanto à possibilidade de esconderem (ou, também, mudarem) seus sentimentos. Esta interpretação implica que os dois grupos não deveriam divergir em seus juízos quanto à possibilidade de *outras* pessoas esconderem seus sentimentos. Foi exatamente este o assunto que levantamos numa outra série de perguntas. Uma das questões foi especialmente reveladora. O entrevistador alegava que falara com uma criança no dia anterior e que "esse outro menino disse que às vezes, quando estava doente, os pais dele se portavam alegremente, mesmo quando estavam muito preocupados com ele por causa da doença. Você acha que ele estava certo ou estava enganado?" (para as meninas, as palavras eram modificadas de modo a referir-se a "essa outra menina".)

No grupo hospitalizado, houve muitas crianças que rejeitaram a possibilidade de fingimento por parte dos pais: isso ocorreu com a maioria das crianças de seis anos, e quase um terço das de dez anos. No grupo sadio, por outro lado, a possibilidade de aceitação do fingimento paterno era muito maior: menos da metade das crianças de seis anos, e nenhuma dentre as de dez anos, negaram que os pais pudessem tentar portar-se alegremente quando se sentissem ansiosos.

Assim, os dois grupos deram respostas diferentes mesmo quando eram questionados acerca de outras pessoas – em específico, os pais. Isto quer dizer que o ceticismo das crianças hospitalizadas quanto à possibilidade de esconder a emoção não pode ser explicado só em termos de sua incapacidade de fazê-lo quando defrontadas com uma angústia considerável.

Também não parece possível afirmar que as crianças no hospital tenham menor probabilidade de encontrar pais que tentem parecer alegres. Pelo contrário, o que pode acontecer é que as crianças no hospital tenham tido mais experiências de uma alegria superficial, porque os pais muitas vezes procuram não revelar as próprias ansiedades a fim de evitar que as crianças se inquietem.

As respostas das crianças ao conjunto de perguntas sobre a ocultação da emoção indicam mais uma vez que as crianças hospitalizadas concebem a emoção de modo menos complexo ou elaborado que as crianças sadias. São mais inclinadas a pensar num estado emocional como sendo automaticamente visível, e estando fora de seu controle estratégico.

Causalidade psicossomática

O fato de as crianças serem entrevistadas acerca de doenças proporcionou a oportunidade de discutir um tema até então inexplorado: o vínculo entre psique e soma, ou, mais especificamente, entre estado emocional e a rapidez da recuperação da doença. O entrevistador introduzia o assunto ao perguntar se a tentativa de sentir determinada emoção podia fazer com que a doença fosse embora mais rapidamente. Às crianças que duvidassem desta possibilidade, pedia-se que a reconsiderassem de dois modos. Pedia-se que pensassem se tal influência seria possível no caso de uma doença leve – um resfriado ou uma leve gripe –, e que comentassem o caso de uma criança que dissera que o sentir-se alegre aceleraria a recuperação. Apesar destas duas instigações, a diferença entre as respostas das crianças hospitalizadas e das crianças sadias permaneceu grande. Entre as crianças sadias havia uma clara mudança em função da idade. Cerca de um terço das de seis anos, e dois terços das de dez anos, afirmaram que tal causalidade psicossomática era possível. Em contraposição, só umas poucas crianças hospitalizadas de seis anos, e menos de um terço das hospitalizadas de dez anos, concederam que uma influência dessa natureza pudesse ter efeito.

Quando as crianças afirmavam tal influência, freqüentemente a descreviam em termos cognitivos, em particular entre as crianças sadias mais velhas. Como era de se esperar, tinham alguma dificuldade para especificar o mecanismo exato. As seguintes respostas, por parte de um menino de dez anos, são ilustrativas:

Menino: Porque, se você está alegre, isso ajuda você a pensar positivamente.
Entrevistador: Pensar positivamente?
Menino: É, pensar assim, "Amanhã eu vou estar melhor" – daí, três dias depois, você *está* melhor. É como condicionador de cabelo, ou sabonete – você pensa que aquilo vai funcionar, e então *funciona*. Se você pensar, "Isso não existe", a coisa vai embora.

A reação das crianças hospitalizadas é tipificada pela resposta de uma menina de dez anos, internada no hospital com uma dor estomacal:

Menina: ... Bem, quando eu não como demais, parece que eu me sinto um pouco melhor.
Entrevistador: Os sentimentos podem fazer com que você melhore mais rápido?
Menina: Não, não consigo pensar em nada.
Entrevistador: Uma outra menina com quem falei me disse que, tentando sentir-se alegre quando estava doente, era capaz de melhorar mais rápido. Você acha que ela estava certa ou errada quanto a isso?
Menina: Errada, eu acho, porque, se você tem gripe, ela na verdade não muda, e, mesmo que você tente se alegrar, eu não acho que isso iria mesmo funcionar.

Poder-se-ia explicar o ceticismo das crianças hospitalizadas pela idéia de que elas duvidariam que se pudesse estar realmente alegre quando se está doente, de modo que jamais chegariam a aceitar a premissa da questão. Esta linha de argumentação levaria a crer que as crianças hospitalizadas aceitariam a causalidade psicossomática se esta fosse formulada em termos do efeito de *retardação* que os sentimentos *negativos* possam ter sobre a recuperação. Desse modo, fez-se às crianças a seguinte pergunta: "Quando você está doente, você acha que estar sentindo um determinado sentimento faz com que seja mais difícil para você superar a doença e melhorar?" Como no caso da pergunta anterior, as crianças que negavam tal influência eram instigadas a reconsiderar. Pedia-se a elas que pensassem numa doença mais leve e também que comentassem o caso de uma criança que havia supostamente dito ao entrevistador que o sentir-se infeliz atrasava a recuperação.

Apesar dessas instigações, e apesar da mudança de premissa, um padrão semelhante surgiu novamente. As crianças sadias estavam mais dispostas a conceder a possibilidade de tal causalidade psicossomática. Esta, uma vez reconhecida, era tipicamente explicada em termos mentalistas, particularmente pelas crianças sadias de dez anos; e, como antes, tais explicações permaneciam um pouco vagas, a despeito da confiança com que eram enunciadas: "Quando você está zangado ou triste, só pensando na doença, você não consegue parar de pensar na doença, e ela demora muito mais para passar. Quando eu estou triste, penso na doença o tempo inteiro, e, se é uma gripe, ela demora mais para sarar."

As crianças doentes, em contraposição, continuaram a rejeitar a idéia de que a emoção pudesse ter um efeito sobre a velocidade de recuperação. Um menino de dez anos que sofria de dor nas costas especulou a respeito de como essa falsa noção poderia surgir: "Eu não acho que, na verdade, os sentimentos e a doença tenham qualquer efeito um sobre o outro. É possível que ele [o outro menino a que o entrevistador se referiu] só *pense* assim: 'está demorando mais'; mas, na verdade, não poderia demorar mais." Outras crianças descartavam a idéia de modo mais direto: "É ridículo dizer que ficar infeliz faça a sua doença durar mais. Isso simplesmente não tem sentido."

Em suma, ao serem questionadas sobre o efeito tanto de sentimentos positivos quanto de sentimentos negativos sobre a evolução de uma doença, as crianças sadias estavam dispostas a considerar a possibilidade da causalidade psicossomática. Dependendo da emoção, ela poderia ou acelerar ou tornar mais lenta a recuperação. As crianças hospitalizadas eram mais inclinadas a ver sua doença como possuidora de um ritmo temporal autônomo, que não poderia ser alterado por processos mentais.

Interpretações

Ao examinarmos as respostas que as crianças deram às várias perguntas, constatamos o surgimento de um padrão coerente. Entre as crianças sadias, é evidente um quadro conhecido de mudança ao longo do desenvolvimento. Em comparação com as crianças de seis anos, as de dez anos estão mais dispostas a admitir que os sentimentos possam ser misturados, mudados e camuflados. Têm também maior probabilidade de afirmar que os sentimentos possam alterar a evolução de uma doença. De acordo com esta última concepção, qualquer emoção possui um número maior de conexões ou vínculos causais. Pode ser conjugada a outra emoção; pode ser mudada ou ocultada por meio de uma intervenção estratégica; e pode, por sua vez, ter uma ligação causal com o corpo. Esta concepção da emoção é menos preponderante entre as crianças hospitalizadas. Estas afirmam que os sentimentos relativos à doença serão sobretudo negativos, que há pouco a ser feito no sentido de aliviar esses sentimentos, e que estes não podem ser ocultados. Também descartam a possibilidade de que a emoção possa alterar o ritmo da recuperação. Esta mudança na concepção da emoção se fez notar especialmente nas crianças hospitalizadas de dez anos, mas também foi constatada, em relação a algumas perguntas, entre as crianças hospitalizadas de seis anos.

Como devemos interpretar essa mudança? Havia várias diferenças entre as crianças sadias e as hospitalizadas, e cada uma dessas diferenças pode ter contribuído para a variação das respostas. As crianças hospitalizadas estavam doentes; estavam separadas dos pais; encontravam-se num ambiente estranho; e, por fim, cabia-lhes um papel pouco conhecido, angustiante e passivo – o papel de paciente. As crianças sadias não estavam doentes, não estavam separadas dos pais, não se encontravam num ambiente estranho e nem estavam investidas da qualidade de paciente.

Para identificar a diferença crítica entre os dois grupos, pode ser de auxílio reconsiderar brevemente as descobertas do estudo feito com meninos que ingressavam num internato, descrito no capítulo precedente. Estes meninos também se encontravam num ambiente estranho e desconhecido – ambiente que talvez seja menos amedrontador que um hospital, é verdade, mas que certamente pode ser preocupante para quem chega a ele pela primeira vez, em especial porque sabe que ficará lá por pelo menos dez semanas corridas. O novo aluno também está separado dos pais. Com efeito, a separação é muito mais completa e duradoura para o aluno do que para a criança hospitalizada, que vê seus pais nos horários de visita e muitas vezes pode ter a certeza de que estará novamente em casa dentro de uma ou duas semanas. Não obstante, não constatamos qualquer mudança no modo pelo qual os alunos de colégio interno concebem a emoção. Suas respostas corresponderam ao que poderíamos ter esperado de crianças da sua idade; e, além disso, contatamos poucas diferenças entre as respostas das crianças que só haviam estado na escola por uma ou duas semanas e as daquelas que já haviam estado ali por cinco ou seis semanas, embora fosse presumível que este último grupo já se houvesse familiarizado mais com a escola, se adaptado melhor à sua rotina e feito mais amizades.

O fato de os novos alunos não terem demonstrado qualquer mudança evidente em sua concepção da emoção, ao passo que o fenômeno foi bastante generalizado entre as crianças hospitalizadas, nos dá a entender que nem a separação dos pais, nem um ambiente desconhecido são suficientes para produzir a mudança. Isto nos deixa dois fatores plausíveis: a doença e o papel de paciente. Há provas tanto em favor quanto contra a afirmação de que a doença desempenha um papel causal direto. É um lugar-comum da observação clínica (Bowlby, 1971) que as crianças doentes se tornem mais dependentes e procurem com maior freqüência uma pessoa a quem são apegadas. No entanto, não há qualquer razão óbvia para supor que a dependência, em si, se faria acompanhar de qualquer espécie de mudança cognitiva. Além disso, as crianças entrevistadas no hospital sofriam de um conjunto muito heterogêneo de males. É difícil imaginar que uma fratura óssea, uma apendicite e uma infecção viral tenham um efeito psicológico uniforme. É certo que várias dentre as crianças hospitalizadas estavam se recuperando de uma operação realizada um ou dois dias antes, de modo que os efeitos posteriores de uma anestesia geral precisam ser levados em conta. No entanto, ao dividirmos as crianças hospitalizadas em dois subgrupos – o das crianças que haviam sofrido cirurgia e o das que não haviam –, constatamos, em ambos os subgrupos, uma mudança muito semelhante no padrão de respostas, tomando como termo de comparação o padrão constatado nas crianças sadias (Harris & Lipian, 1989).

Parece mais plausível, assim, ir buscar no nível psicológico uma diferença entre as crianças hospitalizadas e as sadias. As crianças hospitalizadas claramente não apreciavam o papel de pacientes. Reclamavam de estarem se sentindo tristes, entediadas, preocupadas e aborrecidas. Poucas se referiram a qualquer coisa que estivessem vivendo e lhes desse prazer. Além disso – apesar de não termos incluído no estudo aquelas crianças que estivessem sofrendo muita dor –, as próprias doenças que afligiam as crianças faziam com que em muitos casos elas estivessem sentindo alguma dor ou mal-estar. Em contraposição, as crianças sadias, entrevistadas na escola, estavam provavelmente sentindo-se alegres ou pelo menos neutras, e não estavam sentindo qualquer mal-estar. Recorde-se também que os meninos no internato poucas vezes reclamaram de uma angústia indefinida com relação à sua nova situação. Geralmente diziam sentir uma mistura de sentimentos positivos e negativos, e uma grande proporção reconheceu ter sentimentos mistos com uma dose mínima de instigação por parte do entrevistador.

Admitindo por enquanto que o papel de paciente e a angústia e o mal-estar a ele associados provoquem uma mudança na conceituação que a criança faz da emoção, perguntemo-nos: como o faz? Uma possibilidade é que a emoção negativa pura tenha um efeito abrangente sobre a corrente de pensamentos da criança, levando-a em direção a memórias e associações negativas e afastando-a de pensamentos mais alegres e otimistas. A pesquisa recente com adultos demonstra sem sombra de dúvida que, uma vez induzido um humor negativo ou deprimido, vários desvios cognitivos começam a ocorrer. Há menor probabilidade de recordação de acontecimentos positivos do passado, em particular aqueles relacionados com o êxito (Blaney, 1986). Além disso, as pessoas tristes ou deprimidas, ou aquelas propensas a ter esses sentimentos, tendem a se ver como causa de acontecimentos negativos, mas não de acontecimentos positivos. Isto vale tanto para os adultos (Brewin, 1985) quanto para as crianças (Seligman & Peterson, 1986). Por fim, ao ser induzido um humor negativo, as pessoas avaliam como maior a probabilidade de ocorrerem diversas calamidades naturais (inclusive aquelas que nada têm a ver com o acontecimento que desencadeou o estado de humor negativo) (Johnson & Tversky, 1983). No conjunto, um humor negativo, e em particular um humor triste ou deprimido, inclina as pessoas a se recordarem de acontecimentos negativos, e não positivos, de sua vida passada, a esperarem acontecimentos negativos do futuro e a se verem como responsáveis por esse estado de coisas desolador.

Se as crianças no hospital estivessem angustiadas ou tristes, estariam também sujeitas a esses desvios negativos, que poderiam manifestar-se toda vez que se fizesse uma pergunta sobre seu estado ou uma pergunta hipotética sobre uma situação imaginária. Caso se pedisse a elas que se imaginassem indo ao parque de diversões resfriadas, por exemplo, seria menor a probabilidade de evocarem lembranças felizes. Como resultado, duvidariam da possibilidade de sentir emoções positivas ao lado das emoções negativas no parque de diversões, de modo a ficarem céticas quanto à possibilidade de terem sentimentos mistos. Ao perguntarmos se os pais delas poderiam parecer alegres (apesar de na verdade sentirem-se ansiosos), elas talvez ficassem céticas quanto à possibilidade de produzir até mesmo os sinais exteriores da alegria, de modo que negariam serem os pais capazes de esconder suas ansiedades. Por fim, seriam em menor número os pensamentos e atividades positivas que viriam à sua mente quando lhes perguntássemos como poderiam alegrar-se; desse modo, não seriam otimistas quanto à possibilidade de mudarem seus sentimentos.

Esta interpretação consegue, de modo bastante razoável, reunir as várias mudanças que vemos na concepção da emoção adotada pelas crianças hospitalizadas (Harris & Lipian, 1989). Com efeito, estas são descritas como sendo pessimistas toda vez que se lhes pede para avaliar a probabilidade de ocorrência de qualquer coisa ou comportamento que seja ou pareça ser positivo.

Há, porém, um resultado difícil de explicar por meio de tal interpretação. Recorde-se que as crianças hospitalizadas tendiam a descartar a possibilidade de causalidade psicossomática. Além disso, descartavam o possível efeito causal tanto dos sentimentos negativos quanto dos positivos. De acordo com a linha de argumentação que esbocei, é fácil perceber por que motivo duvidariam de que sentir-se mais alegre aceleraria a recuperação. Dado um viés negativo ou pessimista, elas deviam ficar inclinadas a avaliar como menos prováveis as possibilidades de sentirem-se alegres e melhorarem, e como menos provável ainda a feliz conjunção dos dois acontecimentos. Com base no mesmo argumento, elas deviam ficar *mais* dispostas a aceitar a conjunção de sentimentos negativos com uma recuperação mais lenta. No entanto, como já vimos, os resultados apontam para a conclusão exatamente oposta. As crianças hospitalizadas rejeitam a possibilidade de causalidade psicossomática tanto num sentido negativo quanto num sentido positivo.

Por isso, podemos considerar uma segunda explicação. Podemos supor que idéias e associações ligadas ao papel de paciente dominem a corrente de pensamento da criança hospitalizada. As crianças são constantemente lembradas de sua nova situação, peculiar e inquietante. Muitas vezes ficam confinadas à cama e a um pequeno número de distrações passivas ou desanimadas, tais como ver televisão ou ler. Podem receber medicamentos e ser sujeitas a exames, e talvez sintam dor. Além disso, estão constantemente em meio às atividades da enfermaria, que incluem as idas e vindas de médicos e enfermeiras uniformizados. Nestas circunstâncias, não seria de admirar se as crianças ficassem preocupadas com sua situação imediata e tivessem dificuldade de se imaginarem desenvolvendo outras atividades, além dos confins da enfermaria. Seu papel de paciente tem um efeito centrípeto sobre seus processos de pensamento. Seu horizonte mental não é desviado numa direção negativa; é simplesmente contraído de modo a abarcar apenas a situação imediata[3].

Como resultado desta contração, as crianças têm dificuldade de imaginar a si mesmas, ou a uma outra pessoa, agindo ou sentindo num contexto diferente. Por exemplo, acham difícil imaginar os sentimentos positivos tipicamente evocados por não se ter de ir à escola ou por uma visita ao parque de diversões. Do mesmo modo, acham difícil imaginar maneiras pelas quais sua angústia ou mal-estar possam ser escondidos, ou pelas quais elas poderiam dedicar-se a outros pensamentos ou atividades que suprimissem seus pensamentos e sentimentos. Em ambos os casos, as crianças são convidadas a considerar uma possibilidade que se situa para além de sua situação ou repertório imediatos, e, em ambos os casos, rejeitam essa possibilidade como improvável. De acordo com esta interpretação, é possível que as crianças que estejam doentes possam também tender mais a rejeitar a possibilidade de redirecionar sua doença por métodos psicossomáticos. Mais uma vez, pede-se a elas que pensem em dar um passo para fora de seu estado de pacientes e considerem uma situação hipotética em que, longe de estarem desamparadas, sejam agentes dotados do poder de alterar o ritmo de sua recuperação, acelerando-a ou tornando-a mais lenta.

Qualquer que seja, ao final, a plausibilidade desta interpretação, trata-se de uma interpretação que os meninos do internato poderiam endossar. Em comparação com as crianças no hospital, eles têm sorte de poder dedicar-se a jogos energéticos e envolventes na companhia de outros meninos; essa participação ativa ajuda-os a redefinir sua situação. Eles deixam de pensar como pessoas saudosas de casa e separadas da família, e passam a tornar-se membros da escola. Não é de surpreender, desse modo, que eles recomendem tais atividades distrativas como meio de lidar com as saudades de casa.

Sumário e conclusões

Embora seja tentador supor que a concepção que as crianças fazem da própria emoção dependa em grande parte de sua maturidade cognitiva, as descobertas que descrevemos neste capítulo assinalam a necessidade de tomar cuidado. Quando comparamos crianças hospitalizadas com crianças sadias, constatamos uma sólida diferença em sua concepção das emoções associadas à doença. Ao passo que as crianças sadias revelavam o conhecido padrão de mudanças associadas à idade que descrevemos em capítulos anteriores, esse padrão era menos evidente nas crianças hospitalizadas. Estas inclinavam-se a duvidar que as emoções pudessem misturar-se, ser disfarçadas ou modificadas, e supunham que a emoção não pudesse redirecionar a evolução de uma doença.

Estes resultados levantam questões importantes para o futuro. Em particular, não sabemos qual o aspecto da hospitalização que leva à mudança observada na concepção da criança: seria a doença *per se* ou as mudanças psicológicas de humor e papel que a ela estão associadas? Ao admitirmos, experimentalmente, que as mudanças psicológicas sejam decisivas, há duas interpretações cuja exploração parece valer a pena. Em primeiro lugar, é possível que a angústia e o mal-estar da criança produzam um viés negativo ou pessimista, de modo que a criança ache difícil admitir que qualquer emoção negativa que esteja sentindo possa ser menos intensamente negativa, possa ser ocultada por um comportamento exterior alegre ou mesmo ser transformada. Uma interpretação alternativa é a de que a situação imediata da criança doente inunde sua consciência a tal ponto que ela tenha dificuldade de pôr de lado sua situação atual a fim de contemplar outras perspectivas, inclusive perspectivas mais alegres.

9. Autismo

Até aqui, concentrei-me no curso normal do desenvolvimento da compreensão da emoção. Quando essa compreensão se desenvolve ao longo de linhas normais, é tentador subestimar a sua importância. Alguém poderia dizer: não há dúvida de que as crianças serão diferentes quanto ao discernimento que têm acerca de sua própria vida emocional e a das pessoas que as rodeiam; as conseqüências não serão severas se determinada criança tiver um desenvolvimento limitado nessa esfera. O caso do autismo serve para nos lembrarmos de quão devastador pode ser o desenvolvimento anormal. Como descreverei abaixo em linhas gerais, há hoje muitas provas de que as crianças autistas têm grande dificuldade de compreender os estados mentais de outras pessoas, o que inclui seus estados emocionais. Com efeito, chegou-se a opinar que essa seja uma das principais deficiências da síndrome autística.

O autismo é um distúrbio raro: só duas a quatro crianças a cada dez mil o apresentam, embora essa incidência possa subir para vinte a cada dez mil quando são adotados critérios menos rígidos. A síndrome básica permanece ao longo da infância e entra pela idade adulta, embora os sintomas possam mudar no decorrer do desenvolvimento. Na vida adulta, cerca de dois terços das pessoas autistas são gravemente incapazes, e a maioria permanece em asilos de longo prazo. Uma minoria é capaz de desenvolver certas habilidades compensatórias, de trabalhar e de manter uma vida social. Com um nível normal de inteligência não-verbal e habilidades razoáveis de linguagem, existe a probabilidade de que a pessoa atinja um bom nível de adaptação social na idade adulta, mas é baixa a probabilidade de uma normalidade completa (Rutter & Garmezy, 1983).

A síndrome foi descrita pela primeira vez em 1943 por Leo Kanner, um psiquiatra de Baltimore. Dada a raridade do distúrbio, é um tributo à perspicácia clínica de Kanner que sua descrição seja, ainda hoje, o fundamento do diagnóstico. Ele se concentrou em quatro sintomas principais, uma incapacidade de formar relacionamentos com outras pessoas; uma falta de brincadeiras espontâneas (especialmente a brincadeira de faz-de-conta); sérias anormalidades no desenvolvimento da linguagem e da comunicação; e, por fim, uma insistência obsessiva em certas rotinas ou interesses.

Estudos de acompanhamento demonstraram a persistência do distúrbio e a validade da descrição original de Kanner. Depois de vinte e oito anos, o próprio Kanner reexaminou as onze crianças que diagnosticara originalmente (Kanner, 1971). Destas, duas haviam conseguido manter um emprego regular e entrar em certa medida na vida da comunidade. A maior parte dos casos restantes, porém, continuava a demonstrar a mesma incapacidade de formar relacionamentos com outras pessoas e graus variados de isolamento social. Bemporad (1979) examinou um homem de trinta e um anos cujo diagnóstico original fora feito por Kanner, e nos fornece uma descrição particularmente viva. Havia várias indicações de que os sintomas anteriores tinham persistido na vida adulta. O homem demonstrava falta de empatia e queixava-se de que as outras pessoas eram imprevisíveis e amedrontadoras. Não é de espantar que ele tendesse a estruturar rigidamente os encontros sociais; e, nesses encontros, era incapaz de conversar informalmente.

Volkmar e Gohen (1985) conseguiram obter um relato em primeira mão da experiência do autismo por parte de um jovem adulto. Tony W. tivera seu autismo diagnosticado aos vinte e seis meses. Nessa idade, manifestava várias dentre as feições clássicas do autismo; não falava, não apresentava nenhum dos característicos comportamentos de apego em relação a outras pessoas e fazia movimentos repetitivos e estereotipados com as mãos. Aos vinte e dois anos de idade, trabalhava como montador; tinha alguns amigos superficiais, embora suas tentativas de conservar uma namorada houvessem falhado. Alguns excertos tirados de seu próprio relato nos passam a impressão geral (alguns erros menores de soletração e de sintaxe foram corrigidos):

> Sempre adorei as coisas *high-tech*, aviões, foguetes. Assisti muitas reportagens sobre os lançamentos de foguetes... Eu não confio ou não confiava em ninguém a não ser em mim mesmo; isso é um problema ainda hoje. E eu era e ainda sou muito inseguro. Eu tinha também o coração muito frio. Era impossível para mim dar ou receber amor de qualquer pessoa. Eu freqüentemente rejeito isto, afastando as pessoas. Isso é um problema ainda hoje, assim como relacionar-me com outras pessoas. Eu gostava mais das coisas do que das pessoas e para estas eu não dava a mínima.

Fatores familiares

Kanner concluiu seu relato inicial com a afirmação de que o que causava o autismo era uma dificuldade emocional inata, e não qualquer característica particular do ambiente doméstico: "Devemos, então, supor que estas crianças tenham vindo ao mundo com uma incapacidade inata de estabelecer o contato afetivo normal, biologicamente assegurado, com as pessoas, assim como há outras crianças que vêm ao mundo com deficiências físicas ou intelectuais inatas." Não obstante, houve no passado algumas indicações de que o distúrbio pudesse ser parcialmente devido ao estilo de interação predominante na família da criança, e não a qualquer distúrbio genético. Em primeiro lugar, houve indicações de que as crianças autistas aparecem com mais freqüência em lares de classe média. Depois, não havia provas de que o autismo reaparecesse na mesma família, o que seria de se esperar se o distúrbio tivesse uma base genética. Ao serem reconsiderados, ambos os indícios aparecem como suspeitos, e as indicações atuais apontam fortemente que o papel crucial cabe antes aos fatores genéticos que ao ambiente familiar. Estudos recentes (p. ex., Wing, 1980) não têm comprovado os indícios anteriores de predominância em determinada classe social. Além disso, ficou claro que os autistas poucas vezes têm filhos, de modo que a ausência do autismo em gerações sucessivas da mesma família não chega a surpreender.

Os autistas poucas vezes têm filhos, mas certamente têm irmãos, e estes constituem uma das provas mais decisivas em favor de um componente genético. Dentre os irmãos de crianças autistas, dois em cada cem são diagnosticados como autistas, o que representa decerto um percentual baixo, mas que é pelo menos cinqüenta vezes mais alto que a proporção constatada na população normal (Rutter, 1967). Num estudo de onze crianças autistas dotadas de um irmão gêmeo idêntico, quatro dos gêmeos demonstraram os sintomas clássicos do autismo e muitos dos outros gêmeos tinham deficiências intelectuais ou lingüísticas. Em contraposição, num grupo comparativo que compreendia dez crianças autistas com irmãos gêmeos não-idênticos, nenhum dos gêmeos manifestou a síndrome autística plena e só uns poucos tinham deficiências intelectuais ou lingüísticas (Folstein & Rutter, 1977). Esta pronunciada diferença entre os dois conjuntos de gêmeos é difícil de explicar em termos do ambiente familiar; se o tratamento dado pela mãe ou pelo pai fosse um fator crítico, seria de se esperar uma semelhança muito maior entre um e outro gêmeo no conjunto de gêmeos não-idênticos (DZ).

Explicações para o autismo

O sintoma mais notável do autismo é a dificuldade em formar relacionamentos com outras pessoas. Recorde-se a arrojada declaração de Kanner ao final de seu artigo: às crianças autistas falta a capacidade "de estabelecer o contato afetivo normal, biologicamente assegurado, com as pessoas". Sua descrição de Paul, criança autista de cinco anos de idade, nos proporciona um exemplo muito vívido: "Comportava-se como se as pessoas não importassem, ou sequer existissem. Não fazia diferença se alguém falasse com ele de modo amigável ou ríspido. Nunca olhava para o rosto das pessoas. Quando tinha de lidar com as pessoas, tratava-as, ou antes a partes delas, como se fossem objetos."

Os escritos de adultos autistas confirmam este quadro clínico. Como escreveu Tony W.: "Era impossível para mim dar ou receber amor de qualquer pessoa." Ainda assim, seria enganoso conceber as crianças autistas como sempre insensíveis ou distantes. Marian Sigman e seus colegas, em Los Angeles, demonstraram que, quando comparadas a crianças não-autistas de mesma idade mental, as crianças autistas manifestam no rosto o mesmo grau de emoção durante a interação social, embora algumas de suas expressões faciais sejam incomuns ou difíceis de interpretar (Yirmiya, Kasari, Sigman & Mundy, 1989). Além disso, quando são separadas por breve tempo de sua mãe ou da pessoa que cuida delas demonstram um padrão normal de comportamento quando a pessoa volta. Chegam perto dela e a tocam (Sigman, Mundy, Ungerer & Sherman, 1987). Com efeito, a mãe de uma menina autista de seis anos de idade, que conheço, percebe que sua filha fica muito mais ansiosa com sua ausência do que o filho normal de quatro anos. Mesmo estando apenas num cômodo da casa em que a mãe não está, a menina volta com freqüência para assegurar-se da presença da mãe.

Podemos concluir que as deficiências de "contato afetivo" nas crianças autistas não querem dizer que estas não tenham a capacidade de sentir emoção. É mais provável que as deficiências surjam na comunicação da emoção. Não são apenas as suas expressões emocionais que são incomuns; elas também são insensíveis ou indiferentes aos sinais de emoção emitidos por outras pessoas. Como pode surgir tal déficit? Como dissemos no capítulo 1, a capacidade de interpretar sinais emocionais geralmente se desenvolve bem cedo na vida. Até mesmo crianças de um ano regulam sua abordagem a determinado objeto de acordo com a expressão de encorajamento positivo da pessoa que cuida delas. Considere-se o que ocorreria se as crianças não conseguissem captar o significado emocional das expressões faciais de outras pessoas. Veriam os rostos das pessoas assumir uma nova configuração, a qual seria, porém, para elas, desprovida de significado. Tais crianças demonstrariam a falta de empatia que é típica da criança autista. Não seriam simplesmente indiferentes às emoções das outras pessoas; antes, teriam dificuldades até mesmo de perceber que as outras pessoas possuem uma vida emocional. Além disso, é bem possível que essa incompreensão exista mesmo que as próprias crianças autistas demonstrem ter fortes emoções e ligações emocionais com outras pessoas.

Peter Hobson examinou este aspecto da síndrome autística. Perguntou-se se as crianças autistas têm dificuldade de ver que diferentes sinais emocionais podem servir para veicular a mesma emoção (Hobson, 1986a; 1986b). Em seu primeiro estudo, mostrou às crianças vários tipos de videoteipe. Num videoteipe, quatro emoções diferentes – alegria, zanga, medo e tristeza – eram veiculadas por diferentes expressões faciais. Num segundo videoteipe, eram veiculadas por gestos apropriados; num terceiro, por sons; e por fim, num quarto, por situações evocativas apropriadas.

Depois de assistirem a qualquer um dos videoteipes, as crianças recebiam cinco desenhos de expressões faciais, e pedia-se a elas que escolhessem o desenho que combinava com o videoteipe. Por exemplo, tendo acabado de ver um homem fazendo gestos zangados, era de se esperar que escolhessem o rosto zangado; tendo acabado de ouvir um homem resmungando e suspirando, esperava-se que escolhessem o rosto triste; e assim por diante.

As crianças autistas cometeram muito poucos erros com videoteipes de controle contendo material não-emocional; assim, compreenderam as exigências da tarefa. Além disso, a maior parte delas foi capaz de se sair bem na parte mais simples da tarefa das emoções: tendo visto um vídeo de alguém produzindo uma determinada expressão facial, elas selecionavam o desenho de expressão facial que combinava com o vídeo. Portanto, num nível perceptivo superficial, elas eram capazes de reconhecer e reidentificar determinadas expressões faciais de emoção. Nas tarefas de combinação mais complexas, em que a semelhança perceptiva não oferecia pistas, as crianças autistas cometeram muitos enganos. Por exemplo: quando eram solicitadas a escolher a expressão facial que combinasse com um gesto, uma vocalização ou um contexto emocional, elas se saíram muito pior do que as crianças normais ou crianças retardadas, todas niveladas segundo a idade mental. Tiveram dificuldades semelhantes em um estudo de acompanhamento em que a tarefa de combinação foi invertida, de modo que elas tinham de escolher o gesto que combinasse com uma expressão facial ou uma vocalização.

Estes resultados dão apoio à tese de Hobson de que as crianças autistas têm dificuldade de compreender que diferentes sinais emocionais – um gesto, uma expressão facial, um tom de voz, ou mesmo uma situação emocionalmente carregada – podem significar todos o mesmo estado emocional. Além disso, estudos iguais feitos com adultos autistas demonstraram que essa dificuldade não se deve a uma lentidão de desenvolvimento: ela permanece pela idade adulta adentro, até mesmo entre aqueles adultos que são capazes de ter empregos e viver na comunidade (Macdonald *et al.*, 1988). Se as pessoas autistas não compreendem a expressão da emoção por parte de outras pessoas, devem ter dificuldade de formar relacionamentos normais com elas. Peter Hobson, por exemplo, descreve o episódio seguinte: uma criança autista ouviu uma outra gritando e chorando. Em vez de reagir com angústia ou compaixão, como uma criança normal talvez tivesse feito, a criança autista comentou em meio a risos: "Ele está fazendo um barulho engraçado" (Hobson, 1986c).

As descobertas de Hobson são simples e claras. Ainda assim, não é fácil compreender como uma dificuldade de interpretar a emoção possa estar ligada às dificuldades mais amplas da criança autista. Por exemplo: como poderia uma deficiência de entendimento das expressões emocionais de outras pessoas resultar em ausência de brincadeiras, desenvolvimento insatisfatório da linguagem e numa insistência no igual – todos sintomas clássicos do autismo? Para reunir esses sintomas dispersos, precisamos de uma teoria mais abrangente.

Crenças, desejos e emoção

No capítulo 3, defendi a idéia de que a compreensão da emoção depende de uma compreensão de outros estados mentais, em particular os desejos e as crenças. Talvez as crianças autistas não se limitem a interpretar erroneamente os sinais de emoção, mas tenham uma dificuldade de desenvolver aquela concepção mais ampla da mente. Seria mais fácil vincular esse déficit aos outros sintomas do autismo.

O trabalho com crianças normais tem começado a mostrar como aquela concepção é adquirida, e quais são os seus componentes. Num experimento engenhoso, Heinz Wimmer e Josef Perner (1983) apresentaram a seguinte história a crianças normais de três e quatro anos de idade, usando bonecos e objetos apropriados para representar a seqüência dos acontecimentos. Sally entra no quarto, põe uma bola de gude na sua cesta e sai novamente. Então Anne entra no quarto; ela tira a bola de gude da cesta de Sally e a esconde em sua própria caixa, no mesmo quarto. Também ela sai do quarto, após o que Sally volta para procurar sua bola de gude. Tendo acompanhado a história até aqui, as crianças respondem a duas perguntas que visam verificar se captaram os dados essenciais: "Onde está a bola de gude na verdade?" e "Onde estava a bola de gude no começo?" Tanto as crianças de três como as de quatro anos são capazes de responder corretamente a estas perguntas, o que abre caminho para a pergunta crítica do teste: "Onde é que Sally vai procurar a sua bola de gude?"

As crianças normais de quatro anos ou mais não têm muita dificuldade com esta pergunta. Percebem que Sally pensará, erroneamente, que sua bola de gude estará ainda onde ela a deixou, de modo que a procurará na cesta, embora esta agora esteja vazia. As crianças de três anos, em contraposição, têm muito mais dificuldade. Elas geralmente mandam Sally procurar na caixa onde a bolinha realmente está, aparentemente não percebendo que Sally não tem como saber que a bola foi transferida (Wimmer & Perner, 1983; Perner, Leekam & Wimmer, 1987). Ainda não está claro o motivo exato de as crianças de três anos errarem. Pode ser porque elas não sejam muito capazes de perceber que Sally estará desinformada se não viu a transferência da bolinha. Talvez seja difícil entender que Sally agora crê numa imagem mental do mundo que não corresponde à realidade. Enfim, talvez seja difícil perceber que as falsas crenças são tão potentes quanto as crenças verdadeiras no sentido de guiar o comportamento. Qualquer que seja a dificuldade, podemos ter certeza de que ela não surge em crianças de quatro e cinco anos, pois estas compreendem o que Sally pensará e fará. Por isso, elas devem ter alguma concepção do modo pelo qual as crenças são formadas e guiam as nossas ações.

De que modo as crianças autistas se saem nesta tarefa? Três psicólogos que trabalham em Londres – Simon Baron-Cohen, Alan Leslie e Uta Frith – compararam um grupo de crianças autistas, um grupo de crianças portadoras da síndrome de Down e um grupo de crianças normais. As crianças autistas eram intelectualmente retardadas, mas sua inteligência não-verbal e verbal ainda assim era maior que a dos outros dois grupos. Não obstante, revelou-se uma diferença muito clara entre os grupos na pergunta decisiva do teste. A maior parte das crianças autistas (80%) previu, erroneamente, que Sally procuraria o objeto em sua nova localização. Em contraposição, a maioria das crianças portadoras da síndrome de Down e as normais (cerca de 85% em cada um dos grupos) predisseram, corretamente, que Sally voltaria, enganada, ao lugar onde originalmente pusera a bolinha (Baron-Cohen, Leslie & Frith, 1985). Mesmo com crianças autistas um pouco mais velhas e mais inteligentes, e mesmo quando se usaram pessoas reais e uma verdadeira mudança de local em vez de uma historinha de faz-de-conta, a dificuldade permaneceu. Em sua maioria, as crianças autistas não conseguiram perceber que, se deslocassem uma moeda de um lugar para outro enquanto o experimentador se ausentava da sala por um tempinho, o experimentador voltaria à sala esperando encontrar a moeda no lugar onde originalmente estivera (Leslie & Frith, 1988).

Constatou-se uma dificuldade semelhante ao se pedir a crianças autistas que ordenassem um conjunto de figuras representando uma transferência de lugar ou um desaparecimento inesperado. Um conjunto de figuras, por exemplo, mostrava um menino roubando o ursinho de uma menina quando esta virava as costas, e depois a menina voltando-se e descobrindo sua inesperada perda. É importante notar que as crianças autistas não demonstraram ter uma dificuldade geral em realizar a tarefa de ordenar as figuras, pois, quando estas representavam a simples causalidade física – por exemplo, o caso de um homem que chuta uma pedra, a qual a seguir rola colina abaixo e cai na água –, elas se saíam até um pouco melhor que as crianças normais ou retardadas (Baron-Cohen, Leslie & Frith, 1986).

Será possível concluir, destes resultados, que as crianças autistas são competentes no que toca à física cotidiana mas têm pouca percepção da psicologia do dia-a-dia? Esta conclusão é sedutora, pois ajudaria a explicar os problemas que os autistas têm com os relacionamentos sociais. Uma incapacidade de conferir sentido às crenças e desejos de outras pessoas tornaria praticamente impossível o "dar e receber amor". No entanto, cada um dos testes que até agora descrevemos envolveu uma inesperada mudança de localização e uma conseqüente crença enganosa. Como se saem as crianças autistas ao serem inquiridas acerca de outros estados psicológicos, particularmente os desejos?

A tarefa de ordenar figuras produziu algumas descobertas sugestivas. Tendo as crianças disposto as figuras numa seqüência, pedia-se a elas que contassem a história com suas próprias palavras. Em comparação com os outros dois grupos, as crianças autistas fizeram bem menos referências aos estados mentais dos personagens, inclusive a seus desejos. Enquanto uma criança normal começaria a contar a história dizendo: "O menino está pondo a bala na caixa *para ninguém encontrar ela*", uma criança autista simplesmente descreveria a ação, sem fazer qualquer referência ao motivo subjacente. Como resultado, as narrativas das crianças autistas eram desprovidas de coloração psicológica. Limitavam-se a uma descrição do comportamento manifesto dos personagens. À diferença das crianças normais, não vinculavam os episódios entre si em termos dos desejos do protagonista[1].

Ao lado das crenças, os desejos são o outro componente decisivo de nossa concepção cotidiana da mente. Por exemplo, como discutimos no capítulo 3, nossas explicações ou previsões da emoção de uma pessoa não podem levar em conta somente o que a pessoa pensa que vai acontecer, mas também o que a pessoa quer que aconteça. Tendo isto em mente, Alison Muncer e eu realizamos um estudo em que avaliamos a compreensão que as crianças autistas têm tanto das crenças como dos desejos (Harris & Muncer, 1988).

Mais uma vez, valemo-nos de um formato simples de história. Em cada episódio, João e Maria estavam a ponto de ganhar uma guloseima ou sair a passeio, mas nunca concordavam um com o outro. Em algumas histórias, eles *queriam* coisas diferentes. Por exemplo, João podia querer ir ao parque de diversões, enquanto Maria gostaria de ir à piscina. Em outras histórias, os dois *esperavam* que coisas diferentes fossem acontecer. Por exemplo, João talvez pensasse que eles iriam ganhar uma barra de chocolate, ao passo que Maria pensava que ganhariam um sorvete. Ao final de cada história, Mamãe revelava qual seria a guloseima ou o passeio, os quais inevitavelmente conformavam-se aos desejos e expectativas de Maria e frustravam os de João, ou vice-versa. Pedíamos então às crianças que dissessem se João e Maria haviam estado certos, ou se ficariam satisfeitos com o final da história. Para acertar, as crianças tinham de perceber que só João ou só Maria estariam certos, e que só um deles ficaria satisfeito. Com efeito, precisavam levar em conta aquilo que João e Maria queriam que acontecesse ou pensavam que fosse acontecer, e comparar esses dados com o que efetivamente aconteceu.

As crianças autistas tinham, em média, onze anos de idade, e sua inteligência verbal média era equivalente à de crianças normais de cinco anos; como grupo de comparação, portanto, usamos um grupo de crianças normais de cinco anos de idade. Como Baron-Cohen e seus colegas previram, as crianças autistas se saíram muito pior que as normais, apesar de serem seis anos mais velhas. Além disso, foram mal tanto ao avaliar os desejos quanto ao avaliar as expectativas. Aparentemente, as crianças autistas não são fracas apenas para compreender as crenças; também o são para compreender o outro grande componente de nossa teoria cotidiana, ou popular, da mente – os desejos.

As descobertas que eu havia descrito antes agora encontram seu lugar. Se as crianças autistas não compreendem os motivos que impulsionam as pessoas, não é de surpreender que suas narrativas sejam descrições superficiais com fraca coloração psicológica. As histórias são construídas em torno das metas e dos planos do herói. Para quem não consegue compreender essas metas, o episódio faz pouco sentido. De modo mais geral, não é nem um pouco surpreendente que as crianças autistas considerem as outras pessoas imprevisíveis ou até amedrontadoras. Uma incapacidade de compreender as crenças das pessoas faria com que as ações equivocadas destas se tornassem algo bastante enigmático: "Por que será que essa menina está procurando seus brinquedos no armário se ele está vazio?" Uma incapacidade de entender seus desejos, por outro lado, tornaria suas ações completamente incompreensíveis. Um plano de ação apareceria como nada mais que uma série de movimentos desvinculados: "Por que ela está indo em direção ao armário... por que ela está agora abrindo a porta... por que está olhando lá dentro?"

Para perceber que as lágrimas, uma expressão facial triste e um soluço significam todos o mesmo estado emocional, é também necessário perceber que cada um dos modos de expressão pode ser desencadeado por um estado mental subjacente. Como vimos no capítulo 3, as situações que levam à tristeza (ou a qualquer emoção) podem ser muito diferentes: a quebra de um brinquedo e a partida da mãe não possuem características físicas em comum. No entanto, assim que os desejos são levados em conta, passam a possuir alguma coisa em comum. Ambas as situações frustram um desejo. Se alguém é incapaz de compreender os desejos de outras pessoas, então o sofrimento ou a alegria destas, e as várias manifestações que acompanham estas emoções, parecerão desconexos. Será impossível referir suas lágrimas e soluços a uma única causa comum. Na melhor das hipóteses, essas manifestações serão imagens e sons que ocorrem ao mesmo tempo, mas sem qualquer razão aparente.

Como compreender os estados mentais

Até aqui, vimos que as crianças autistas só compreendem uma parte do modo pelo qual o mundo funciona. Compreendem suas forças físicas ou mecânicas, mas ficam desnorteadas pelas forças psicológicas. Têm pouco discernimento dos desejos e crenças e subjazem às ações e emoções das pessoas. Como ocorre esta lacuna? Por que são capazes de compreender um tipo de causalidade, mas não o outro? Alan Leslie propôs uma explicação original e intrigante. Essa explicação sugere que dois sintomas da síndrome autística, aparentemente distintos entre si – a compreensão insatisfatória da psicologia e a ausência de brincadeiras de faz-de-conta –, podem estar relacionados entre si (Leslie, 1987).

O ponto de partida de Leslie é a afirmação de que tanto os adultos como as crianças pequenas são capazes de agir como se algo reconhecidamente falso fosse verdadeiro. Comecemos por descrever um episódio ilustrativo usado por Leslie. Uma criança de dois anos está brincando com uma banana e por algum tempo a segura bem perto da orelha; faz de conta que aquilo é um telefone, e começa a falar no "aparelho". Visto que a banana manifestamente não é um telefone, esta simulação envolve a capacidade de agir, por algum tempo, como se algo que é falso fosse verdadeiro. Isto também se aplica aos demais atos de faz-de-conta que as crianças pequenas apresentam. Recorde-se o episódio descrito no capítulo 3, em que J., de dois anos, deu um banho no Fazendeiro; J. agiu como se a água, que acabou se revelando muito quente, estivesse enchendo a "banheira", o cercadinho feito de blocos. É óbvio que não havia água e não havia banheira, mas J. agiu como se tais coisas estivessem lá.

Podemos expressar esses atos de faz-de-conta em termos de afirmações. As afirmações "esta banana é um telefone" e "estes bloquinhos são uma banheira" são manifestamente falsas, mas a criança, e qualquer outra pessoa que esteja acompanhado a sua fantasia, encara por um certo tempo essas afirmações como verdadeiras.

De acordo com Leslie, também é possível que a compreensão dos estados mentais de outras pessoas envolva uma disposição de alimentar, por certo tempo, uma proposição falsa. Para compreender os jogos simples de esconder ou muitos contos de fadas, por exemplo, as crianças precisam perceber que alguém pode ter uma crença errônea acerca da localização de algo ou da identidade de um personagem. A história de Chapeuzinho Vermelho cria suspense porque, apesar de espantar-se com os olhos grandes e os enormes dentes da Vovó, ela não percebe que Vovó na realidade é um lobo.

A compreensão do estado mental de uma outra pessoa e o faz-de-conta possuem importantes semelhanças entre si. Ambos requerem uma capacidade de sustentar afirmações que se sabem ser falsas. De modo mais geral, a compreensão de muitos estados mentais envolve uma apreciação de modo pelo qual o conteúdo intencional de tais estados – o estado de coisas em cuja direção o estado mental se dispõe – pode não se realizar no mundo real. Recordem-se, por exemplo, as histórias de João e Maria. Aquilo que um deles queria, ou pensava que aconteceria, invariavelmente revelava-se diverso do que realmente vinha a acontecer.

Leslie propõe, a seguir, a intrigante hipótese de que as crianças autistas, à diferença das normais, não sejam capazes de se desligar temporariamente da realidade e alimentar inverdades. Visto que esse desligamento, ou "desacoplagem", é necessário tanto para criar jogos de faz-de-conta quanto para compreender muitos estados mentais, inclusive as crenças falsas e os desejos insatisfeitos, as crianças autistas não se sairão bem em ambas as atividades. Já apresentamos dados que mostram que as crianças autistas são más psicólogas. Consideremos agora a ausência aparente, nelas, do faz-de-conta.

Brincadeira de faz-de-conta

As crianças autistas brincam de um modo que impressiona o observador por seu caráter repetitivo e estereotipado. Elas muitas vezes alinham objetos ou constroem motivos geométricos, mas é muito pouca a imaginação ou o faz-de-conta que introduzem em suas brincadeiras. Esta ausência de brincadeira de faz-de-conta é notável, pois nas crianças normais é possível constatar uma seqüência bastante clara de mudanças no decorrer do desenvolvimento (descrita no capítulo 3). Por volta dos doze ou treze meses de idade, as crianças começam a empreender ações costumeiras, tais como beber, comer ou dormir "no vazio", isto é, fora de seu contexto normal. Por exemplo: a criança sentada no chão, fora da hora costumeira de refeição, pega um copo vazio, leva-o aos lábios e o inclina, como se estivesse bebendo. Esses primeiros gestos de faz-de-conta são em geral auto-referidos (p. ex., a criança oferece a si mesma uma bebida). Por volta dos dezoito meses de idade, a criança começa a dirigir essa mesma atividade de pantomima a outros seres, principalmente às bonecas. Dá-se, por exemplo, à boneca algo de comer ou beber.

Por volta dos dois anos ou dois anos e meio de idade, as crianças sobem um grau e passam a ser um "diretor de teatro". Brincam com uma boneca como se esta fosse um agente independente, e não um receptor passivo de suas ações de faz-de-conta. Por exemplo, em vez de ganhar um copo d'água, a boneca recebe uma mente própria e um dom de ação independente; diz-se que ela está com sede, faz-se com que ela procure um copo e beba dele.

As crianças autistas não parecem seguir essa seqüência de desenvolvimento. Mesmo quando comparadas com crianças normais e crianças portadoras da síndrome de Down, igualadas segundo o QI verbal, elas produzem menos brincadeiras de faz-de-conta (Sigman & Ungerer, 1984). Um estudo realizado por Simon Baron-Cohen (1987) dá uma demonstração clara das dificuldades da criança autista. Foram proporcionados às crianças vários brinquedos, e suas atividades espontâneas com os brinquedos foram classificadas em categorias. Três das categorias de brincadeira envolviam simplesmente a manipulação ou a ordenação dos objetos, mas a categoria "simulação" envolvia ações de faz-de-conta. Era possível, por exemplo, que se fizesse com que as bonecas cozinhassem com utensílios de cozinha; que alinhassem bloquinhos de modo a formar um trem; ou que a criança fizesse de conta que havia alguém do outro lado da linha de um telefone de brinquedo. Embora a maior parte das crianças portadoras de síndrome de Down (80%) e das crianças normais (90%) tenham se dedicado a tais brincadeiras de faz-de-conta, só duas crianças autistas fizeram o mesmo. Além disso, os episódios protagonizados pelas crianças autistas foram limitados e ambíguos. Uma delas apontou para um pedaço de esponja verde em forma de cubo e falou: "Será que são batatas? Eu não sei. Talvez sejam ervilhas." A outra apontou para o fogãozinho de brinquedo e disse: "Não encosta. Está quente." Nenhuma das frases fez parte de uma seqüência contínua de atividade de faz-de-conta, e nem envolveu a animação dos bichinhos de brinquedo ou das bonecas.

Estes resultados corroboram a imagem geral que temos da criança autista. Confirmam a ausência de brincadeira de faz-de-conta, e mostram que isso não se deve a um retardamento intelectual. Crianças portadoras da síndrome de Down, dotadas de deficiências intelectuais igualmente severas, dedicam-se à brincadeira de faz-de-conta. As descobertas também dão apoio à asserção de Leslie de que as crianças autistas são incapazes de suspender sua descrença em proposições que não têm verdade literal, suspensão essa que lhes permitiria agir num modo de faz-de-conta.

Ainda assim, precisamos ter cuidado. Os desenvolvimentos da brincadeira de faz-de-conta que descrevi anteriormente referem-se à emergente capacidade que a criança tem de imputar a capacidade de agir e a intenção. É concebível que o fato de as crianças autistas raramente produzirem brincadeira de faz-de-conta seja devido não a uma completa falta de capacidade de fazê-lo, mas a que o tipo de brincadeira que elas preferem, dirigida a objetos, pode ser prontamente realizado sem muita necessidade do faz-de-conta. Os objetos podem ser empilhados, girados, alinhados etc., sem qualquer necessidade de faz-de-conta. Um drama humano, por outro lado, não pode ser representado a menos que a pessoa esteja preparada a imaginar as metas, as percepções, as emoções e as crenças dos atores do drama.

Esse argumento implica que precisamos fazer uma importante distinção entre dois tipos de faz-de-conta: o faz-de-conta simples, em que são imaginados objetos físicos ou suas propriedades, e o faz-de-conta avançado, em que é criado um estado mental. É certo que, em qualquer episódio de brincadeira, esses dois tipos de faz-de-conta estão muitas vezes entrelaçados; é só lembrar, por exemplo, o episódio em que J., de dois anos, anunciou que o Fazendeiro queria tomar banho e, além disso, produziu água imaginária a partir de torneiras imaginárias. No entanto, a manifestação inicial desses dois tipos de faz-de-conta tem lugar em diferentes pontos do desenvolvimento. O faz-de-conta com objetos aparece por volta dos dezoito meses, ao passo que a atribuição de estados mentais aparece ao redor dos vinte e quatro meses.

Seriam as crianças autistas igualmente deficientes em ambos os tipos de faz-de-conta? Vicky Lewis e Jill Boucher (1988) demonstraram que elas são capazes de dedicar-se ao faz-de-conta baseado em objetos. Deram às crianças vários pares de objetos (p. ex., um carrinho de brinquedo e uma caixa; uma boneca e uma folha de papel azul), e também uma instrução, como, por exemplo, a de "fazer o carro entrar na garagem" ou "fazer a boneca nadar na piscina". Assim, as crianças tinham de fazer de conta que a caixa era uma garagem, ou que o papel azul era uma piscina. As crianças autistas revelaram ser tão competentes quanto as crianças normais e crianças de aprendizado lento igualadas segundo o grau de realização mental verbal.

Se as crianças autistas são capazes de dedicar-se ao faz-de-conta mais simples, baseado em objetos, então devem ter alguma capacidade de "desacoplar-se" ou desligar-se da realidade e agir com base numa inverdade, de modo que não é uma deficiência de "desacoplagem" que pode explicar suas dificuldades de compreender outras pessoas. Defenderei, em vez disso, a idéia de que elas não são capazes de dedicar-se à modalidade mais avançada de faz-de-conta, o faz-de-conta de estados mentais, e de que isto está na raiz de suas dificuldades de compreensão de outras pessoas. No capítulo 3, afirmei que este tipo de faz-de-conta ou simulação é vital para se penetrar nas esperanças e medos de outras pessoas, e, de modo mais geral, para se desenvolver uma teoria da mente. Recapitulando brevemente: as crianças "simulam" o estado mental de uma outra pessoa. Imaginam os desejos, crenças e emoções que a outra pessoa possui de fato.

Considere-se, agora, o que ocorreria se uma criança fosse congenitamente incapaz de fazer esse tipo de projeção imaginativa. Observaria o comportamento e a expressão da outra pessoa, mas não seria capaz de imaginar quais as crenças e desejos que orientam esse comportamento. O comportamento de outras pessoas pareceria imprevisível, e suas expressões emocionais seriam ininteligíveis.

A brincadeira de faz-de-conta da criança normal, com bonecas e soldadinhos, fornece amplas provas da existência desse tipo de projeção. Sem tal capacidade, seria difícil para a criança desenvolver qualquer concepção dos estados mentais de outra pessoa, e a brincadeira de faz-de-conta que envolve a atribuição de estados mentais raramente ocorreria. É este o padrão que observamos nas crianças autistas. Embora consigam dedicar-se ao faz-de conta mais simples baseado em objetos, sua brincadeira livre é desprovida de qualquer drama humano.

Comunicação e tomada de perspectiva

Podemos nos voltar, por fim, às dificuldades de linguagem e comunicação das crianças autistas. Por duas razões, estas dificuldades são particularmente informativas. Em primeiro lugar, o grau de severidade da deficiência lingüística da criança autista já mostrou ser, repetidas vezes, um dos melhores indicadores das possibilidades de essa criança fazer um progresso razoável no decorrer do desenvolvimento (Lotter, 1978). Em segundo lugar, como veremos, há provas de que as dificuldades de comunicação podem ser identificadas cedo na vida. O que quer que seja que desintegre a comunicação da criança autista com outras pessoas aparece cedo e não vai embora. Precisamos examinar cuidadosamente esse rompimento precoce da comunicação e analisá-lo.

Embora as crianças autistas sejam lentas em adquirir a linguagem falada, não há indicações claras de que sua gramática ou sua articulação sejam anormais (Bartolucci, Pierce & Streiner, 1980; Boucher, 1976). Por outro lado, mesmo entre os autistas cujo desenvolvimento é avançado em termos de linguagem, ocorrem dificuldades permanentes ligadas aos aspectos pragmáticos ou sociais da linguagem. As crianças tendem a ter dificuldades para iniciar uma conversação, embora possam não permanecer indiferentes quando uma outra pessoa a inicia (Loveland, Landry, Hughes, Hall & McEvoy, 1988). Quando levantam algum assunto, este geralmente está relacionado a suas próprias preocupações, e seus comentários ou perguntas são normalmente pronunciados sem cadência ou inflexão (Rutter & Garmezy, 1983).

Quando a linguagem surge na criança normal, ocupa seu lugar ao lado de outros gestos comunicativos. Por exemplo, por volta dos doze ou treze meses de idade, as crianças começam a apontar para um objeto e a olhar sucessivamente para o objeto e para a pessoa cuja atenção estão procurando dirigir (Bates, 1976). Fica implícito que elas percebem que as outras pessoas podem não estar acompanhando seu gesto, e olham para ver se seu gesto está sendo registrado e se encontra resposta. A combinação de apontar e olhar indica que, com um ano de idade, as crianças sabem que outras pessoas podem ter experiências visuais semelhantes às suas próprias, bastando para isso que olhem na mesma direção; e sabem que a atenção das pessoas pode ser dirigida por gestos tais como o apontar.

As crianças autistas produzem tais gestos? Marian Sigman e seus colegas, em Los Angeles, filmaram crianças enquanto estas brincavam com um adulto. Comparadas com crianças normais e retardadas, as crianças autistas tinham menor probabilidade de verificar se o adulto estava prestando atenção ao mesmo objeto ou acontecimento a que elas estavam. Por exemplo, apontavam com menor freqüência; mostravam com menor freqüência os objetos ao adulto, e, quando estavam segurando um objeto ou observando um interessante brinquedo mecânico, poucas vezes olhavam para o adulto. De fato, a ausência dessa verificação visual era especificamente característica das crianças autistas (Mundy, Sigman, Ungerer & Sherman, 1986; Sigman, Mundy, Sherman & Ungerer, 1986).

Assim, as crianças autistas raramente estabelecem a chamada atenção conjunta. Concentram-se num objeto, aparentemente indiferentes ao fato de outra pessoa estar ou não prestando atenção. A atenção conjunta pode ser vista como uma importante precursora das primeiras conversações. Uma criança que não pudesse dedicar-se a essa atenção conjunta, ou que a evitasse, teria dificuldade para captar uma das funções pragmáticas básicas da linguagem em seu início: a focalização num assunto ou objeto de interesse comum. Isto nos sugere que as dificuldades posteriores da criança autista com relação às funções pragmáticas da linguagem se originam em dificuldades de comunicação que podem ser detectadas antes do surgimento da linguagem.

Mas por que, exatamente, as crianças autistas têm dificuldade de estabelecer a atenção conjunta? Desde que Piaget realizou sua clássica pesquisa em que pediu a crianças que imaginassem diferentes perspectivas num cenário de montanha (a chamada tarefa das três montanhas), a tomada de perspectiva visual tem sido considerada um componente fundamental da capacidade que as crianças têm de colocar-se na pele de outra pessoa. Será que as crianças autistas têm dificuldade de imaginar o que uma outra pessoa consegue ver? Isto explicaria sua tendência de amarrar-se a um objeto, prestando pouca atenção ao fato de qualquer outra pessoa estar, ou não, olhando para ele também.

Peter Hobson investigou essa possibilidade. Como de costume, três grupos foram avaliados: crianças autistas, crianças portadoras da síndrome de Down e crianças normais (Hobson, 1984). Em uma tarefa, pedia-se à criança que dissesse qual das faces de um cubo seria visível para uma boneca que era posicionada em vários pontos ao redor do cubo. Numa outra, a criança tinha de posicionar uma boneca bem pequena atrás de uma tela, de modo que a boneca não pudesse ser vista por duas outras que supostamente estariam tentando encontrá-la. As crianças autistas se saíram surpreendentemente bem. Seu desempenho correspondeu à sua idade mental. Não havia sinal da acentuada defasagem de desempenho que descrevemos há pouco no tocante às crenças e desejos. Com efeito, um subgrupo de crianças autistas mais velhas, tendo aproximadamente catorze anos de idade e uma idade mental de onze anos, quase não cometeu erros em ambas as tarefas de tomada de perspectiva.

Combinando essas várias descobertas, deparamos com um enigma. A exemplo das crianças normais, as autistas são capazes de saber o que uma outra pessoa consegue ver; mas, em contraposição às crianças normais, raramente procuram modificar ou verificar aquilo para o que uma outra pessoa está olhando: poucas vezes apontam para um objeto interessante ou verificam se uma outra pessoa está olhando para ele.

Simon Baron-Cohen perguntou-se se esta paradoxal conclusão permanece válida quando as mesmas crianças autistas são comparadas quanto às duas habilidades (Baron-Cohen, no prelo). As crianças observaram um adulto dirigindo seu olhar (enquanto mantinha a cabeça imóvel) para um entre vários objetos espalhados pela sala, e depois disseram qual era o objeto para que ele estava olhando. A tarefa revelou-se extremamente fácil para todas as crianças, incluindo as autistas. Não obstante, surgiram no grupo autista as costumeiras dificuldades relativas a apontar para objetos de interesse comum. As crianças autistas pareciam captar a intenção do experimentador quando este apontava para um objeto que desejava que elas levassem até ele; mas, quando apontava para um objeto invisível para a criança, como se dissesse "Venha até aqui e olhe isto", elas não conseguiam compreender.

Constatou-se um padrão semelhante ao observar-se a própria atividade de apontar das crianças. Ao passo que a maioria das crianças retardadas e normais apontava para objetos tanto para pedi-los quanto para mostrá-los, as crianças autistas às vezes apontavam para fazer um pedido, mas nunca apontavam com a finalidade de chamar a atenção para um objeto.

Este padrão de resultados confirma a existência do enigma. As crianças autistas não parecem perceber que o apontar pode ser usado para dirigir a atenção de uma pessoa, e, no entanto, conseguem saber facilmente para o que é que uma pessoa está olhando. Além disso, compreendem uma das funções do apontar, a saber, a de orientar uma outra pessoa para que busque um objeto. Por que, então, não utilizam nem compreendem o apontar que serve para chamar a atenção para um objeto?

Para responder a esta pergunta, precisamos considerar o objetivo deste tipo de atividade de apontar. Quando apontamos para um objeto interessante, estamos tentando fazer com que alguém olhe para alguma coisa, mas não é essa a nossa intenção final. Queremos que a pessoa compartilhe daquilo que nos interessa ou que cativou nossa atenção. Queremos que a pessoa se una a nossa atitude em relação ao objeto, seja esta uma atitude de perplexidade, curiosidade ou alegria; não queremos que ela simplesmente olhe numa determinada direção a fim de absorver um determinado dado perceptivo. Assim, é importante distinguir entre duas capacidades diferentes: a previsão da reação de uma outra pessoa ao ver determinado objeto, e o saber se a outra pessoa está ou não olhando na direção correta para que o objeto seja visto.

Como destacaram Alan Leslie e Uta Frith, poderemos saber o que uma outra pessoa vê se seguirmos a sua linha de visão: desde que não haja obstáculos, qualquer objeto dentro dessa linha será visível. Este tipo de extrapolação geométrica não difere em muito de se perceber qual a direção em que um objeto está se movendo, e de se saber se há obstáculos em seu caminho (Leslie & Frith, 1988).

Para que as crianças concebam que uma outra pessoa possa compartilhar de sua atitude de curiosidade ou ansiedade em relação a um objeto, essa projeção geométrica não é suficiente. As crianças precisam ser capazes de imaginar a outra pessoa compartilhando sua atitude para com o objeto. Como afirmei antes, esse tipo de projeção imaginativa é bastante característico, porque requer a capacidade de imaginar o estado emocional de uma outra pessoa, e não um atributo físico qualquer. O gesto de apontar tem a intenção de provocar aquele estado emocional. Se a criança é incapaz de imaginar aquele estado, o gesto de apontar não tem utilidade alguma, embora possa, é claro, servir a outros propósitos, tais como pedir objetos ou pedir ajuda. Assim, o descaso da criança autista pelo apontar pode ser referido à mesma deficiência na capacidade de projeção imaginativa que restringe sua brincadeira de faz-de-conta e limita sua compreensão das crenças e desejos[2].

Traçamos um círculo completo. No capítulo 1, descrevi o surgimento da compreensão emocional em crianças normais ao longo do primeiro ano de vida. Uma conclusão importante foi a de que a criança de um ano é capaz de perceber que outra pessoa não está simplesmente expressando emoção, mas está expressando emoção com referência a algum objeto presente no ambiente. Além disso, ao deparar com uma situação incerta, a criança muitas vezes olha para outra pessoa a fim de avaliar a reação emocional da pessoa à situação. Para a criança normal, mesmo numa idade tão tenra, as outras pessoas corporificam a possibilidade permanente de compartilhar uma experiência emocional. A criança autista se move pelo mundo sem conseguir conceber essa possibilidade.

Sumário e conclusões

Examinei o desenvolvimento anormal, neste capítulo, a fim de relevar a capacidade da criança normal. Um dos sintomas fundamentais do autismo é uma incapacidade de estabelecer contato afetivo com outras pessoas. As crianças autistas sentem e expressam emoção, mas têm dificuldade de conferir sentido às emoções de outras pessoas. Uma das possíveis explicações para essa dificuldade é a de que essas crianças sejam desprovidas de algum mecanismo perceptivo básico que permite à criança normal uma apreensão imediata dos estados emocionais de outras pessoas a partir de seus modos de expressão – a partir dos gestos, do tom de voz e da expressão facial que as pessoas apresentam. No entanto, logo nos primeiros meses de vida as crianças normais reagem, muitas vezes de modo apropriado, à expressão facial e ao tom de voz da pessoa que toma conta delas, ao passo que as crianças autistas raramente dão sinal de sua deficiência antes dos doze meses de idade, ou mais.

Com essa idade, as crianças normais começam a não mais simplesmente reagir à expressão de emoção da pessoa que as guarda, mas a demonstrar terem algum entendimento do fato de a outra pessoa estar sentindo uma emoção relacionada com um objeto ou acontecimento no mundo que as cerca. Interpretam apropriadamente os sinais de deleite ou apreensão dirigidos a um objeto, e se aproximam ou evitam o objeto em questão. Chegam mesmo a parecer conceber a possibilidade de a outra pessoa expressar tal emoção: em momentos de incerteza, voltam-se para a pessoa que cuida delas buscando como que uma orientação. Além disso, por volta da mesma idade, começam a compreender o significado do apontar. Começam elas mesmas a apontar para objetos, e a seguir a direção apontada por um adulto. Ambos os comportamentos – o aparecimento do ato de apontar e o olhar para quem cuida delas em momentos de incerteza – indicam que a criança esteja começando a ver as outras pessoas como criaturas dotadas do potencial de adotar uma posição emocional – de curiosidade, interesse ou ansiedade – em relação a um objeto, do mesmo modo que elas crianças, o fazem.

As provas disponíveis indicam que as crianças autistas não conseguem ter esse discernimento das capacidades das outras pessoas. Na mesma linha das idéias que defendi no capítulo 3, afirmei que esse discernimento não depende de um mecanismo perceptivo, mas sim de uma capacidade de simular ou imaginar o estado emocional de uma outra pessoa por analogia com o estado emocional do eu. Embora as crianças autistas sejam capazes de dedicar-se à brincadeira de faz-de-conta simples, baseada em objetos, quando instigadas a tal, elas encontram bastante dificuldade com essa modalidade mais complexa da simulação ou do faz-de-conta. Como resultado, sua apreciação dos desejos, crenças e emoções de outras pessoas fica tolhida.

Por fim, é importante enfatizar o fato de minha interpretação pressupor que, embora as dificuldades da criança autista tenham uma base cognitiva, elas não se limitam à cognição. Também a experiência emocional das crianças autistas ficará empobrecida. O próprio Kanner discorreu sobre a falta de simpatia dos autistas para com os outros. É de se recordar, além disso, as emoções mais complexas, sociais, discutidas no capítulo 4. O pleno desabrochar

ce exigir uma interpretação gibsoniana dos dados, a qual pode não ser apropriada no caso, visto que a única constante óbvia que poderia ter estimulado os bebês – a sincronia temporal entre os movimentos faciais e as mudanças no som da voz – fora excluída. Walker-Andrews (1986) descobriu que os bebês tendiam a olhar para a expressão facial correspondente mesmo quando os lábios (da imagem) estavam cobertos e invisíveis, ou quando o som e os movimentos dos lábios eram dessincronizados (Walker, 1982). Do mesmo modo, Spiegler e Caron (1986), utilizando uma técnica de habituação, descobriram que bebês de seis e sete meses de idade que ouviam um tom de voz alegre ou zangado eram depois capazes de identificar a expressão facial correspondente ao tom de voz que haviam acabado de ouvir. Como este segundo teste não era acompanhado de trilha sonora, a detecção da sincronia não poderia ter ajudado os bebês a fazer a correspondência.

Embora haja algumas alternativas à sincronia temporal que ainda não foram investigadas (p. ex., o ritmo), talvez seja mais apropriado interpretar os resultados como indicando que os bebês são capazes de incluir num mesmo grupo tipos bastante díspares de informação, em vez de insistir em que eles estejam detectando alguma informação invariável, comum tanto à expressão facial quanto ao tom de voz. É possível que tal agrupamento se fundamente na experiência simultânea de certas expressões faciais e certos tons de voz, ou em mecanismos inatos semelhantes àqueles postulados para o reconhecimento de certos fenômenos por meio da audição e da visão (Kuhl, 1987; Kuhl & Meltzoff, 1982).

Capítulo 2

1. Há uma longa tradição de trabalhos empíricos dedicados à relação existente entre a capacidade de tomar perspectiva e o comportamento pró-social. Uma recente meta-análise mostra que existe uma pequena mas significativa relação entre o altruísmo e medidas da capacidade de diagnosticar e prever os pensamentos e ações de outra pessoa, mesmo quando se neutraliza a contribuição potencial da idade (Underwood & Moore, 1982). As relações significativas são, com muita freqüência, frágeis ou inconsistentes entre as crianças na pré-escola (p. ex., Zahn-Waxler, Radke-Yarrow & Brady-Smith, 1977). O estudo de Stewart e Marvin (1984) destaca-se como incomum por revelar uma relação forte. No entanto, possui diversas características dignas de nota. Em primeiro lugar, Stewart e Marvin avaliaram a tomada de perspectiva com tarefas

que requeriam que as crianças distinguissem cuidadosamente entre as preferências e o conhecimento da outra pessoa e os seus próprios; em segundo lugar, avaliaram o comportamento pró-social num contexto em que a reação emocional da criança que recebia consolo tendia a ser diferente daquela da criança que oferecia consolo; e, em terceiro lugar, eles conceitualizaram a tomada de perspectiva como um pré-requisito cognitivo, e não como um *continuum* (cf. Denham, 1986).

2. Poder-se-ia propor a idéia de que as crianças capazes de tomar perspectiva consolavam seus irmãos com mais freqüência simplesmente porque suas mães pediam que o fizessem com mais freqüência. No entanto, esta suposição é derrubada pelo fato de a maioria das crianças incapazes de tomar perspectiva, que receberam tais pedidos de suas mães, não terem correspondido à solicitação.

3. Será que as crianças e adultos que são empáticos (isto é, sentem sofrimento), ao ver outra pessoa sofrendo, têm maior probabilidade de oferecer ajuda e consolo voluntários? Uma recente meta-análise da extensa literatura existente sobre este assunto indica que, ao se avaliar a empatia pedindo-se a pessoas que descrevam suas reações emocionais a um filme de sofrimento ou a uma simulação laboratorial do sofrimento (por oposição a dados menos "realistas", tais como um retrato ou uma história), há uma modesta correlação entre tais relatos e a tendência de oferecer ajuda ou consolo, ao menos no que se refere aos adultos, que provavelmente são mais exatos em seus relatos do que as crianças (Eisenberg & Miller, 1987). Mas nem mesmo esta pesquisa chega a demonstrar um vínculo simples entre o sofrimento sentido e o altruísmo. O trabalho mais analítico já realizado na área indica, em contraposição, serem os sentimentos de preocupação com o outro que provocam uma intervenção; os sentimentos de sofrimento, se não incluem um componente de preocupação com o outro, não ocasionam uma intervenção (Batson, 1987).

4. Permaneci deliberadamente vago acerca do modo exato pelo qual as reações das crianças podem ser instrutivas. Podem-se distinguir três diferentes possibilidades. Em primeiro lugar, é possível que as crianças aprendam a partir da observação de como reagem as vítimas de suas próprias transgressões. Em segundo lugar, é possível que aprendam sendo vítimas das transgressões de outras crianças. Em terceiro lugar, talvez aprendam na posição de observadores dos conflitos e disputas entre outras crianças. Uma das possíveis interpretações da eficácia da experiência da pré-escola (Siegel & Storey, 1985) é que, à diferença da família, em que a criança será com freqüência o protagonista ou a vítima, ela propicia consideráveis oportunidades de se ser um observador objetivo.

5. A afirmação de que algumas regras são rapidamente identifica-

dem as referências a estados mentais alheios em cerca de três meses. É verdade que essa precedência não foi constatada num estudo transversal, mas as crianças eram observadas por apenas vinte ou trinta minutos a cada dois meses, de modo que as tendências de desenvolvimento eram muito mais difíceis de discernir.

5. Existem interpretações alternativas da prioridade lingüística de afirmações auto-referentes. Beeghly, Bretherton e Mervis (1986) registram um padrão semelhante de mudança na fala das mães a seus filhos. As referências a estados perceptivos e volitivos são comuns nas falas de mães a crianças de treze e vinte meses de idade, ao passo que as referências a estados cognitivos quase não aparecem até os vinte e oito meses. Do mesmo modo, as referências à criança predominam aos treze e vinte meses, ao passo que as referências a outras pessoas, e a outros objetos (durante a brincadeira de faz-de-conta), são bastante raras até os vinte e oito meses. Como estas mudanças de orientação são constatadas tanto na fala das crianças quanto na das mães, é possível que a fala da criança influencie a da mãe, ou vice-versa; é possível também que um terceiro fator (p. ex., a facilidade com que os estados mentais de um certo tipo ou pertencentes a uma certa pessoa podem ser confiavelmente identificados) influencie igualmente a mãe e a criança.

6. É importante notar que as idades mencionadas para a atribuição de sensações, emoções e pensamentos de faz-de-conta não devem ser tomadas como índice rígido da menor idade em que a capacidade de projeção imaginativa pode se manifestar. A facilidade que as crianças têm de se dedicar ao faz-de-conta depende de vários fatores, entre eles a semelhança entre um suporte material e o objeto que ele substitui. Por exemplo: as crianças tratam uma boneca como uma pessoa simulada com mais facilidade do que aquela com que tratam um pedaço de madeira como pessoa simulada (Rubin, Fein & Vandenberg, 1983). Do mesmo modo, é provável que as crianças tenham mais facilidade em imaginar um estado mental existente em alguma criatura parecida consigo mesmas (isto é, outra pessoa) do que um estado mental existente em um animal ou um objeto inanimado, tal como uma boneca. Assim, embora o faz-de-conta nos proporcione provas claras e convincentes da capacidade que a criança tem de imaginar estados mentais determinados, não nos indica necessariamente o primeiro momento em que tal capacidade se torna disponível.

7. Um comentário semelhante foi feito por Chandler e Greenspan (1972), a respeito das conclusões de Borke.

8. Arietta Slade chamou minha atenção para a importância da empatia na prática clínica, e levou-me a pensar mais detidamente acerca das condições que a produzem.

9. Carl Johnson convenceu-me da necessidade de se levar a sério a consciência que as crianças têm de seus estados mentais. Esta abordagem resolve vários problemas, mas deixa outros sem solução. É especialmente difícil saber com que grau de exatidão a criança passa a pensar seus próprios estados mentais quanto a desejos, crenças e assim por diante. Será que a experiência se estrutura desde o início em diferentes categorias (cf. Johnson, 1988)? Será que a comunidade proporciona à criança um modo de falar, uma glosa, que a instrui quanto a como conceitualizar os estados mentais? Enfim, existiria uma conjunção ainda ignorada entre a estrutura inata da experiência e a instrução lingüística? São necessários muitos outros estudos acerca das primeiras expressões infantis de crenças e desejos antes que possamos começar a dar respostas a essas questões, embora alguns passos já tenham sido dados nesse sentido (Bretherton & Beeghly, 1982; Shatz, Wellman & Silber, 1983).

Capítulo 4

1. Graham e Weiner (1986) não salientam este ponto, mas deve-se enfatizar que a compreensão da emoção de outra pessoa dependerá decisivamente da calma com que se possa analisar sua avaliação tanto do resultado como da causa, ainda que não se concorde com essa avaliação. Assim como, no último capítulo, observamos que a atribuição de alegria e tristeza depende de uma análise das crenças e desejos que a outra pessoa tem em relação a qualquer resultado dado, a atribuição de gratidão ou zanga a outra pessoa dependerá, de modo semelhante, de uma análise correta do modo pelo qual essa pessoa percebe a causa de um dado resultado, seja essa percepção acertada ou não.

2. As descobertas de Nunner-Winkler e Sodian (1988) não são isoladas. Estudos anteriores registraram resultados muito semelhantes (Barden, Zelko, Duncan & Masters, 1980; Thompson & Hoffman, 1980).

3. Dirigi minha atenção a uma das formas de ação reparadora – a saber, a confissão. É evidente que há outras, tais como a reparação à vítima. Graham (1988) descobriu que, quando se pedia a crianças de cinco a onze anos que estimassem o reparo que uma criança que quebrara uma bicicleta necessitaria fazer para o dono do objeto, as crianças mais velhas vinculavam sua previsão ao fato de a criança ter-se sentido culpada ou não pelo estrago, e julgavam que o grau de culpa dependeria da responsabilidade da criança. As crianças pequenas, em contrapartida, previam que a criança repararia o dano, independentemente do grau de culpa e de responsabilidade. Aqui, mais uma vez, vemos as crianças mais velhas

muito provável que, ao brincarem destes jogos, as crianças saibam que a manifestação da mãe é mera simulação. No entanto, a manifestação da mãe é muitas vezes exagerada e é produzida dentro de um contexto que já foi assinalado como sendo de brincadeira. Diagnosticar estas manifestações como simuladas é consideravelmente mais fácil do que diagnosticar como falsas as manifestações que têm o propósito deliberado de enganar. Estas últimas não são produzidas no interior de um contexto de simulação claramente assinalado, e geralmente lhes falta a interpretação exagerada que se encontra nas brincadeiras imaginativas.

Capítulo 7

1. Existem estudos experimentais a respeito da afirmação de que a adoção de determinada expressão facial pode mudar o estado emocional de uma pessoa. Um estudo importante e revelador, por exemplo, foi realizado por Laird, Wagenar, Halal e Szegda (1982). Sua preocupação imediata estava relacionada ao vínculo entre emoção e memória, mas seus resultados são pertinentes ao efeito das regras de manifestação. Pediu-se aos sujeitos que movimentassem músculos selecionados, de modo que, ao final, seu rosto compusesse uma determinada expressão facial, fosse esta de alegria, medo, tristeza ou zanga, sem que eles percebessem. Alguns sujeitos afirmaram estar sentindo a emoção que eles sem saber expressavam, e seu desempenho numa tarefa de rememoração foi coerente com tal mudança no estado de espírito; eles se lembravam melhor de dados congruentes com o estado de espírito manifesto. Laird e seus colegas concluíram que, para esses sujeitos, a adoção inconsciente de uma determinada expressão facial era suficiente para mudar seu humor, e isto, por sua vez, afetava sua memória. É necessário muito cuidado, porém, para extrapolar a partir destes resultados. Em primeiro lugar, a tendência só ocorreu em alguns sujeitos. Em segundo lugar, ocorreu na ausência de qualquer situação emocionalmente carregada. Afetar um rosto feliz pode não ter muito efeito sobre nosso humor se permanecemos numa situação triste. Além disso, revisões de estudos semelhantes a este indicam que tais mudanças de estado emocional são fracas, quando ocorrem (Matsumo, 1987), e podem ser difusas em vez de definidas (Winton, 1986).

2. Richard Lazarus (1975) foi o pioneiro no estudo destas estratégias de lidar com situações nos adultos, e sublinhou a distinção entre as chamadas estratégias diretas, direcionadas para o meio, e as estratégias intrapsíquicas, direcionadas para o processo emocional em si mesmo.

3. A mudança etária que observamos foi depois observada por outros pesquisadores. Band e Weisz (1988) pediram a crianças de seis, nove e doze anos que se lembrassem de vários episódios angustiantes e explicassem o que elas haviam feito no sentido de "ajudar ou tornar as coisas melhores". Em comparação com as crianças menores, as maiores tendiam mais a mencionar estratégias direcionadas para a emoção em si mesma (inclusive não pensar sobre a situação angustiante e reavaliá-la). Esta mudança em função da idade fez-se notar de modo especial quando se perguntava às crianças a respeito de uma situação inevitável (tomar uma injeção aplicada pelo médico). Do mesmo modo, Altshuler e Ruble (1988) e Tolmie (1988) descobriram que, quando se perguntava a crianças de quatro a onze anos a respeito de estratégias de lidar com situações, a estratégia de supressão cognitiva era referida com maior freqüência pelas crianças mais velhas. Em específico, era muito maior a probabilidade de as crianças mais velhas sugerirem que se pensasse sobre outras coisas ou se evitasse pensar sobre a situação angustiante.

4. Fisher, Frazer e Murray (1986) descobriram, num estudo diário de crianças num internato, que mais de 70% dos episódios de saudades de casa estavam associados a períodos de passividade mental e física, embora tais períodos normalmente componham apenas uma pequena parte do dia escolar.

5. Mary Main e seus colegas identificaram este padrão "distanciado" ou "desinteressado" em alguns adultos que descreviam seus relacionamentos familiares (Main & Goldwyn, 1985).

Capítulo 8

1. Estes dois grupos fizeram parte de um estudo mais amplo sobre a compreensão que as crianças sadias têm das reações emocionais normalmente associadas à doença, estudo que foi descrito no capítulo anterior (Lipian, 1985).

2. Crianças sadias de quinze anos (cf. Lipian, 1985) foram capazes de dar alguns detalhes a mais a respeito da causalidade psicossomática. Tipicamente, afirmavam que o humor de uma pessoa afeta a força do corpo ou suas defesas, e isso, por sua vez, aceleraria ou tornaria mais lenta a recuperação dessa pessoa. Por exemplo: "Bem, acho que você cai numa espécie de armadilha: você se convence, se você está deprimido ou triste com a coisa, que não há nada que possa fazer – fica só remoendo os aspectos negativos da doença – e isso provavelmente enfraquece suas defesas em certa medida – ao menos não ajuda o corpo, ou o encoraja a

Baron-Cohen, S. (1987). "Autism and symbolic play", *British Journal of Developmental Psychology*, 5, 139-48.

Baron-Cohen, S. (1988). "Are autistic children 'Behaviourists'? An examination of their mental-physical and appearance-reality distinctions", trabalho apresentado na British Psychological Society Developmental Section Conference, Coleg Harlech, Wales.

Baron-Cohen, S. (no prelo). "Perceptual role-taking and protodeclarative pointing in autism", *British Journal of Developmental Psychology*.

Baron-Cohen, S., Leslie, A. M. e Frith, U. (1985). "Does the autistic child have a theory of mind?", *Cognition*, 21, 37-46.

Baron-Cohen, S., Leslie, A. M. e Frith, U. (1986). "Mechanical, behavioural and intentional understanding of picture stories in autistic children", *British Journal of Developmental Psychology*, 4, 113-25.

Bartolucci, G., Pierce, S. J. e Streiner, D. (1980). "Cross-sectional studies of grammatical morphemes in autistic and mentally retarded children", *Journal of Autism and Developmental Disorders*, 10, 39-50.

Bartsch, K. e Wellman, H. M. (1989). "From desires to beliefs: First acquisition of a theory of mind", trabalho apresentado no simpósio sobre "Children's theory of mind", Society for Research in Child Development Meeting, Kansas, April.

Bates, E. (1976). *Language in Context*. Nova York: Academic Press.

Batson, C. D. (1987). "Prosocial motivation: Is it ever altruistic?", *in* L. Berkowitz (ed.), *Advances in Experimental Social Psychology*, vol., 20. Nova York: Academic Press.

Beeghly, M., Bretherton, I. e Mervis, C. B. (1986). "Mothers' internal state language to toddlers", *British Journal of Developmental Psychology*, 4, 247-61.

Bemporad, J. R. (1979). "Adult recollections of a formerly autistic child", *Journal of Autism and Developmental Disorders*, 9, 179-98.

Blaney, P. H. (1986). "Affect and memory: A review", *Psychological Bulletin*, 99, 229-46.

Borke, H. (1971). "Interpersonal perception of young children: Egocentrism or empathy?", *Developmental Psychology*, 5, 263-9.

Boucher, J. (1976). "Articulation in early childhood autism", *Journal of Autism and Childhood Schizophrenia*, 6, 297-302.

Bowlby, J. (1971). *Attachment and Loss*, vol. 1: *Attachment*. Harmondsworth: Pelican.

Bowlby, J. (1973). *Attachment and Loss*, vol. 2: *Separation, Anxiety and Anger*. Londres: Hogarth Press.

Boyd, W. (1985). *Schcool Ties*. Londres: Hamish Hamilton.

Bradshaw, D. L., Campos, J. J. e Klinnert, M. D. (1986). "Emotional expressions as determinants of infants' immediate and delayed responses to prohibitions", trabalho apresentado na Fifth International Conference on Infant Studies, Los Angeles.

Bretherton, I. e Beeghly, M. (1982). "Talking about internal states: The acquisition of an explicit theory of mind", *Developmental Psychology*, 18, 906-21.

Bretherton, I., Fritz, J., Zahn-Waxler, C. e Ridgeway, D. (1986). "Learning to talk about emotions: A functionalist perspective", *Child Development*, 57, 529-48.

Bretherton, I., McNew, S. e Beeghly-Smith, M. (1981). "Early person knowledge as expressed in gestural and verbal communication: When do infants acquire a 'theory of mind'?", *in* M. E. Lamb e L. R. Sherrod (eds.), *Infant Social Cognition*. Hillsdale, NJ: Erlbaum.

Brewin, C. R. (1985). "Depression and causal attributions: What is their relation?", *Psychological Bulletin*, 98, 297-309.

Bühler, C. (1930). *The First Year of Life*. Nova York: John Day.

Bühler, C. (1939). *The Child and his Family*. Londres: Harper.

Butterworth, G. e Cochran, E. (1980). "Towards a mechanism of joint visual attention in human infancy", *International Journal of Behavioral Development*, 3, 253-70.

Byrne, R. e Whiten, A. (1988). *Machiavellian Intelligence: Social Expertise and the Evolution of Intellect in Monkeys, Apes and Humans*. Oxford: Clarendon Press.

Campos, J. J., Barrett, K. C., Lamb, M. E., Goldsmith, H. H. e Stenberg, C. (1983). "Socioemotional development", *in* M. M. Haith e J. J. Campos (eds.), *Infancy and Developmental Psychobiology*; *in* P. Mussen (ed.), *Handbook of Child Psychology* (vol. 2). Nova York: John Wiley.

Camras, L. A. (1977). "Facial expressions used by children in a conflict situation", *Child Development*, 48, 1431-5.

Camras, L. A. (1980). "Children's understanding of facial expressions used in a conflict situation", *Child Development*, 51, 879-85.

Caron, A. J., Caron, R. F. e MacLean, D. J. (1988). "Infant discrimination of naturalistic emotional expressions: the role of face and voice", *Child Development*, 59, 604-16.

Caron, R. F., Caron, A. J. e Myers, R. S. (1982). "Abstraction of invariant face expressions in infancy", *Child Development*, 53, 1008-15.

Caron, R. F., Caron, A. J. e Myers, R. S. (1985). "Do infants see emotional expressions in static faces?", *Child Development*, 56, 1552-60.

Chandler, M. J. (1988). "Small-scale deceit: Deception as a marker of 2-, 3- and 4-years-olds' early theories of mind", trabalho não-publicado,

Ekman, P. e Friesen, W. V. (1975). *Unmasking the Face: A Guide to Recognizing Emotions from Facial Clues*. Englewood Cliffs, NJ: Prentice-Hall.

Ekman, P. e Friesen, W. V. (1978). *Facial Action Coding Systems*. Palo Alto, Calif.: Consulting Psychologists Press.

Ekman, P., Sorenson, E. R. e Friesen, W. V. (1969). "Pan-cultural elements in facial displays of emotions", *Science*, 164, 86-8.

Estes, D., Wellman, H. M. e Woolley, J. D. (no prelo). "Children's understanding of mental phenomena", *in* H. W. Reese (ed.), *Advances in Child Development and Behaviour*. Orlando, Fla.: Academic Press.

Field, T. M., Vega-Lahr, N., Scafadi, F. e Goldstein, S. (1986). "Effects of maternal unavailability on mother-infant interaction", *Infant Behavior and Development*, 9, 473-8.

Field, T. M., Woodson, R., Cohen, D., Greenberg, R., Garcia, R. e Collins, K. (1983). "Discrimination and imitation of facial expressions by term and preterm neonates", *Infant Behavior and Development*, 6, 485-9.

Field, T. M., Woodson, R., Greenberg, R. e Cohen, D. (1982). "Discrimination and imitation of facial expression by neonates", *Science*, 218, 179-81.

Fisher, S., Frazer, N. e Murray, K. (1986). "Homesickness and health in boarding school children", *Journal of Environmental Psychology*, 6, 35-47.

Fodor, J. A. (1987). *Psychosemantics*. Cambridge, Mass.: Bradford.

Folstein, S. e Rutter, M. (1977). "Infantile autism: A genetic study of 21 twin pairs", *Journal of Child Psychology and Psychiatry*, 18, 297-321.

Ganchrow, J. R., Steiner, J. E. e Daher, M. (1983). "Neonatal facial expressions in response to different qualities and intensities of gustatory stimuli", *Infant Behavior and Development*, 6, 473-84.

Gardner, D., Harris, P. L., Ohmoto, M. e Hamazaki, T. (1988). "Japanese children's understanding of the distinction between real and apparent emotion", *International Journal of Behavioral Development*, 11, 203-18.

George, C. e Main, M. (1979). "Social interaction of young abused children: Approach, avoidance and aggression", *Child Development*, 50, 306-18.

Gnepp, J., McKee, E., Domanic, J. A. (1987). "Children's use of situational information to infer emotion: Understanding emotionally equivocal situations", *Developmental Psychology*, 23, 114-23.

Gordon, R. M. (1986). "Folk psychology as simulation", *Mind and Language*, 1, 156-71.

Gordon, R. M. (1987). *The Structure of Emotions*. Cambridge: Cambridge University Press.

Graham, S. (1988). "Children's developing understanding of the motivational role of affect: An attributional analysis", *Cognitive Development*, 3, 71-88.

Graham, S., Doubleday, C. e Guarino, P. A. (1984). "The development of relations between perceived controllability and the emotions of pity, anger and guilt", *Child Development*, 55, 561-5.

Graham, S. e Weiner, B. (1986). "From an attributional theory of emotion to developmental psychology: A round-trip ticket?", *Social Cognition*, 4, 152-79.

Gross, D. e Harris, P. L. (1988). "Understanding false beliefs about emotion", *International Journal of Behavioral Development*, 11, 475-88.

Gusella, J. L., Muir, D. e Tronick, E. Z. (1988). "The effect of manipulating maternal behavior during an interaction on three and six-month-olds' affect and attention", *Child Development*, 59, 1111-24.

Hardman, C. E. (1981). "The psychology of conformity and self-expression among the Lohorung Rai of East Nepal", *in* P. Heelas e A. Lock (eds.), *Indigenous psychologies*. Londres: Academic Press.

Harré, R. (1987). *The Social Construction of Emotions*. Oxford: Blackwell.

Harris, P. L. (1983). "Children's understanding of the link between situation and emotion", *Journal of Experimental Child Psychology*, 36, 490-509.

Harris, P. L. (1985). "What children know about the situations that provoke emotion", *in* M. Lewis e C. Saarni (eds), *The Socialization of Emotions*. Nova York: Plenum Press.

Harris, P. L., Donnelly, K., Guz, G. R. e Pitt-Watson, R. (1986). "Children's understanding of the distinction between real and apparent emotion", *Child Development*, 57, 895-909.

Harris, P. L. e Gross, D. (1988). "Children's understanding of real and apparent emotion", *in* J. W. Astington, P. L. Harris e D. R. Olson, (eds.), *Developing Theories of Mind*. Nova York: Cambridge University Press.

Harris, P. L. e Guz, G. R. (1986). "Models of emotion: How boys report their emotional reactions upon entering an English boarding school", trabalho não-publicado, Department of Experimental Psychology, University of Oxford.

Harris, P. L., Guz, G. R. e Lipian, M. S. (1985). "Thoughts and feelings: Children's conception of ther time-course and mutual influence", trabalho não-publicado, Department of Experimental Psychology, University of Oxford.

Hornik, R., Risenhoover, N. e Gunnar, M. (1987). "The effects of maternal positive, neutral, and negative affective communications on infant responses to new toys", *Child Development*, 58, 937-44.

Howell, S. (1981). "Rules not words", *in* P. Heelas e A. Lock (eds.), *Indigenous Psychologies*. Londres: Academic Press.

Izard, C. E. (1979). "The maximally discriminative facial movement scoring system", manuscrito não-publicado, University of Delaware.

Izard, C. E., Hembree, E. A., Dougherty, L. M. e Spizzirri, C. (1983). "Changes in 2- to 19-month-old infants' responses to acute pain", *Developmental Psychology*, 19, 418-26.

Izard, C. E., Huebner, R., Risser, D., McGinnes, G. e Dougherty, L. (1980). "The young infant's ability to produce discrete emotion expressions", *Developmental Psychology*, 16, 132-40.

Johnson, C. N. (1988). "Theory of mind and the structure of conscious experience", *in* J. W. Astington, P. L. Harris e D. R. Olson (eds.), *Developing Theories of Mind*. Nova York: Cambridge University Press.

Johnson, E. J. e Tversky, A. (1983). "Affect, generalization and the perception of risk", *Journal of Personality and Social Psychology*, 45, 20-31.

Jordano, R. (1986). "The effects of adult emotion on young children", M.Sc. thesis, Department of Experimental Psychology, University of Oxford.

Kaitz, M., Meschulach-Sarfaty, O., Auerbach, J. e Eidelman, A. (1988). "A reexamination of newborns' ability to imitate facial expressions", *Developmental Psychology*, 24, 3-7.

Kanner, L. (1943). "Autistic disturbance of affective contact", *The Nervous Child*, 2, 217-50.

Kanner, L. (1971). "Follow-up study of eleven autistic children originally reported in 1943", *Journal of Autism and Childhood Schizophrenia*, 2, 9-33.

Klinnert, M. (1984). "The regulation of infant behavior by maternal facial expression", *Infant Behavior and Development*, 7, 447-65.

Klinnert, M., Campos, J. J., Sorce, J., Emde, R. N. e Svejda, M. (1983). "Emotions as behavior regulators: Social referencing in infancy", *in* R. Plutchik e H. Kellerman (eds.), *Emotions in Early Development*, vol. 2: *The Emotions*. Nova York: Academic Press.

Koriat, A., Melkman, R., Averill, J. R. e Lazarus, R. S. (1972). "The self-control of emotional reactions to a stressful film", *Journal of Personality*, 40, 601-19.

Kuczaj, S. A., II (1981). "Factors influencing children's hypothetical reference", *Journal of Child Language*, 8, 131-7.

Kuczaj, S. A., II e Daly, M. J. (1979). "The development of hypothetical reference in the speech of young children", *Journal of Child Language*, 6, 563-79.

Kuhl, P. K. (1987). "The special-mechanisms debate in speech research: Categorization tests on animals and infants", *in* S. Harnad (ed.), *Categorical Perception*. Cambridge: Cambridge University Press.

Kuhl, P. K. e Meltzoff, A. (1982). "The bimodal perception of speech in infancy", *Science*, 218, 1138-41.

Laird, J. (1974). "Self-attribution of emotion: The effects of expressive behavior on the quality of emotional experience", *Journal of Personality and Social Psychology*, 29, 475-86.

Laird, J. D., Wagenar, J. J., Halal, M. e Szegda, M. (1982). "Remembering what you feel: Effects of emotion on memory", *Journal of Personality and Social Psychology*, 42, 646-57.

Lamb, M. E., Hwang, C. P., Frodi, A. M. e Frodi, M. (1982). "Security of mother- and father-infant attachment and its relation to sociability with strangers in traditional and nontraditional Swedish families", *Infant Behavior and Development*, 5, 355-67.

Lazarus, R. (1975). "The self-regulation of emotion", *in* L. Levi (ed.), *Emotions – Their Parameters and Measurement*. Nova York: Raven Press.

Leslie, A. M. (1987). "Pretense and represcntantion: The origins of 'theory of mind'", *Psychological Review*, 94, 412-26.

Leslie, A. M. e Frith, U. (1988). "Autistic children's understanding of seeing, knowing and believing", *British Journal of Developmental Psychology*, 6, 315-24.

Lewis, M. (1989). "Cultural differences in children's knowledge of emotion scripts", *in* C. Saarni e P. L. Harris (eds.), *Children's Understanding of Emotions*. Nova York: Cambridge University Press.

Lewis, V. e Boucher, J. (1988). "Spontaneous, instructed and elicited play in relatively able autistic children", *British Journal of Developmental Psychology*, 6, 325-39.

Lipian, M. S. (1985). "Ill-conceived feelings: Developing concepts of the emotions associated with illness in healthy and acutely ill children", tese de doutorado não-publicada, Yale University.

Lotter, V. (1978). "Follow-up studies", *in* M. Rutter e E. Schopler (eds.), *Autism: A Reappraisal of Concepts and Treatment*. Nova York: Plenum Press.

Loveland, K. A., Landry, S. H., Hughes, S. O., Hall, S. K. e McEvoy, R. E. (1988). "Speech acts and the pragmatic deficits of autism", *Journal of Speech and Hearing Research*, 31, 593-604.

Seligman, M. E. P. e Peterson, C. (1986). "A learned helplessness perspective on childhood depression: Theory and research", *in* M. Rutter, C. E. Izard e P. B. Read (eds.), *Depression in Young People*. New York: Guilford.

Shatz, M., Wellman, H. M. e Silber, S. (1983). "The acquisition of mental verbs: A systematic investigation of the first reference to mental state", *Cognition*, 14, 301-21.

Shweder, R. A., Mahapatra, M. e Miller, J. G. (1987). "Culture and moral development", *in* J. Kagan (ed.), *The Emergence of Morality in Young Children*. Chicago: University of Chicago Press.

Shweder, R. A., Turiel, E. e Much, N. C. (1981). "The moral intuitions of the child", *in* J. H. Flavell e L. Ross (eds.), *Social Cognitive Development*. Nova York: Cambridge University Press.

Siegel, M. e Storey, R. M. (1985). "Daycare and children's conceptions of moral and social rules", *Chil Development*, 56, 1001-8.

Sigman, M., Mundy, P., Sherman, T. e Ungerer, J. A. (1986). "Social interaction of autistic, mentally retarded and normal children and their caregivers", *Journal of Child Psychology and Psychiatry*, 27, 647-55.

Sigman, M., Mundy, P., Ungerer, J. A. e Sherman, T. (1987). "The development of social attachments in autistic children", trabalho apresentado no Society for Research in Child Development Biennial Meeting, Baltimore, Md., April.

Sigman, M. e Ungerer, J. A. (1984). "Attachment behaviors in autistic children", *Journal of Autism and Developmental Disorders*, 14, 231-44.

Slade, A. (1986). "Symbolic play and separation-individuation: A naturalistic study", *Bulletin of the Menninger Clinic*, 50, 541-63.

Smetana, J. G. (1981). "Preschool children's conception of moral and social rules", *Child Development*, 51, 1333-6.

Smetana, J. G. (1984). "Toddlers' social interactions regarding moral and conventional transgressions", *Child Development*, 55, 1767-76.

Smetana, J. G. (1985). "Preschool children's conceptions of transgressions: Effects of varying moral and conventional domain-related attributes", *Developmental Psychology*, 21, 18-29.

Semetana, J. G., Kelly, M. e Twentyman, C. T. (1984). "Abused, neglected and nonmaltreated children's conceptions of moral and socio-conventional transgressions", *Child Development*, 55, 277-87.

Song, M.-J., Smetana, J. G. e Kim, S. Y. (1987). "Korean children's conceptions of moral and conventional transgressions", *Developmental Psychology*, 23, 577-82.

Sorce, J. F., Emde, R. N., Campos, J. J. e Klinnert, M. D. (1985). "Maternal emotional signaling: Its effects on the visual cliff behavior of 1-year-olds", *Developmental Psychology*, 21, 195-200.

Spiegler, D. L. e Caron, R. F. (1986). "Intermodal perception of emotions by infants", trabalho apresentado na Fifth International Conference on Infant Studies, Los Angeles.

Stein, N. L. e Levine, L. (1987). "Thinking about feelings: The development and organization of emotional knowledge", *in* R. E. Snow e M. Farr (eds.), *Aptitude, Learning and Instruction*, vol. 3: *Cognition, Conation and Affect*. Hillsdale, NJ: Erlbaum.

Stenberg, C., Campos, J. J. e Emde, R. (1983). "The facial expression of anger in seven month old infants", *Child Development*, 54, 178-84.

Stewart, R. B. (1983). "Sibling, attachment relationship: Child-infant interactions in the strange situation", *Developmental Psychology*, 19, 192-99.

Stewart, R. B. e Marvin, R. S. (1984). "Sibling relations: The role of conceptual perspective-taking in the ontogeny of sibling caregiving", *Child Development*, 55, 1322-32.

Strayer, J. (1980). "A naturalistic study of empathic behaviors and their relation to affective states and perspective-taking skills in preschool children", *Child Development*, 51, 815-22.

Taylor, D. A. e Harris, P. L. (1983). "Knowledge of the link between emotion and memory among normal and maladjusted boys", *Developmental Psychology*, 19, 832-8.

Taylor, D. A. e Harris, P. L. (1984). "Knowledge of strategies for the expression of emotion among normal and maladjusted boys: A research note", *Journal of Child Psychology and Psychiatry*, 24, 141-5.

Termine, N. T. e Izard, C. E. (1988). "Infants' responses to their mothers' expressions of joy and sadness", *Developmental Psychology*, 24, 223-9.

Thompson, R. A. (1989). "Causal attributions and children's emotional understanding", *in* C. Saarni e P. L. Harris (eds.), *Children's Understanding of Emotions*. Nova York: Cambridge University Press.

Thompson, R. e Hoffman, M. L. (1980). "Empathy and the arousal of guilt in children", *Developmental Psychology*, 15, 155-6.

Tolmie, A. (1988). "Children's knowledge of feelings: differences between emotions and non-emotions", trabalho apresentado na British Psychological Society Developmental Section Conference, Coleg Harlech, Wales.

Trabasso, T., Stein, N. L. e Johnson, L. R. (1981). "Children's knowledge of events: A causal analysis of story structure", *in* G. Bower (ed.), *Learning and Motivation*, vol. 15. Nova York: Academic Press.

Trickett, P. L. e Kuczynski, L. (1986). "Children's misbehaviors and parental discipline strategies in abusive and nonabusive families", *Developmental Psychlogy*, 22, 115-23.

Impressão e acabamento
CROMOSET
GRÁFICA E EDITORA LTDA.
Rua Uhland, 307 - Vila Ema
CEP: 03283-000 - SP
Tel/Fax: (011) 271.0149 - 271.0324
271.8196 - 216.3325